MÉMOIRES

DE

LOUIS XVIII.

MÉMOIRES

DE

LOUIS XVIII,

RECUEILLIS ET MIS EN ORDRE

PAR M. LE DUC DE D****.

TOME DIXIÈME.

Bruxelles,

LOUIS HAUMAN ET COMPᵉ.

1833.

MÉMOIRES

DE

LOUIS XVIII.

CHAPITRE PREMIER.

Suite des événemens du 5 mars. — Monsieur et le roi. — Le duc d'Orléans. — Le duc de Bourbon. — Chevalerie du prince de Condé. — Proposition que M. de Vitrolles fait au roi. — Comment il la repousse. — Travail du roi avec les ministres de la guerre, de l'intérieur et de la marine. — Détails curieux. — Réflexions du roi. — Propos du maréchal Macdonald. — Sujet que le roi traite avec lui. — Il se décide à recevoir en secret le duc d'Otrante. — Le père Élysée. — Le roi l'envoie vers le duc d'Otrante. — Plaisante conversation avec M. Dandré. — Mesures de prudence contre Buonaparte.

Ce fut un jour terrible pour moi et pour la France, que le 5 mars 1815 ; je m'en souviendrai avec amertume jusqu'au moment où mes yeux se fermeront sans retour. Oui, je le répète, ce fut un jour terrible ; il m'éclaira sur le passé, et m'inspira de sinistres prévisions. Je mesurai d'un coup d'œil la profondeur de l'abîme qui s'ouvrait devant moi, et la difficulté extrême qu'il y aurait à le combler. Mon regard se porta avec épouvante sur le danger qui menaçait la France ; cependant ma fermeté ne m'abandonna pas, et je me soumis avec résignation aux maux dont il plaisait à la Providence de m'accabler de nouveau.

Après le départ des membres du conseil, qui étaient allés ordonner les mesures de sûreté générale qu'on venait d'arrêter, je demeurai seul avec Monsieur ; il marchait tantôt avec agitation dans l'appartement, et tantôt il s'appuyait contre le manteau de la cheminée dans un profond abattement. Quant à moi, j'étais assis sur mon fauteuil de misère, ayant à mes côtés ma table d'Hartwell qui soutenait un de mes bras. Nous restâmes ainsi quelques minutes sans avoir envie d'entamer la conversation. Ce n'était pas faute de matières, mais plutôt parce que nous avions trop à dire. Ce silence augmenta mon impatience, et ne pouvant plus comprimer mes pensées, je pris enfin la parole :

— Eh bien ! Monsieur, dis-je, voilà où on nous a conduits. J'ai recommandé la prudence, mais on n'en a tenu aucun compte, aussi nos ennemis en profitent.

— Vous voyez trop en noir, sire. Buonaparte est fou, on le déteste, on nous adore ; la Provence à cette heure est levée, et le poursuit sans doute ; il périra infailliblement.

— Détrompez-vous, mon frère ; l'épreuve sera

longue et rude. Croyez qu'une conspiration vaste nous environne ; que le terrain tremble sous nos pas, et que nous devons tenir ferme pour ne pas tomber.

Je m'aperçus que ce propos faisait sur Monsieur une sensation pénible ; car il dit :

— Le roi devrait faire échelonner des troupes dévouée sur les routes de Calais et de Lille. Dans des temps comme ceux-ci, il faut tout craindre.

— La partie n'est pas tellement perdue, que déjà il faille revenir au 16 juillet 1789 ou au mois de juin 1791, repartis-je avec un peu d'aigreur ; ce qu'il y a de plus pénible, c'est qu'on n'ait pas su prévoir ce qui arrive, ou du moins se conduire de manière à parer le coup.

Cette phrase amena la conversation sur un terrain convenable ; une explication s'ensuivit ; elle fut franche et entière. J'affectai peut-être la sensibilité de Monsieur, mais je crus devoir parler sans ménagement. Cependant, voyant sa douleur et son embarras, j'ajoutai :

— Oublions le passé pour ne plus songer qu'au présent. Il faut que vous alliez à Lyon prouver aux maréchaux que nous savons prendre les armes lorsque l'occasion l'exige. Je vous accorde les pouvoirs les plus étendus. Vous livrerez bataille si cela est nécessaire, car je vous le répète, la maison de Bourbon a besoin de rappeler son ancienne gloire par de nouveaux lauriers.

Monsieur éprouvait de la répugnance à combattre contre des Français. Cependant il m'assura que dans cette conjoncture, où il dépendait du salut de l'État, il saurait imposer silence à ses sentimens particuliers.

Sur ces entrefaites, arriva M. le duc d'Orléans. Je l'avais envoyé chercher, voulant qu'il accompagnât Monsieur à Lyon. Je le trouvai peu disposé à faire ce voyage; ses affaires personnelles demandant, dit-il, sa présence à Paris. Néanmoins il n'hésita pas à les abandonner, puisque je l'exigeais impérieusement. J'appris avec regret que sa bourse était mal garnie; j'y fis pourvoir abondamment, car il n'était pas juste qu'il fît la guerre à ses dépens. Au reste, son indignation égala la mienne, et il prétendit que cet événement servirait du moins à me faire connaître mes amis et mes ennemis. — Quant à moi, ajouta-t-il, je serai sans miséricorde pour les rebelles. Ce propos me satisfit d'autant mieux qu'il était un gage de la fidélité du duc d'Orléans.

Monsieur et le prince me quittèrent, tous deux très-affairés et fort inquiets. Le duc de Bourbon les remplaça. Celui-ci joua presque une scène de comédie, par sa persistance à ne pas vouloir croire au débarquement de Buonaparte; il lui paraissait impossible que cet homme eût tant d'audace. Cependant lorsque j'eus annoncé au duc que je comptais sur lui pour aller ranimer la Vendée, en cas de besoin, sa stupéfaction prit un aspect si étrange, que si je n'avais pas eu à l'avance mille preuves de sa bravoure et même de sa témérité, je n'aurais su qu'en penser. Je compris que tant de malheurs consécutifs avaient brisé cette âme noble et généreuse, en lui inspirant une indifférence complète pour tout ce qui sortait du cercle étroit où un funeste calcul le renfermait depuis quelques années.

Le duc de Bourbon me fit tant d'objections, s'effraya à tel point des difficultés qu'il se créait pour me laisser le soin de les résoudre, que j'eus bonne envie de le prier de se tenir en repos. Toutefois je n'en fis rien ; je connaissais l'effet que produirait la présence d'un membre de ma famille sur cette terre classique de fidélité et de courage. J'avais la certitude que la Vendée (c'était encore une de mes illusions) se lèverait en masse dès qu'un Bourbon y paraîtrait. Le duc, auquel j'intimais mes dernières volontés, se résigna à l'obéissance. Aussi il remplit mal mes intentions ; ce n'était plus l'homme d'autrefois.

Son vieux père, au contraire, dans les intervalles où sa raison reprenait sa clarté, brûlait de cette chaleur chevaleresque dont il m'avait donné tant de preuves ; il se hâta de me demander la faveur de marcher contre l'assassin de son petit-fils. — Que le roi, dit-il, ne redoute ni mon âge, ni mes chagrins, la pensée de venger le duc d'Enghien me ramènera à l'époque de ma jeunesse, et le prince de Condé à soixante-dix-neuf ans trouvera le moyen de gagner une autre bataille de Rocroy, comme le fit son illustre aïeul avant sa vingtième année.

— Mon cousin, répliquai-je, je vous garde près de moi, vous me servirez d'escorte. Ce ne sera pas la première fois que vous aurez vu le roi de France remplir à votre égard le rôle de cadet-gentilhomme.

Ce doyen des héros se retira peu satisfait de ce que je ne l'autorisais pas à lever un corps d'armée qu'il aurait composé de tous ses anciens compagnons d'armes, j'aurais pu du moins me reposer sur la fidélité de celui-là.

Parmi ceux qui s'évertuèrent en cherchant à se faire passer pour des géans, je ne dois pas oublier M. de Vitrolles; dès la connaissance de la fatale nouvelle, il prit une position qui ne me convenait nullement. Je trancherai le mot : sa jalousie envers Blacas dépassa les bornes; il critiqua avec aigreur les moindres opérations de mon ministre. Tout ce qu'il avait fait, proposé, conseillé jusque-là, lui fut imputé à crime. Les propos qui circulèrent dans le château, me revinrent de mille endroits et me déplurent. Blacas avait tout perdu, et M. de Vitrolles aurait tout sauvé; pourtant, sait-on quel conseil il s'avisa de donner? celui de tenir ma cour et d'assembler mes chambres dans une des villes du Midi. Beau projet ! Je devais, à l'entendre, y trouver une population belliqueuse et dévouée, qui serait invincible. Elle en donna la preuve en laissant le duc d'Angoulême combattre presque seul les rebelles, et en cédant partout à l'effort des troupes qui eussent été insuffisantes pour la soumettre.

— Monsieur, lui dis-je, vous me proposez de commencer par où il sera toujours temps de finir.

Les autres propositions de M. de Vitrolles et celles des royalistes de son bord étaient à l'avenant. A écouter ces insensés, j'aurais dû faire arrêter la moitié de Paris, et à peu près les trois quarts de la France, afin de m'assurer le concours du reste. Je ne finirais pas si je voulais rapporter tous les avis extravagans que l'on ne cessa de me donner. Il est certain que du 5 au 20 mars, je fus plongé dans un tourbillon dont tout autre aurait eu peine à se démêler. C'était une fluctuation de bonnes ou de mauvaises nouvelles, d'élans, d'énergie, de lamentations, de découragemens propres à rendre fou. Je ne savais auquel entendre, auquel répondre : c'était, en un mot, un véritable chaos.

Mes ministres de la guerre, de l'intérieur, de la marine et le directeur de la police générale, entrèrent chacun à leur tour, le premier, consterné, voulait aller au-devant des préventions qu'on pourrait me donner sur son compte.

— Monsieur le maréchal, dis-je, je suis certain de vos bonnes intentions, je souhaiterais l'être autant de l'efficacité de vos dispositions.

Cette réplique causa un vif chagrin au duc de Dalmatie ; il essaya de se justifier, ce qui me porta à entrer dans des détails dont la révélation le surprit au delà de toute idée. J'avais de tels renseignemens sur une foule d'objets qu'il me croyait inconnus, que je le jetai dans un embarras complet. Non, le maréchal Soult n'a pas hâté ma chute en 1815; non, il ne m'a pas livré sciemment à Buonaparte! Mais son administration, à laquelle il n'apporta pas sans doute l'attention nécessaire... Je m'arrête... Qui me comprendra, dira que je n'ai pas tort. Les Turennes sont rares à la tête des armées. Quoi qu'il en soit, je pris plus tard un tel éloignement pour le duc de Dalmatie, que, malgré son repentir, jamais il n'entra à la chambre des pairs. Je sais le déplaisir qu'il en éprouva, mais qu'il l'allége en regardant ses tableaux, il les a payés meilleur marché qu'il n'a voulu depuis me les vendre.

L'abbé de Montesquiou perdit la tête par excès d'attachement. Dès que la nouvelle funeste eut été connue, il disparut dans son ministère, et si bien, que quand on le voulait, il fallait le chercher dans quelque coin où il s'était arrangé pour dormir sur les deux oreilles. M. Guizot prit pour ainsi dire sa place; le peu d'activité qui ressortit de ce ministère lui est dû; il conseilla tant qu'il put des actes de rigueur; je recevais de lui à ce sujet note sur note; il voulait lutter de fanatisme avec M. de Vitrolles, mais j'avoue que ce fut sans succès.

Le ministre de la marine n'était pas moins accablé ; il ne pouvait guère justifier son imprévoyance, sa faute capitale, de n'avoir pas établi un système de croisière pour empêcher la sortie de l'île d'Elbe. M. Beugnot, ne sachant que me répondre, pleura ; je fus touché de cette sorte d'éloquence sentimentale à contre-temps.

— Monsieur, lui dis-je, il aurait mieux valu quelques vaisseaux de plus et des pleurs de moins.

Il en est résulté que malgré les puissantes sollicitations de M. Beugnot, il n'est pas entré et n'entrera pas à la chambre des pairs tant que je serai roi.

Le dénouement des actes de 1814 me laissa un profond mécontentement contre tous les administrateurs de cette époque. Je voyais la fausse position dans laquelle on m'avait placé, et je répétai plusieurs fois avec le poète latin :

. . . . *Scito nimiò celeriùs,*
Venire quod molestum est, quam id quod cupidè petas.

(Ce qu'on craint de fâcheux arrive plus vite que ce qu'on désire avec ardeur.)

Cependant, je ne voyais pas le mal dans toute son étendue. Je croyais à une attaque partielle, à des combats plus ou moins prolongés. Mais je pensais que le Piémont arriverait à mon aide, que le congrès ne m'abandonnerait pas ; je comptais enfin sur l'amour qu'on me portait, sur l'enthousiasme manifesté à mon retour. Je passai la nuit à imaginer les chances probables qui pourraient surgir, à me demander en qui je devais mettre ma confiance, de quels hommes il convenait que je me servisse. J'eus alors deux regrets, celui de n'avoir pas appelé à mon conseil secret MM. de Cambacérès et de Barras, et, en dernier lieu, de n'avoir pas cru assez à l'importance de la démarche du duc d'Otrante.

Mon embarras fut extrême : tantôt je voulais accorder à la nation des concessions plus étendues que celles qu'elle avait déjà reçues de moi, tantôt il me semblait qu'un système de rigueur serait préférable à adopter. Le jour parut que le sommeil ne m'avait pas encore enlevé à mes cruelles réflexions. C'était un lundi, le 6 mars, que la nouvelle se répandit dans Paris.

Elle avait été jusque-là entièrement renfermée dans l'enceinte de Tuileries. Monsieur et le duc d'Orléans allaient partir avec le maréchal Macdonald, duc de Tarente, que je chargeai de commander réellement l'armée. Le bon maréchal, lorsqu'on lui communiqua ce qui se passait, poussa, m'a-t-on dit, un cri d'effroi.

Il vint aux Tuileries aussitôt, et avec une honorable franchise, il m'assura qu'il partirait le cœur brisé d'aller combattre son ancien souverain. — Mais, ajouta-t-il, la marque de confiance que le roi m'accorde ne me permettra de faire attention qu'à mon devoir actuel.

J'en suis certain, monsieur le maréchal, répondis-je, les hommes tels que vous font marcher l'honneur avec la gloire. Mais, surtout, engagez chaudement l'affaire ; Monsieur a besoin de gagner ses éperons, et, pour Dieu, qu'il me les rapporte avec la victoire. Quant aux conseils des timides, je vous défends de les écouter. Il n'y a que trop de ces hommes autour des princes.

Il me fut aisé de voir que le maréchal me comprenait parfaitement.

Monsieur emmena avec lui le duc de Maillé, serviteur dévoué, mais peu propre à un coup de main, et moins encore à donner des conseils capables de sauver un empire.

Au milieu des réflexions qui m'avaient agité pendant la nuit, je puis placer le désir d'appeler une autre fois le duc d'Otrante à une conférence secrète. Je me figurais que, malgré le débarquement certain de Buonaparte, et les engagemens qu'il pouvait avoir pris avec lui, il préférerait encore courir les chances de ma fortune, qui était loin en ce moment d'être désespérée. On ne savait pas si l'ennemi avait trouvé de la sympathie parmi la population ; ce pouvait être une entreprise folle, un coup de tête qui n'aurait aucun résultat fâcheux pour mon trône. Le duc d'Otrante, d'ailleurs, quelle que fût la chance à courir, était bon à consulter.

En conséquence, je résolus de le faire appeler avec tout le mystère de notre première entrevue.

Si celle-ci ne me satisfaisait pas, j'avais l'intention de faire arrêter l'ex-ministre de la police, et les hommes marquans du parti buonapartiste. Il convenait donc à ma politique prudente de tenir cette conférence aussi secrète que possible.

Je craignais les représentations de Blacas, qui aurait peut-être insisté pour se mettre entre moi et le duc d'Otrante, soit en le recevant en mon nom, soit en assistant à l'entrevue. Les choses étaient arrivées au point que je tenais à agir par moi-même. Une seconde détermination fut donc prise *in petto*, celle de sauver à Blacas la connaissance de cette démarche.

Je mis dans mon secret le fidèle père Élysée, que je chargeai d'aller à la quête du duc d'Otrante, puis de s'entendre avec mon premier valet de chambre pour que l'ex-ministre de la police générale fût amené au château avant la fermeture des portes.

Le père Élysée était un homme fort capable de mener une intrigue. Je me plais à croire que sa piété était sincère; mais, malgré son excessive dévotion, il n'y avait nulle hypocrisie dans son caractère, et lorsqu'on lui faisait quelques observations sur son laisser-aller, il répondait:

— Je suis auprès du roi pour soigner sa santé, et non pour lui apprendre son catéchisme.

Dès que je lui eus donné ses instructions:

— Sire, dit-il, Votre Majesté devrait consulter le diable, s'il pouvait en venir un bon conseil.

Mais tandis qu'il court après le duc d'Otrante, je me rappelle que je viens de passer sous silence ce qui eut lieu le 5 au soir, lorsque M. Dandré se présenta pour prendre mes ordres.

Je n'ai jamais vu d'indignation pareille à celle de ce personnage contre Buonaparte. Il la manifestait de telle sorte, que, bien que j'eusse le cœur navré, je ne pus m'empêcher de sourire. Il épuisa le dictionnaire des épithètes de fureur : ce fut un débordement auquel on n'aurait pu opposer aucune digue. Je le laissai dire d'abord ; mais enfin comme on se lasse de tout, même d'une chose plaisante, et que, d'ailleurs, j'étais plus porté à la tristesse qu'à la gaieté :

— Eh bien ! monsieur Dandré, lui dis-je, voilà un cruel démenti donné le 5 mars à votre rapport du 28 février.

— Ah ! sire, c'est un trait abominable, une monstruosité !

— La police n'a rien vu, rien su, rien prévenu.

— Elle veille pourtant, sire, où plutôt ne s'endort jamais.

— La belle preuve, voici Buonaparte en chemin !

— On l'arrêtera ; il a dû l'être à la première ville, ou il ne se sera pas trouvé un seul commissaire de police dans tout le pays.

— Mais Paris ! monsieur ! Paris ! doutez-vous encore des conspirations qu'on y trame.

— Ah ! sire, dans cinq jours on peut faire bien du chemin.

— Quelles mesures avez-vous adoptées?

— Toutes, certainement, toutes sans exception aucune.

— Mais encore?

— On travaille l'esprit public, mes gens vont exciter la nation contre le Corse; on se lèvera en masse, on l'exterminera. C'est positif!

— Que ferez-vous de la duchesse de Saint-Leu, de mesdames Regnault, Hamelin, des généraux Excelmans, Vandamme; et de MM. de Montalivet, de Formont, Regnault, et autres?

— On les arrêtera jusqu'au dernier, on les poursuivra à outrance; il faut mettre un terme à ces odieuses intrigues, il faut que la légitimité triomphe de l'usurpateur.

Je conclus de ce verbiage, que mon directeur de la police générale ne savait plus ce qu'il disait et faisait. D'après cela, je me déterminai à retirer d'abord de ses mains le ministère de Paris; mais je voulais voir avant le duc d'Otrante. Les réflexions de la nuit achevèrent de m'affermir dans ce dessein.

J'oubliais aussi de rapporter à la suite du conseil tenu le 5 mars, que, outre les dépêches qu'on expédia au prince de Talleyrand, je crus devoir écrire à l'empereur Alexandre, à Vienne, et au prince régent d'Angleterre, à Londres. Je leur mandai l'acte téméraire de Buonaparte, et je les engageai l'un et l'autre à se tenir en garde contre ce qui pourrait résulter de ce cas inattendu.

Je me méfiais des jacobins et d'une partie de l'armée, et je m'exprimais envers le czar et le prince régent en homme qui souhaite une forte et prompte coopération. Je dis au premier qu'une déclaration énergique du congrès contre ce guet-apens d'un nouveau genre produirait un effet décisif; que les Français, dont le territoire venait naguère d'être envahi, envisageraient avec effroi la possibilité de revoir les armées étrangères; que Buonaparte, par son agression insensée, méritait d'être mis au ban des nations, et que j'avais pris l'initiative, ne le regardant plus désormais que comme un sujet rebelle dont l'attaque à main armée devenait un crime de lèse-majesté. Une sorte de convenance de famille m'empêchait de m'adresser directement à l'empereur d'Autriche; mais je fis recommander au correspondant secret que j'avais à Vienne de s'informer avec soin des dispositions de la maison de Lorraine en cette occurence.

CHAPITRE II.

Comment la nouvelle du débarquement est prise par les royalistes. — Comment on trompe le roi. — Le maréchal Soult par exemple. — Réponse du roi au corps diplomatique. — Comte Pozzo di Borgo. — Comte de Goltz. — Détails de l'audience que le roi leur accorde. — Fragmens de proclamation de la garde nationale à l'armée. — Le prince de Wagram. — Les maréchaux de France royalistes. — Les princes d'Esseling, — d'Eckmuhl, de la Moskowa. — Quelques généraux. — MM. de C..., de M..., de V..., viennent donner au roi un sot conseil. — Ce qui s'ensuit. — Le roi envoie à Toulouse le baron de Vitrolles. — La Charte *oiseau* de passage. — Quelques surprises. — M. Viennet.

Le secret du débarquement, qui avait été gardé religieusement le 5 mars, éclata le lendemain. Le départ précipité de Monsieur et du duc d'Orléans donnèrent l'éveil au public, ainsi que la venue de plusieurs courriers extraordinaires et l'envoi d'un grand nombre d'estafettes sur toutes les lignes de poste. D'une autre part, les libéraux, qui avaient leur contre-administration montée, et dont les communications étaient servies avec autant de célérité que de zèle, apprirent dans la nuit l'arrivée de Buonaparte sur le territoire français. Les plus marquans parmi eux, craignant que ma police ne les fit arrêter, commme elle aurait dû le faire, se mirent à couvert d'un premier coup de main dont les suites leur paraissaient dangereuses.

Dès que le bruit de cet événement eut été répandu, le château devint le centre de toutes les craintes, de toutes les ambitions. La fidélité et l'intrigue livrèrent à la fois un assaut avec cette confusion qui rend bientôt impossible de les distinguer l'une et l'autre. Mon appartement, ceux des princes et de Blacas manquèrent d'espace pour contenir la foule croissante, qui s'y jeta dès le 6 dans la matinée, jusqu'au 19 mars, où elle commença à se dissiper, soit par effroi, soit par calcul.

Au milieu de cette agitation, de ce flux et reflux de mouvemens, de paroles, de protestations de dévouement sans borne, de témoignages d'indignation *contre le monstre*, car ce titre ne lui fut pas épargné, je ne sus qui plus écouter. Les cours, les places, le jardin des Tuileries renfermèrent une multitude bruyante, qui, à elle seule, par ses actes désordonnés, quoique l'intention en fût bonne, présentait l'anarchie dont la France était menacée si Buonaparte triomphait.

Il faut convenir que jamais Paris ne se montra plus royaliste que pendant ces quinze jours ; l'enthousiasme général pour ma cause, qui se mit à courir les rues, à se manifester hautement, contribua très-naturellement à entretenir mon erreur. La ville devint un vaste camp où les diverses classes et les corporations se montrèrent toutes les armes à la main, parées de la cocarde blanche, et jurant de vaincre ou de mourir pour les Bourbons. Oui, je dus croire à la certitude que je serais courageusement défendu. Les militaires rivalisèrent de transports et de loyauté. Je pouvais, à les entendre, dormir tranquille et me reposer sur la nation, qui, prétendait-on, allait se lever en masse pour combattre l'ennemi commun.

Je conviens que je fus complètement dupe de ces belles apparences; que je me confiai en l'amour de mon peuple; que je crus à la victoire. Cette illusion se prolongea jusqu'au moment où l'on vient annoncer que je devais quitter Paris dans le bref délai de quelques heures, pour éviter de tomber au pouvoir de l'usurpateur.

J'ai tenu à donner cette explication, afin de montrer ma bonne foi dans les démarches que je fis et les propos que je tins. Mes alentours commirent la faute grave de persister à me cacher la vérité, et à me faire voir les choses sous un aspect trompeur; je me laissai prendre en partie. Cependant l'expérience aurait dû m'apprendre à redouter les exagérations de l'amitié.

Cela dit, je continue le récit de ce qui eut lieu à cette fatale époque.

Le maréchal Soult m'apporta un plan militaire basé sur l'opinion que Buonaparte faisait sans doute la guerre selon l'ancienne tactique ; que cette année il se contenterait d'occuper la Provence et le Dauphiné, et que la seconde il marcherait sur le Lyonnais et la Bourgogne. En conséquence le duc de Dalmatie voulait que Monsieur rassemblât à Lyon une armée ; que le duc d'Angoulême en réunît une à Toulouse, et qu'une troisième eût Clermont pour quartier-général. De cette manière, Buonaparte serait traqué dans un point circonscrit, ce qui eût été parfait s'il eût voulu attendre.

J'approuvai tout, bien que le ministre, en me demandant mon ordre, ne cessât de me répéter que Buonaparte ne dépasserait pas Grenoble. Il ajouta :

— Je vois que de tout ceci il en coûtera au roi quelques pensions de cent écus, et quatre ou cinq croix de la Légion d'honneur pour les gendarmes qui feront cette capture.

Le corps diplomatique se fit annoncer ; il venait en masse, et cette démarche solennelle, inusitée même, me fut très-agréable. Je pensai qu'elle ferait réfléchir les Français qui hésiteraient encore sur le parti à prendre, et que, lorsque les meneurs verraient la détermination des puissances à ne pas se séparer de ma cause, ils n'oseraient pousser plus loin leur acte criminel. Je répondis au corps diplomatique :

« Messieurs, vous me voyez inquiet et souffrant; mais, ne vous y trompez pas ; c'est de la goutte.

Rassurez vos souverains sur ce qui se passe en France : le repos de l'Europe n'en sera pas plus troublé que celui de mon royaume. »

Plus tard, le comte Pozzo di Borgo et le comte de Goltz me firent demander la faveur d'être reçus : j'y consentis sans hésiter. Le premier, ancien sujet de la France, était devenu l'ambassadeur de la Russie auprès de ma personne. Demi Grec, demi Corse, homme de sens et d'esprit, il cachait une âme de feu sous sa réserve diplomatique. Il était difficile de ne pas regretter qu'il fût à un autre service que celui de la France. Véritable cosmopolite, n'appartenant par le fait à personne, il se crée une patrie là où on l'accueille selon son mérite. Je l'ai fort apprécié à toutes les époques où il a eu des rapports avec moi ; et après les cent-jours, il fut un moment où je tentai de le faire redevenir Français pour pouvoir employer ses talens. Je raconterai ce qui rendit mes efforts infructueux.

Le comte de Goltz a aussi des qualités solides ; il ne manque ni de perspicacité, ni de science politique ; il y joint des prétentions personnelles fort plaisantes. Il mène de front les négociations diplomatiques et les intrigues galantes. Papillon un peu lourd, mais en revanche ambassadeur un peu léger, il n'en a pas moins des manières solennelles et nobles. Buonaparte, auprès duquel il fut envoyé, l'estimait assez. On m'a conté qu'il disait de lui : « Quand je donne audience au comte de

Goltz, je ne sais comment il fait, mais sa taille n'a jamais eu demi-pouce au-dessus ou au-dessous de la mienne. » (Le comte de Goltz était d'une grandeur démesurée.)

Mon intérêt voulait que je traitasse bien ces deux personnages ; l'heure approchait où je pouvais en avoir besoin. Tous les deux mirent une sorte de pompe à m'offrir l'assistance de leurs maîtres respectifs. Je répondis que, grâce à Dieu, la chose ne serait nullement nécessaire, puisque j'attendais d'un moment à l'autre la nouvelle de l'arrestation de Buonaparte et de la dispersion de sa troupe ; que si, contre toute prévision, les rebelles trouvaient des appuis propres à prolonger la lutte, je ne balancerais pas à réclamer le concours de mes augustes alliés. J'ajoutai :

— Ma cause est celle de toute l'Europe ; les succès de Buonaparte ramèneraient par tout la guerre et les malheurs qui doivent en découler.

Le comte Pozzo di Borgo me renouvela l'assurance que la Russie n'abandonnerait pas la cause de la légitimité, et que, dans l'occurrence, je reconnaîtrais si l'amitié conclue par traité entre des cours que des causes perpétuelles devaient rendre ennemies, serait de meilleure valeur que celle des alliés naturels dont on s'éloignait souvent sans raison.

Je devinai facilement la portée de cette phrase et son allusion au traité secret qui alors me liait avec l'Angleterre et l'Autriche. Mais, par adresse, j'eus l'air de n'y voir qu'une période banale. Je congédiai les deux ambassadeurs après leur avoir renouvelé les expressions de ma gratitude et l'assurance que tout se passerait sans grand embarras.

Il est certain que mes ressources en apparence étaient immenses, comparativement aux forces de l'agresseur. Je possédais toutes les places, les munitions de guerre, la flotte, la garde nationale, toute l'administration, les finances et la nation entière, du moins je le croyais. Cela devait rassurer lorsqu'on ne voyait de l'autre côté que cinq ou six cents hommes noyés au milieu du royaume. Aussi je disais à la garde nationale, dans la proclamation que je lui adressai :

« C'est principalement par l'union que les peu-
» ples résistent à la tyrannie; c'est dans les gardes
» nationales qu'il importe de conserver et de
» resserrer les nœuds d'une confiance mutuelle,
» en prenant un seul et même point de ralliement;
» nous l'avons trouvé dans la Charte constitu-
» tionnelle que nous avons promis d'observer et
» de faire observer à jamais, qui est notre ou-
» vrage libre et personnel, le résultat de notre
» expérience, et le lien commun que nous avons
» voulu donner aux intérêts et aux opinions qui
» ont si long-temps divisé la France. »

Je disais à l'armée que son roi, que les citoyens comptaient sur elle; je faisais un appel à son honneur, aux sermens qu'elle venait de répéter. Le maréchal Soult, en son nom, lui tenait aussi le même langage, et comme il a peu l'habitude d'écrire, il empruntait la plume de Michaud, l'un de mes serviteurs. Le maréchal pleurait en me lisant cette pièce d'éloquence où l'on avait si bien imité sa fidélité et son dévouement.

« Soldats (y disait-il), cet homme qui naguère
» abdiqua aux yeux de toute l'Europe *un pouvoir*
» *usurpé* dont il avait fait un si fatal usage, Buo-
» naparte est descendu sur le sol français qu'il
» ne devait plus revoir. Que veut-il? la guerre
» civile; que cherche-t-il? des traîtres; les trou-
» vera-t-il parmi les soldats qu'il a trompés et
» sacrifiés tant de fois en égarant leur bravoure?
» Buonaparte *nous méprise assez pour croire que*
» *nous pourrons oublier un souverain légitime*,
» pour partager le sort d'un homme qui n'est
» qu'un aventurier! Rallions-nous autour de la
» bannière des lis, à la voix de ce père du peu-
» ple; il met à votre tête un prince modèle des
» chevaliers français, dont l'heureux retour dans
» notre patrie a déjà chassé l'usurpateur, et qui
» aujourd'hui va par sa présence détruire son
» seul et unique espoir. »

Certes, lorsque le duc de Dalmatie approuvait une pièce pareille, il aurait été indigne à moi de le soupçonner d'être lui-même l'un de ces traîtres auxquels Buonaparte s'adresserait. Je n'en eus pas la pensée : j'ajouterai que la cour elle-même ne commença à s'élever contre le maréchal Soult qu'après le retour de Monsieur : j'expliquerai pourquoi.

Cependant je faisais *in petto* la revue des autres maréchaux de France, afin de me rendre bon compte de ceux sur lesquels je devais ou non compter. Je me reposais sur la fidélité du prince de Wagram, parce qu'il était enchanté de sa charge de capitaine de mes gardes. Il y avait borné son ambition, et le retour de Buonaparte, qui l'arrachait à sa douce apathie, ne pouvait que le tourmenter.

Le maréchal duc de Raguse me resterait, parce qu'il ne lui serait plus possible de retourner à Buonaparte, les événemens de 1814 l'ayant par trop compromis envers son ancien maître.

Le duc de Castiglione, Augereau, s'était perdu dans le même sens par ses proclamations et ses actes. D'ailleurs sa réputation militaire étant éteinte, il ne se rendrait utile ni aux autres ni à moi; il se tiendrait donc à l'écart et suivrait le cours des choses.

J'aurais compté sur le duc de Bellune autant que sur moi-même; je ne fus pas trompé dans mon opinion. Le duc, non moins vertueux que brave, reconnaissait la force du serment et l'étendue des devoirs de militaire et de citoyen.

Le duc de Trévise, aussi courageux, ne serait pas moins fidèle : celui-ci a les formes de l'ancien régime, pleines de politesse et d'urbanité; guerrier habile sur un champ de bataille, c'est un courtisan dans un palais, qui sait plaire en conservant sa dignité.

On reprochait déjà au maréchal Gouvion-Saint-Cyr d'être foncièrement constitutionnel ; certains lui faisaient un tort de ce mérite. Il a bien prouvé depuis qu'il était digne de mon estime et de ma confiance.

Le duc de Conegliano, s'il avait à choisir, me préfèrerait à Buonaparte qu'il craignait ; esprit plus obéissant que ferme, il serait possible que ce qu'il ne ferait point par amour, il le ferait par habitude de soumission.

Le comte Jourdan haïssait l'usurpateur, qui, de son côté, le lui rendait bien. Celui-là me resterait attaché par l'impossibilité de se donner à un autre.

Le duc de Valmy, le comte Serrurier et le duc de Dantzig achevaient leur glorieuse carrière ; l'âge ne leur permettait de procurer au parti qu'ils embrasseraient que d'anciens souvenirs de victoire. Tous les trois penchaient pour ma cause ; ils dataient de trop loin pour ne pas être royalistes ; aussi je savais qu'ils ne m'abandonneraient qu'à la dernière extrémité.

Il en était de même du maréchal Pérignon, tout plein d'amour et de zèle pour ma personne et ma famille.

Cependant tout le corps des maréchaux ne m'inspirait pas une égale confiance. Il y en avait trois contre lesquels il s'était élevé des bruits fâcheux dans le château. On les soupçonnait d'avoir conservé de l'attachement à Buonaparte ;

c'étaient le prince de la Moskowa, le prince d'Eckmuhl et le prince d'Essling. Celui-ci, Piémontais de naissance, Français de cœur, avait acquis son droit de cité par les plus beaux faits d'armes. Surnommé *l'Enfant chéri de la Victoire,* il conservait une influence que son âge aurait dû lui faire perdre; les soldats l'admiraient : lui aussi avait eu des prétentions à la couronne de Portugal à l'époque où Buonaparte faisait des rois de ses généraux. Je le savais mécontent, et la pierre de touche de son avenir serait la conduite qu'il tiendrait dans la Provence dont il avait le commandement, et où il se trouvait dans le moment.

Le maréchal Davoust avait eu tant de peine à se soumettre aux ordres de mon frère et aux miens depuis sa rentrée en France; il s'était maintenu dans une position tellement équivoque, qu'il m'était permis de douter de ses intentions. Plein d'une ambition démesurée que justifiait sans doute son génie, grand homme de guerre, administrateur consommé, diplomate habile, il aurait voulu que je lui accordasse encore plus de confiance que Buonaparte n'en avait eu en lui, et peut-être m'aurait-il servi avec zèle. Mais il joua de malheur en 1814; les alliés s'attachèrent à le desservir; l'émigration en fit autant, M. de Bourienne le dénonça de mille manières, si bien que cette masse d'attaques me le rendit suspect. Mon indifférence passa pour du mépris à ses yeux; son orgueil se gonfla, et je puis dire qu'il ne cessa plus de menacer mon gouvernement par son inaction et son silence : il est vrai qu'il ne conspira pas sourdement ; mais les conjurés étaient certains qu'au moment de se montrer, il ne resterait pas en arrière. Le maréchal Davoust étaient celui qu'il me paraissait le moins possible d'apprivoiser, et cela parce que dans le principe je négligeai de faire ce qu'il fallait pour le rendre mien.

Le prince de la Moskowa a terminé, par une mort violente, une carrière toute de bravoure et de gloire. Je ne puis en parler froidement ; mon cœur saigne du sacrifice qui me fut imposé par la justice et les exigences de ceux auxquels ma position ne me permettait de rien refuser. Lorsque je viendrai à cette funeste affaire, je raconterai comment elle s'enchaîna, et l'impossibilité où je fus de pouvoir écouter ma clémence. On me plaindra, je l'espère, plus qu'on ne me blâmera.

Après les sommités militaires, venait le cadre immense des généraux ; la majeure partie de ceux-ci préférant la royauté à l'empire, contente de son état actuel, de ses honneurs, et de son rang. Celle-ci me servirait ; l'autre, turbulente et factieuse, se plaignait que mon retour eût fermé sa carrière au moment où elle allait atteindre aux premières dignités. Il y avait là les Clausel, Grouchy, Vandamme, Excelmans, Mouton-Duvernet, les Lallemand, Lefrèvre-Desnouettes,

Drouet-d'Erlon, Delaborde, et derrière eux d'autres ambitions non moins remuantes, bien que renfermées dans un cadre plus rétréci. Il fallait s'attendre que cette catégorie se précipiterait vers la chance qui s'offrait, sans calculer celles de l'avenir.

Je réfléchissais à tout cela, lorsque trois hommes, à bonnes intentions sans doute, qui depuis n'ont pas marché dans la même route, vinrent me faire une étrange proposition : c'étaient MM. de C..., de M... et de V...; le premier et le dernier se détestaient cordialement, aussi fallait-il une semblable occasion pour les réunir. Ils avaient sollicité l'audience par l'intermédiaire de M. de V... Cependant ce fut M. de C... qui porta la parole.

La harangue, car je conviens que c'en était une fort belle, pathétique, chevaleresque, bien nourrie d'images, d'antithèses; rien n'y manquait enfin, à part la raison; la harangue, dis-je, avait pour but, de m'engager à suspendre, malgré ma promesse formelle, la charte indéfiniment, vu la gravité des circonstances. En écoutant de pareilles fadaises, je croyais rêver. Suspendre la charte, mon piédestal inébranlable, et dans quel moment! lorsqu'il fallait plus que jamais y rallier toute la France. Je me demandai comment un mauvais génie pouvait égarer ainsi deux homme habiles; quant à M. M..., son air béat et ses soupirs donnaient la mesure de son esprit. Je ne m'amusai pas à interrompre l'orateur, et sa péroraison achevée :

— Messieurs, dis-je, à quelle époque sommes-nous ? au quatorzième ou au dix-huitième siècle ? A qui aurai-je affaire ? à des serfs, à des vilains, à des gens taillables et corvéables à merci et miséricorde, ou à une nation régénérée, fière de ses conquêtes passées, avide de liberté et d'institutions légales ? Y pensez-vous ? Quoi ! lorsque je cherche à refouler Buonaparte vers la mer qui l'a vomi dans mon royaume, j'irais lui donner l'appui de la majeure partie des citoyens, détruire ma charte, ma fille chérie ? ce serait démence. Tenez pour certain que quiconque, dans l'avenir, le tentera, amènera la chute du trône.

M. de V... prétendit que les gens bien pensans préféraient le retour de l'ancien régime.

— Qu'ils me le prouvent, dis-je, en prenant une attitude tellement énergique, que Buonaparte en soit foudroyé.

— Eh ! sire, s'écria de C...., ce monstre, à l'heure qu'il est, n'a probablement plus d'asile; mais, s'il avance, il suffira de votre invincible noblesse...

— J'en accepte l'augure, monsieur, dis-je en l'interrompant. Mais comme je ne suis pas seulement le roi et le père de ma noblesse, je tiens à contenter tous mes enfans. Or, le peuple veut la charte, et je vous conseille de la vouloir aussi.

Je prononçai ces derniers mots d'un ton ferme,

espérant imposer silence au trio mal inspiré ; mais M..., qui n'avait rien dit encore, entama sa chanson, ou plutôt son cantique, et psalmodia des lieux communs.

— Mon ami Matthieu, lui dis-je, dans un confessionnal ceci ferait de l'effet ; mais pour les oreilles d'un roi de France c'est peu concluant. Si j'écoutais ceux qui *manus habent et non palpabunt, sed qui pedes habent et ambulabunt...* je reprendrais avant peu la route de Coblentz. Non, de par Dieu, je n'exposerai pas une partie si bien gagnée en retirant le meilleur de l'enjeu.

Après avoir encore écouté quelques niaiseries politiques, je congédiai ces messieurs. Pouvais-je supposer que la force des choses me contraindrait plus tard à employer de pareilles hommes d'État ?

Ce fut alors que je pris la résolution d'envoyer le baron de Vitrolles vers M. le duc d'Angoulême. Je savais qu'à Toulouse il ne pourrait rien contre la charte, et d'un côté son activité et ses talens balanceraient la bonne volonté nulle de cette excellent comte de Damas-Crux. Le baron de Vitrolles, quoique flatté d'aller présider à la nouvelle organisation du Midi, ne se dissimula point que c'était une manière de me débarrasser de sa personne. Il aurait préféré rester à Paris pour dominer le conseil, parce qu'il pensait que l'influence du duc de Blacás diminuerait en raison de l'accroissement du péril. Il était un de ceux qui se figuraient que mon ami n'avait pas les talens nécessaires pour maîtriser des circonstances impérieuses.

C'était parmi une certaine classe une véritable manie que cette haine portée à ma charte ; elle déplaisait à la masse des courtisans ; et au château, dans les causeries intimes, on la désignait sous le sobriquet de *l'oiseau de passage*. Ces propos extravagans me revenaient par plusieurs bouches, et, au moment du danger, je m'en tourmentai davantage. Ce fut alors que je conçus le projet de faire prêter à Monsieur un serment solennel sur la charte, afin de rassurer la masse des populations.

Je fus également étonné, le lundi 6 mars, de la nonchalance que mirent à m'offrir leurs services militaires certains royalistes marquans qui avaient fait tant bien que mal la guerre de l'émigration. Ceux-là qui naguère me sollicitaient de les revêtir de commandemens importans, se tenaient maintenant à l'écart. Je ne placerai pas dans cette catégorie un M. de Viennet, qui nous offrit son épée et sa plume avec tant de chaleur que, pour lui faire plaisir, moi qui aime la poésie, j'acceptai les services de l'officier...

Ce fut ainsi que s'écoula cette journée. J'en attendais la fin avec impatience ; car il me semblait que ma dernière conférence avec le duc d'Otrante amènerait le terme de mes inquiétudes.

CHAPITRE III.

Récit de l'entrevue du roi avec le duc d'Otrante. — Mauvaise nuit. — Fâcheuses nouvelles annoncées le 7 mars au matin. — Le conseil des ministres se rassemble. — Le maréchal Soult refuse d'aller commander l'armée. — Choix du maréchal Ney. — Le duc de Berry. — Aveu nécessaire. — Courage de ce prince. — Sa douleur lorsque le roi refuse de l'envoyer hors de Paris. — Il voit le maréchal Ney. — Audience que le roi accorde à celui-ci. — Son propos. — Il laisse le roi plein d'espérance. — Le comte de Blacas se méfie du maréchal Soult. — Le roi ne partage pas sa pensée.

Le père Élysée revint enfin de chez le duc d'Otrante; il m'apporta des paroles d'obéissance de la part de ce Protée de la révolution. Celui-ci arriva donc à l'heure convenue sous un déguisement qui l'empêchait d'être reconnu au château, et il attendit dans l'appartement de mon premier valet de chambre, jusqu'à ce que mon service se fût retiré.

L'ordre établi aux Tuileries commença à être interrompu dès le même jour; il y eut un peu plus d'allées et de venues, de conversations en petit comité: on veilla plus tard, et par conséquent les issues restèrent moins libres. Néanmoins tout a une fin, et tandis que, pour calmer mon impatience, j'écrivais à Madame Royale une longue lettre sur ce qui nous intéressait tant dans ce moment, les fidèles, les alarmistes et les simples curieux, évacuèrent le château, où le silence régna enfin.

Ce fut un peu après minuit qu'on introduisit le duc d'Otrante dans ma chambre. Je lui trouvai une physionomie de circonstance fort convenable. Tandis qu'il faisait les trois saluts d'usage, je lui dis, afin d'entamer brusquement la conversation :

— Eh bien! monsieur, voici un cas étrange, dont certainement vous saviez quelque chose, lorsque vous m'avez écrit le 14 du mois dernier?

— Hélas! sire, je savais tout, répondit-il d'un ton consterné. J'en ai dit assez à Votre Majesté pour qu'elle pût parer le coup; je n'en suis donc point responsable. Les conseillers du roi n'en peuvent dire autant; ceux-là, en me laissant à l'écart, ont pris sur eux une bien forte charge.

—Qui pouvait admettre la possibilité d'un tel acte? Si dans quatre ou cinq ans Buonaparte l'eût tenté, cela serait rentré dans les événemens ordinaires; mais avant moins d'une année révolue depuis son départ, lorsque l'Europe est encore en armes, quand la France se réjouit encore de mon retour, le moment me semble être mal choisi.

Un sourire infernal effleura les lèvres du duc d'Otrante, avec tant de rapidité toutefois que j'eus de la peine à le saisir ; il perçait là une ironie..., j'en fus indigné. Quant au duc, il répartit :

— Un homme sans génie aurait attendu ; mais Buonaparte sait bien qu'un coup frappé à l'improviste est toujours plus sûr que celui contre lequel on se tient en garde.

— Ainsi vous croyez que Buonaparte a des chances de succès ? et vous osez le dire !

— Sire, répondit le duc d'Otrante avec un redoublement de gravité dont il enveloppait sa joie perfide, je serais véritablement coupable envers le roi si je ne l'éclairais pas sur sa position réelle dans cet instant critique. Buonaparte a gagné la partie par la seule raison de sa descente en France. Vos ministres, et principalement le comte de Blacas, l'abbé de Montesquiou, et l'honnête M. Dandré, ont tout perdu par leur ignorance de la révolution. Ils ont voulu la traiter comme un fait accompli, et cette erreur vous sera funeste. La révolution a été comprimée sous la main de fer de Buonaparte ; son inaction a pu paraître de l'anéantissement lorsqu'elle était encore pleine de vie et d'espérance ; elle s'est retrempée par quatorze années de repos. Il fallait donc l'écraser ou s'accommoder avec elle. Traiter était le parti le plus convenable, et on l'a négligé. Buonaparte plus adroit, vient s'emparer de la révolution et cheminera avec elle.

Mon impatience était au comble en écoutant

cette explication, qui, bien qu'adressée à mon ministère retombait sur moi. J'admirai l'audace de ce personnage, et la froideur avec laquelle il m'accusait de m'être trompé.

— Toutes ces phrases, monsieur, lui dis-je, sont des théories qui ne peuvent me convaincre. Je ne me repens pas de ce que j'ai fait, puisque tous mes actes ont reposé sur des principes d'équité. D'ailleurs ce n'est point là la question. Buonaparte est en France, et je désire savoir si vous connaissez les moyens de le repousser, et s'il vous plairait de me les indiquer? Voilà sur quoi j'ai voulu causer avec vous; toute récrimination ou prophétie devient donc inutile.

— Sire, lorsque la mer furieuse vient heurter les côtes de la Hollande, elle trouve des digues propres à la repousser. Maintenant je demanderai au roi quelles sont celles que la France peut opposer à l'invasion de Buonaparte.

— Mais, la haine que lui porte le peuple.

— Ceux qui le haïssent en auront peur, le reste lui servira de cortége.

— Et les places fortes?

— Il les tournera, c'est son usage.

— Et l'armée qui m'a juré fidélité?

— Sire, il ne vous restera pas un seul régiment. Pensez-vous que les soldats préfèreront le roi qu'ils ont servi dix mois, à l'homme auquel ils ont obéi pendant dix-huit ans? Partout où il y aura contact entre Buonaparte et la troupe, l'alliance s'ensuivra. Je regarde la révolution du moment comme consommée. Il ne s'agit donc plus de chercher à la prévénir, mais seulement de trouver les moyens de la combattre plus tard avec le concours désastreux de l'étranger.

— Ah! monsieur, quelles paroles horribles vous proférez !

— Je sens combien elles doivent blesser le cœur du roi; je voudrais les lui épargner, mais, dans la conjoncture, c'est la vérité que je lui dois. Sire, je suis, je le sais, un prophète de malheur, car j'ajouterai que chaque jour vous rélèvera de nouveaux désastres. Buonaparte s'avancera au pas de charge, et je crains que votre gouvernement tombe sans être honoré d'une résistance quelconque. Outre la conspiration dont je vous ai parlé, il y aura une commotion électrique qui rangera parmi les conjurés la masse de la population agissante. Buonaparte trouvera dans le bas peuple des villes, et dans les habitans des campagnes, des auxiliaires qui décideront du triomphe de sa cause.

— Mais les honnêtes gens, monsieur ?...

— Assistent toujours aux grandes catastrophes politiques, et ne s'y opposent jamais. C'est le peuple seul qui a fait celle de 1789 ; c'est le peuple espagnol qui a mis obstacle à la conquête de l'Angleterre, par Buonaparte, et c'est encore le peuple qui dans le cas présent va décider la question.

— Et vous voudriez me faire croire que la nation est contre moi ?

— Sire, elle est buonapartiste aujourd'hui, comme jadis elle a été républicaine.

— Vous ne voyez donc aucun moyen ?...

Je m'arrêtai dominé par une vive émotion que je dissimulais sous un front calme.

— Aucun, il est trop tard.

— C'est votre mot favori.

— Il faut bien l'appliquer là où on n'a pas voulu agir à temps. Le roi n'a plus qu'un parti à prendre, c'est de s'assurer de Metz, de Strasbourg et de Lille, ou du moins d'une de ces trois places fortes. Il y parviendra en composant la garnison de gardes nationales, de volontaires, et de sa maison militaire ; puis, s'il veut m'en croire, il s'y retirera, y convoquera les chambres, et y appellera les étrangers qui viendront, d'ailleurs, d'eux-mêmes, car parmi eux il y aura des défections. Le roi se placera en intermédiaire entre la France et une autre coalition ; mais s'il sort du royaume, il perdra tout.

J'écoutais avec mécontentement et douleur ces paroles si pénibles à entendre. Il me semblait, devant cet homme, assister à mes propres funérailles. J'entrai dans une discussion approfondie avec lui : il me donna des lumières désespérantes. Je sus le nom des émissaires qui avaient porté la correspondance de l'île d'Elbe à Paris, *et vice versâ* ; j'appris qu'en février dernier, un certain

Fleury de Chaboulon, chargé des dernières dépêches des conjurés, était parti pour aller vers Buonaparte. Le duc d'Otrante ne me cacha rien, et, avec un redoublement de malice, il s'attacha à tomber sur Blacas, qu'il attaqua sans ménager mon amitié. Je voyais bien que celui-ci avait fait des fautes, mais ses intentions restaient pures, d'ailleurs, si son mérite ne le mettait pas à l'abri des coups du sort. C'est ce que je dis avec vivacité au duc d'Otrante.

Je ne retirai aucun avantage de cette conférence, puisque celui que j'y avais appelé prétendit qu'il ne pouvait rien faire pour balancer les chances contraires. Je lui demandai ce qu'il pensait du ministre de la guerre, il répliqua que jusque-là il m'avait bien servi, mais qu'il ne pouvait répondre de l'avenir.

— A quels maréchaux dois-je me fier pour commander en chef.

— Ne prenez pas Raguse, me dit-il, parce que l'armée serait enchantée de l'offrir en holocauste à Buonaparte; Davoust vaudrait mieux; mais Oudinot ou Victor sont encore préférables.

— Et Ney?

— Sera invincible sur un champ de bataille; néanmoins il ne résistera pas à sa femme si elle lui est envoyée par Buonaparte. Écartez Ney, sire, je ne lui confierais pas politiquement parlant la défense de ma maison.

Le duc, après avoir épuisé la question, me demanda mes derniers ordres, ce qui voulait dire qu'il lui tardait de terminer une conversation inutile.

— Avant de vous les intimer, répondis-je, avouez-moi franchement ce que vous feriez si j'étais parti.

Le duc répliqua sans hésiter :

— Je ne vous suivrai pas, sire, je resterai à Paris, m'accommoderai avec Buonaparte ; je rendrai aux vôtres tous les services possibles, et je ferai tous mes efforts pour empêcher les étrangers de rentrer en France, ou la république de s'y rétablir. Si Buonaparte ne peut se soutenir, je manœuvrerai de manière à vous débarrasser du prince Eugène, du prince d'Orange, et surtout du duc d'Orléans. En un mot, je tâcherai de garder le royaume ; que vos amis sachent aussi bien garder le roi !

Cela dit, il s'inclina, et il allait se retirer lorsque, le retenant, j'ajoutai :

— Et Cambacérès est-il du complot ?

— Il s'est bouché les oreilles pour ne pas entendre les propositions qui lui ont été faites : sire, celui-là est plus royaliste que le roi.

Ce furent les dernières paroles que le duc d'Otrante prononça ; il avait hâte de se retirer ; je demeurai convaincu de sa haute capacité, et pénétré de douleur de n'avoir pu m'en servir. On doit croire que la nuit du 7 au 8 mars ne fut pas meilleure que la précédente : les prévisions du duc d'Otrante m'inspiraient malgré moi une terreur mêlée de désespoir; d'une autre part, je me flattais encore qu'il se trompait. Pouvais-je croire à une défection si prompte, si complète? Mes ressources me semblaient immenses. Chacun, près de moi, me prétendait invincible. Un seul homme démentait ce concert unanime : devait-il être seul à avoir raison?

Je me levai avant mon heure accoutumée. Mes ministres, qui attendaient mon réveil, avaient de mauvaises nouvelles à m'apprendre. Buonaparte, loin d'être arrêté dans sa course, arrivait sur Grenoble. On pensait cependant que ce serait le terme de cette tentative insensée, ou plutôt on ne voulait pas encore me dire la vérité : la prise de Grenoble, la défection des troupes, et celle des autorités constituées. Le conseil des ministres s'assembla devant moi, et ouvrit l'avis de charger un maréchal d'aller commander une armée qui couperait la route de Paris à Lyon, et qui, se portant sur cette dernière ville, soutiendrait l'attaque qu'on attendait de Monsieur.

Je demandai au duc de Dalmatie s'il voulait se mettre à la tête de cette réserve : il s'y refusa, en alléguant des raisons qui ne me plurent point. On prit alors la liste des autres maréchaux. L'abbé de Montesquiou insista pour Ney, qu'il représenta comme investi d'une immense popularité. Cet avis malencontreux fut appuyé par le ministre de la guerre, et les autres membres du conseil. Je me rappelai alors ce que le duc d'Otrante m'avait dit sur le maréchal Ney, et je fis observer que peut-être il n'avait pas l'énergie nécessaire pour combattre son ancien chef.

Chacun de se récrier : le duc de Dalmatie encore plus que les autres ; Ney, disait-on, serait fidèle, inébranlable : lui seul sauverait l'état.

— Va donc pour Ney ! m'écriai-je. Au demeurant, je le verrai ; il est trop homme d'honneur pour me cacher sa pensée.

Le ministre de la guerre reçut l'ordre d'appeler le prince de la Moskowa, et de le prévenir de la mission glorieuse qui lui était confiée. Je ne veux pas ici raconter les choses passées hors de ma présence, on les trouvera dans le procès de ce malheureux guerrier. Je ne prétends, ni les contester, ni en reconnaître la véracité : je me contenterai de rapporter ce qui eut lieu entre moi et le maréchal. Je me suis tu jusqu'à ce jour par un principe honorable ; mais à présent que la postérité va commencer pour moi, comme elle a déjà commencé pour cet illustre coupable, je suis en droit de ne rien taire.

Le prince de la Moskowa n'était pas à Paris lorsque la nouvelle du débarquement de Buonaparte s'y répandit. Sa femme, mécontente de la cour, d'où, je ne sais pourquoi, elle revenait toujours les larmes aux yeux, avait entraîné le maréchal à la campagne. C'est là où les ordres du ministre de la guerre allèrent le chercher. Il n'hésita pas à se rendre à l'appel qu'on lui faisait en mon nom ; du moins , s'il eut à soutenir des combats intérieurs ou de famille, rien ne transpira au dehors. Avant de monter dans mon appartement, il alla chez le duc de Berry, auquel il rendit ses hommages.

Mon neveu se trouvait dans une position désagréable : des calomnies, adroitement répandues, et qui avaient pris de la consistance, avaient enlevé à ce prince l'amour de l'armée. Il en résulta que je ne pus, en mars 1815, lui faire jouer le rôle pour lequel il était si bien fait. Nous craignîmes, Monsieur et moi, que sa présence ne produisît un mauvais effet sur les troupes, et qu'elles ne prissent de là un prétexte pour s'insurger. Ainsi, tandis que Monsieur, le duc d'Angoulême, le duc d'Orléans et le duc de Bourbon payaient en quelque sorte de leur personne, le duc de Berry demeurait inactif à Paris. On ne put dissimuler que son séjour au pavillon Marsan ne fût une retraite lorsque dans une telle circonstance les intérêts de ma maison exigeaient sa présence à l'armée.

Cependant on chercha à cacher ce triste motif de prudence en alléguant que le duc de Berry était nécessaire à Paris pour le protéger. Son âme généreuse s'indignait de cette inaction, et dès le 5 au soir, il était venu dans mon cabinet me faire une scène déchirante, et me conjurer de lui laisser prendre part aux efforts qu'on allait tenter pour repousser notre ennemi. Il prétendait que le consigner dans les Tuileries c'était le déshonorer; il pleurait en héros qui sent ce qu'il vaut, et qui se révolte contre les liens dont on veut enchaîner son courage.

J'entrai dans sa peine, et je lui expliquai sans ménagemens la cause du parti pris à son égard. Je lui reprochai des étourderies légères, et tout cela, poursuivis-je, se réparera un peu plus tard; on saura mieux vous apprécier; vous y mettrez beaucoup du vôtre, et, à la première guerre extérieure, vous aurez vos coudées franches. Mais aujourd'hui, où nous ne sommes pas encore certains des dispositions de l'armée, la prudence exige qu'on lui ôte tout sujet de mécontentement.

Contraint de céder à cette nécessité impérieuse, le duc de Berry s'était renfermé dans son appartement, où il rongeait son frein, lorsque le maréchal Ney parut devant lui. Il le reçut bien, lui dit des choses flatteuses sur le passé et l'avenir. Le maréchal s'abandonna à un enthousiasme plein de feu; et mon neveu m'a répété depuis que les propos du prince de la Moskowa l'avait surpris, tant il manifestait de royalisme.

J'attendais avec impatience la visite de ce personnage, que tous, hors un seul, s'accordaient à me montrer comme l'unique guerrier à opposer à Buonaparte. On me le présenta enfin; à peine s'il laissa le temps à son introducteur de remplir ce devoir d'étiquette. Il prit la parole avec chaleur, et me dit :

— Sire, je suis trop heureux de trouver l'occasion de vous prouver ma reconnaissance : Votre Majesté ne me devait rien ; elle m'a comblé, et mon cœur en garde le souvenir !

Je répondis par les complimens d'usage, et j'ajoutai :

— Prince, il dépend de vous de consolider la couronne sur mon front. Ma gratitude sera proportionnée à l'importance du service. Il s'agit d'ailleurs du repos de la France.

— Il s'agit, sire, de notre bonheur à tous, qui sera compromis tant que Buonaparte excitera la guerre civile dans le royaume. Nous sommes dégagés par lui des sermens que nous lui avons prêtés. Vous êtes notre roi, et lui désormais ne sera qu'un usurpateur. Il nous a plongés dans un abime de maux, et Votre Majesté a comblé l'armée de bienfaits.

— Pensez-vous qu'elle ne s'écartera pas de ses devoirs ?

— Je passerai mon épée au travers du corps du premier traître ; mais il ne faudra pas en venir là, l'armée sera fidèle ; et tant qu'elle restera sous mon commandement, Votre Majesté peut demeurer en paix.

— Ainsi, votre ancien général n'aura sur vous aucune influence ?

— Ne craignez rien, sire ; plutôt que de marcher à sa suite, je vous l'amènerai dans une cage de fer.

Voilà de quelle manière fut réellement tenu ce fameux propos que depuis on a tant reproché à l'infortuné maréchal. Son énergie me plut, j'en remerciai le prince de la Moskowa, qui chercha encore à me rassurer sur la fidélité des troupes. Je lui fis entendre clairement quelle était la récompense que je lui destinais; je puis aujourd'hui la faire connaître; c'était la charge, rétablie pour sa personne, avec clause expresse d'extinction à sa mort, de connétable de France. Est-il possible qu'il ait préféré à cette dignité la trahison et l'échafaud?

Lorsque le maréchal me quitta, j'avoue que je restai pleinement rassuré sur les conséquences de la tentative de Buonaparte; je ne pouvais croire que de telles promesses ne se réaliseraient pas. Ne devais-je pas me reposer sur un des plus beaux caractères historiques de l'époque?

Lorsque je fus seul avec Blacas, je m'abandonnai à ma joie; mais lui, demeura sombre et silencieux.

— Vieille chouette, lui dis-je, pourquoi cette mine renfrognée? douterais-tu de la loyauté du maréchal?

— Non, sire, me répondit-il; je crois le maréchal incapable de vous tromper; ce n'est pas lui qui m'inquiète, mais je ne puis en dire autant du ministre de la guerre. Il a refusé la mission d'aller combattre Buonaparte, et cela me semble suspect.

Blacas, après ce début, me déroula une série d'accusations plus ou moins spécieuses contre le maréchal Soult. Je ne les admis pas d'abord, n'y voyant que des faits contestables; je cherchai même à les combattre; mais Blacas, au lieu de céder, prit pour auxiliaires des personnes dévouées à ma famille depuis longues années, lesquelles m'en dirent tant, que je passai dans un état de perplexité inexprimable. Craignant d'admettre ou de repousser de telles allégations, je restai ainsi jusqu'au moment ou le retour de Monsieur et les nouvelles fâcheuses qui en découlèrent me déterminèrent à retirer le portefeuille de la guerre au maréchal Soult, pour le confier au duc de Feltre.

CHAPITRE IV.

Le roi parlera peu de Buonaparte. — Son exclamation sur Labédoyère. — Il cause de politique avec madame de... — Le duc de Blacas lui annonce la défection des Lyonnais. — Le roi adresse une proclamation au peuple. — M. Lainé. — L'Ouest et le duc de Bourbon. — Madame de Staël. — Benjamin Constant. — M. de La Fayette. — Quelques autres encore. — Tous viennent au secours du roi. — Révélations sur toutes ces personnes. — Réponse du roi à l'offre du clergé. — Alerte au château. — Prétendue conspiration. — Intrigue pour remplacer le duc de Dalmatie par le duc de Feltre. — Le roi donne la préfecture de police à M. de Bourienne. — Lettre qu'il écrit à Madame Royale. — Retour de Monsieur. — Ses regrets. — Conseil qu'il donne au roi.

Je ne pretends pas rapporter ici toutes les particularités de la marche de Buonaparte sur Paris; il me serait impossible de me faire l'historien de cette catastrophe et de conserver mon sang-froid et mon impartialité dans un tel récit. On ne trouvera ici que ce qui concerne uniquement ma famille et ma personne; assez d'autres plumes se sont empressées de satisfaire la curiosité de ceux qui veulent embrasser l'ensemble des événemens de cette époque.

Je ne tardai pas à apprendre la défection du colonel Labédoyère ; il me fut pénible, je l'avoue, que cette première trahison vînt d'un homme de ma caste ; car je me tiens pour gentilhomme, bien que roi : c'est une qualification dont je suis fier.

— Mon Dieu ! m'écriai-je, je suis bien à plaindre ; en voilà un auquel je serai dans l'impossibilité de pardonner !

Je pensai tout de suite aux conséquences qui pouvaient résulter d'un tel exemple. Grenoble ouvrant ses portes à l'usurpateur, cette cour royale, ces administrateurs, ces fonctionnaires allant porter leurs hommages à mon ennemis, tandis que je régnais encore, me causèrent moins de chagrin que la trahison de M. Labédoyère. Cependant je vis que je m'abusais en croyant que la masse de mes sujets était attachée à la légitimeté, et je dis à madame de... qui cherchait à me distraire :

— Je crains que beaucoup de Français ne m'aient reçu que comme un roi qu'on leur imposait, et que plusieurs aussi ne croient à la légitimité impériale. Cette erreur pourrait nous mener loin.

Madame de... qui ignorait mes rapports secrets avec Fouché, avait été le voir de *ma part*. Elle en rapportait son unique et fatale réponse : *Il est trop tard*. La perfidie de Labédoyère brisait son cœur, car il lui avait été cher, et elle était peu disposée à me consoler. Cependant elle me dit :

— Monsieur arrêtera l'usurpateur ; sa présence électrisera les fidèles, et certainement il sauvera la monarchie.

— Dieu vous entende, répliquai-je ; mais mon frère engagera-t-il seulement le combat?

— Ah! sire, comment Monsieur pourrait-il être en présence de Buonaparte sans qu'un duel à mort s'ensuivît?

Madame de... en était là de son discours, lorsque Blacas, cet éternel messager de malheurs, entra la figure bouleversée, les yeux noyés de larmes. Il tenait le bulletin du télégraphe.

— Oh! m'écriai-je, mon frère... mon cher frère, que lui est-il arrivé?

— Il revient, sire, il quitte Lyon en ce moment. Les dispositions du peuple et de la troupe ont ôté à son courage tout moyen de se signaler.

— Quoi, Lyon...?

— Ouvre ses portes à l'usurpateur, M. de Chabrol l'annonce.

— Et le duc d'Orléans, que fait-il?

— Il suit Son Altesse Royale.

— A la bonne heure, je craignais...

Je n'achevai pas ma phrase, et je la complète aujourd'hui. Il m'était venu une autre inquiétude, c'était que le duc d'Orléans, se séparant de Monsieur, eût cherché à soulever en mon nom Lyon, où les villes voisines ; un tel service m'aurait perdu. Il n'eut pas cette idée, et je lui en sus gré.

Tandis que madame de... pleurait à mes côtés,

5

que le pauvre Blacas s'essuyait les yeux, moi, loin de me laisser abattre, je pris du papier et j'écrivis, d'un trait de plume, la proclamation suivante, qui ne fut datée que du 11 courant :

« Après vingt-cinq ans de révolution, nous
» avions, par un bienfait de la Providence, ra-
» mené la France à un état de bonheur et de
» tranquillité. Pour rendre cet état solide et du-
» rable, nous avions donné à nos peuples une
» charte qui, par une constitution sage, assure-
» rait la liberté de chacun de nos sujets. Cette
» charte était depuis le mois de juin dernier la
» règle journalière de notre conduite, et nous
» trouvions dans la chambre des pairs et dans
» celle des députés tous les secours nécessaires
» pour concourir avec nous au maintien de la
» gloire et de la prospérité nationale. L'amour de
» nos peuples était la récompense de nos travaux
» et le meilleur garant de leurs heureux succès ;
» c'est cet amour que nous invoquons avec con-
» fiance contre l'ennemi qui vient souiller le terri-
» toire français, qui vient y renouveler la guerre
» civile ; c'est contre lui que toutes les opinions
» doivent se réunir, tout ce qui aime sincèrement
» la patrie, tout ce qui sent le prix d'un gouver-
» nement paternel et d'une sage liberté garantie
» par les lois, ne doit plus avoir qu'une pensée,
» celle de détruire l'oppresseur qui ne veut plus
» ni patrie, ni gouvernement, ni liberté. Tous
» les Français, égaux par la constitution, doivent
» l'être aussi pour la défense ; c'est à eux tous

» que nous adressons l'appel qui les sauvera. Le
» moment est venu de donner un grand exemple :
» nous l'attendons d'une nation libre et valeu-
» reuse; elle nous trouvera toujours prêt à la
» diriger dans cette entreprise à laquelle est atta-
» ché le salut de la France. Des mesures sont
» prises pour arrêter l'ennemi entre Lyon et Pa-
» ris. Nos moyens suffiront si la nation lui oppose
» l'invincible obstacle de son dévouement et de
» son courage. La France ne sera point vaincue
» dans cette lutte de la liberté contre la tyrannie,
» de la fidélité contre la trahison, de Louis XVIII
» contre Buonaparte. »

C'était, je l'ose croire, une proclamation qui devait entraîner les cœurs. Je fus encouragé par la venue du président du corps législatif, qui m'assura que la chambre de députés me confierait toute la dictature que je réclamerais; il ajouta : — Nous nous devons à la charte, et la charte sera le salut de la France.

Ces dernières paroles me charmèrent, elles valurent plus tard à M. Lainé le ministère que je lui confiai.

Cependant, la soumission des Lyonnais à l'usurpateur rendait ma position plus difficile. Je tournai plus que jamais mes regards vers la Vendée, la Bretagne, la Guyenne et le Languedoc. J'envoyai de toutes parts des émissaires dévoués ; je donnai au duc d'Angoulême une plus ample latitude pour établir une forme de gouvernement propre à confondre les projets de l'ennemi. Je me confiai dans le duc de Bourbon, et j'eus tort ; j'aurais du prévoir que ce prince, affaibli par les malheurs, manquerait de cette énergie morale dont il n'avait d'ailleurs jamais donné de marques éclatantes à aucune époque de sa vie ; il ne le prouva que trop en cédant la partie à un simple officier de gendarmerie, duquel il consentit même à accepter un passeport. Le grand Condé n'en aurait voulu d'autre que son épée.

Madame de Staël, dans ce moment de crise, ne se tint pas en arrière ; elle avait comme moi son ennemi à combattre dans Buonaparte, et elle essaya de me prêter l'appui de son génie. J'étais assez adroit pour ne refuser l'aide de personne. Madame de Staël m'étonna par son activité ; elle engagea plus que jamais M. Benjamin Constant à servir ma cause. Je promis à celui-ci une place de conseiller l'État, qu'il accepta de l'usurpateur moins d'un mois après. Cet acte lui ôta mes bonnes grâces. A mon retour M. de Constant ayant insisté pour que je tinsse ma promesse, je me contentai de lui répondre que Buonaparte l'avait tenue pour moi. Dès lors il passa dans les rangs de l'opposition, où il est encore.

Au mois de mars 1815, il se rapprocha, dis-je, intimement de moi. Je reçus par son organe les assurances de dévouement du marquis de Lafayette. Ces messieurs ont depuis prétendu que, pour les engager à prendre ma défense, j'avais consenti à congédier mon ministère, et à en accepter un de leur façon ; puis à faire une nomination de pairs dont ils fourniraient la liste, à renvoyer la chambre élective, enfin à remplacer le drapeau blanc par celui de la république.

J'affirme, à mon tour, que jamais proposition semblable ne m'a été faite; que je l'aurais repoussée avec indignation. C'eût été me livrer pieds et poings liés à une coterie, et m'abaisser à une humiliation dont je n'étais pas capable. Les paroles du marquis de Lafayette furent générales, je dirai même généreuses et conformes à son tact exquis des convenances. M. de Constant non plus n'était pas homme à me dicter des conditions. On le dit très-ferme constitutionnel ; je l'ai vu devant moi royaliste très-souple, trouvant tout bon, et surtout ne refusant rien.

J'ajouterai que les propositions absurdes ne sont nullement venues de ce côté, mais bien de celui des miens, qui, aveuglés sur l'état de la France, prétendaient profiter de l'occasion pour s'emparer de ce que je n'avais pas voulu accorder à mon retour.

Madame de Staël, dit-on, s'écria en apprenant le débarquement de Buonaparte :

— Allons, voilà qu'il me faut rentrer en campagne, lorsque je commence à peine à goûter les douceurs de la paix !

Il est certain qu'à la manière dont cet homme l'avait traitée, elle pouvait se considérer vis-à-vis

5.

de lui comme une puissance belligérante. Je reçus aussi des offres de service de la part de MM. Bedoch, Dumolard, Durbach, et de quelques autres que j'aurais dû croire prêts à passer du côté de l'usurpateur. Ceux-là, en effet, tenaient d'affection au système constitutionnel, et ils savaient que sa durée serait impossible avec Buonaparte. L'Église non plus ne me manqua pas; les prières des quarante heures me furent offertes.

— Non point, s'il vous plaît, répondis-je, car elles ressemblent trop à celles des agonisans.

M. Comte, rédacteur du *Censeur européen*, fut au nombre des libéraux qui se rapprochèrent de moi. J'ai toujours regretté de n'avoir pu dans la suite me l'attacher; c'est une tête froide, une intelligence forte, en quelque sorte un monarchiste républicain dont on aurait tiré parti; mais le tourbillon des événemens et des répugnances royalistes m'entraînèrent après ma seconde rentrée bien loin de tous ceux dont la coopération me serait devenue avantageuse.

Aux approches du 20 mars, je n'étais donc pas uniquement soutenu par les royalistes, j'avais donc fait des conquêtes dans le rang opposé! Je cite ceci avec un orgueil légitime pour prouver l'excellence de ma charte, qui était combinée de manière à satisfaire les exigences de tous les esprits justes.

Le 9 mars, nous eûmes une alerte au château; le bruit s'y répandit d'un complot qui avait pour but de m'arracher de vive force de ce palais, et de proclamer Buonaparte. On ajoutait que les membres du gouvernement provisoire étaient déjà nommés : c'étaient Cambacérès, Carnot le marquis de Lafayette, le prince d'Eckmühl et le duc d'Otrante. Blacas arriva tout effaré pour m'apprendre cette nouvelle; il fut suivi de l'abbé de Montesquiou, qui ne savait où se fourrer. Quatre ou cinq autres braves vinrent à la suite. Il ne s'agissait de rien moins que du soulèvement de cinquante généraux, de quatre mille officiers à la demi-solde, et de je ne sais combien de milliers de soldats de la vieille garde renforcés d'un nombre immense des gens des faubourgs.

Le cas paraissait grave.

— Qui a révélé le complot? demandai-je.

— Il y a dix, vingt, trente honnêtes dénonciateurs.

— Sont-ils d'accord?

— Oh! non, sire, chacun a vu et entendu séparément; les détails varient, mais l'ensemble est certain il faut prendre des mesures fermes, appeler ici toute la maison militaire, les compagnies rouges, les hommes de bonne volonté.

— Parlons-en au ministre de la guerre.

— A lui? sire, c'est un traître.

— Est-il d'accord avec les conjurés?

— On le présume.

— Ce n'est peut-être pas certain.

— N'importe, Dieu sauve le roi, fi du ministre de la guerre.

Je voyais bien qu'on exagérait ; je ne pouvais croire qu'un tel rassemblement eût pu se faire sans que cela fût venu à la connaissance de ma police. Sur ces entrefaites, d'autres personnages surviennent. Le complot existe, on ne peut en douter, mais le duc de Feltre en a la clef, et seul il le déjouera s'il est muni du portefeuille de la guerre. Je commençai alors à voir clair dans ce chaos ; il s'agissait d'évincer le maréchal Soult pour donner sa place à un autre, mais je fis la sourde oreille.

Blacas, fermement persuadé que le duc de Dalmatie n'était pas franc du collier, se prit de belle passion pour le duc de Feltre, et, tout le soir et le lendemain, il ne cessa de me parler de lui ; il le vantait, et, chose étrange, le premier de ses mérites était d'avoir eu la confiance de Buonaparte ; c'était contre ce même homme qu'on prétendait l'employer ! Je ne comprenais pas bien cette politique ; un seul point m'était prouvé, c'est qu'on ne voulait plus du maréchal Soult.

Mais, en le congédiant, il y avait un compagnon de disgrâce à lui donner, le directeur de la police générale. Je ne pouvais plus persister dans mon erreur à l'égard de M. Dandré. Chaque événement me démontrait son inhabileté, et c'eût été folie de prétendre le conserver à son poste. Mais par qui le remplacer ? J'avais demandé au duc d'Otrante un homme de sa main, et il m'avait répondu : Prenez Réal, s'il veut vous servir. Réal ne me convenait pas, il y avait un préjugé qui ne me permettait aucunement de me servir de lui.

M. de Bourienne me vint alors à l'esprit : je le savais d'autant plus ennemi de Buonaparte, que, peut-être, les torts étaient de son côté, et je crus qu'à ce titre je pourrais au moins compter sur sa haine, faute de mieux. J'ai dit plus haut que ce personnage m'avait rendu des services lors de l'émigration, et que, n'ayant pu, à mon retour, le laisser à la direction des postes qu'il s'était donnée pendant la durée du gouvernement provisoire, il entrait dans mon plan de l'en dédommager.

Bien persuadé que Dandré me desservait par sa fidélité maladroite, je voulus le congédier, et en même temps rétablir la préfecture de police de Paris. Ces deux points arrêtés, j'en parlai d'abord à Blacas, qui, au nom de M. de Bourienne, fit une grimace. Il ne l'aimait pas, parce qu'il doutait de la sincérité de son affection pour ma personne ; mais lorsque je l'eus prié de me désigner un homme capable de remplir convenablement le poste de préfet de police, il ne sut que me répondre.

Cependant il ne se rendit pas tout d'abord ; il me demanda un délai de deux ou trois jours pour chercher le fonctionnaire propre à remplir ce poste de confiance. Je lui accordai sa requête d'autant plus volontiers, que le péril, bien que croissant ne me paraissait pas très-grave. Oui, j'en conviens, il n'entrait nullement dans ma tête que Buonaparte pût me chasser de Paris. Il fut donc convenu entre nous que la nomination de M. de Bourienne, si elle avait lieu, serait ajournée au 18 courant.

Ce fut le 10 que j'écrivis à Madame Royale la lettre suivante. Je la rapporte afin de fournir un texte aux réflexions de ceux qui pourraient se trouver dans ma position.

« Ma chère fille,

» Buonaparte gagne du terrain, il a dépassé
» Grenoble, et marche sur Lyon, qui lui ouvrira
» ses portes. La populace et la troupe l'accueil-
» lent; mais le clergé, la noblesse et les honnêtes
» gens s'en éloignent. C'est cependant un gentil-
» homme qui a donné l'exemple de la trahison,
» ce misérable Labédoyère, que j'avais si bien
» traité! Ce sera Ney qui rétablira les affaires, je
» puis compter sur lui. J'aurais voulu pouvoir
» confier le commandement suprême à un des
» nôtres; mais on s'y est opposé, dans la crainte
» d'exciter le mécontentement de l'armée. Coigny
» aurait, j'en suis sûr, fait des merveilles, et
» encore mieux peut-être d'Autichamp.

» Paris est dans le délire et l'enthousiasme. Il
» est certain que la ville entière prendra les ar-
» mes pour la cause sacrée : on nous aime, ma
» chère enfant, on nous apprécie enfin. Blacas

» fait des prodiges, il se multiplie et suffit à tout.
» Nous lui devrons la paix qui suivra ce moment
» d'orage. Chacun ici admire sa capacité, son
» dévouement. A part ce petit nombre de jaloux,
» qui en veulent toujours aux plus fidèles, on ne
» cesse de me répéter que c'est un grand admi-
» nistrateur.

» Je ne puis en dire autant de Dandré, qui a
» fait fautes sur fautes. Je vais le congédier, et
» je crois que je serai aussi contraint de renvoyer
» le ministre de la guerre, non pour la même
» cause, car certes il ne manque pas d'habileté,
» mais parce qu'on l'accuse d'avoir plus travaillé
» pour Buonaparte que pour moi. Je ne crois
» pas à cette allégation ; pourtant, je céderai,
» attendu que nos fidèles n'ayant pas de confiance
» en lui, il ne peut plus faire le bien. Ce sera
» sans doute le duc de Feltre qui le remplacera.

» On croit que les succès de Buonaparte tou-
» chent à leur terme, que passé Lyon il ne trou-
» vera plus de symphatie dans les populations,
» et que les soldats qui seront sous le comman-
» dement de Ney résisteront aux tentatives qu'on
» emploiera pour les séduire.

» Je présume que la fidèle ville de Bordeaux se
» signalera et que tout l'Ouest et le Midi se lève-
» ront en masse. J'attends beaucoup de votre
» mari, et de vous surtout ma chère fille. Voici
» le jour de montrer votre courage, de déployer
» l'énergie que vous possédez à un degré si émi-

» nent. Il faut que tous les miens me secondent,
» car l'heure est critique... »

Ce que j'ajoutais ne peut être connu ; tous les secrets d'intérieur ne doivent point passer à la postérité.

J'attendais Monsieur avec impatience, je savais que, lorsque son conseil avait décidé sa retraite, il avait été escorté hors de Lyon par un seul membre de la garde nationale. Cette conduite honteuse des royalistes de cette cité navrait mon cœur, et me paraissait de funeste augure. Je craignais que des malveillans essayassent d'enlever mon frère à son passage, pour l'envoyer en otage à Buonaparte.

Ce fut donc avec joie que je l'embrassai; il était si ému des périls qu'il avait courus, et d'indignation contre les Lyonnais, qu'il lui fallut du loisir pour se remettre de tant de sensations pénibles. Je remarquai d'ailleurs avec plaisir que ce voyage l'avait rendu plus constitutionnel qu'il ne l'était avant; il revenait fermement convaincu de la nécessité de la charte. Je lui demandai ce qu'il avait fait du duc d'Orléans.

— Rien, me répondit-il ; il a parlé, agi comme moi, ni plus ni moins ; c'était mon ombre.

Je ne fus pas étonné de cette conduite, la circonspection du duc d'Orléans est extrême. Je suis persuadé que, quoi qu'il arrive, il n'ira pas au-devant des chances; il faudra qu'elles viennent le chercher...

Monsieur me parut indigné contre le ministre de la guerre ; il l'accusait d'avoir échelonné sur la route de Buonaparte tous les corps de troupes qui devaient passer de son côté. Il me conjura avec tant d'instance de me défaire de ce personnage, que je fus fort embarrassé. Cependant j'avais peine à me décider en faveur du duc de Feltre, le dernier ministre de la guerre de Buonaparte.

Monsieur, très-alarmé pour ma sûreté, me conseilla également, dès son arrivée, de quitter Paris, ou il prétendait que je courais de grands dangers. A l'entendre, je me serais retiré ou à Brest, ou au Hâvre, ou dans une place de guerre du Nord. J'eus encore une lutte à soutenir sur ce point. Mon ministère, heureusement, ne voyait pas l'avenir si en noir; il n'approuva pas la pensée de Monsieur, et je pus prolonger mon séjour dans ma capitale.

Cependant, dès le retour de Monsieur, le château eut pour idée dominante la retraite hors de Paris. Je frémissais de cette facilité de certaines gens à se replonger de nouveau dans les infortunes de l'exil. Une seconde émigration!... Ah! bon Dieu! qu'il y avait d'amertume dans cette pensée!

CHAPITRE V.

Le duc de Raguse. — Le roi le justifie. — Conseil qu'il donne au roi qui ne peut lui accorder sa demande. — Renvoi du maréchal Soult. — Le duc de Feltre ministre de la guerre. — Monsieur veut voir le duc d'Otrante. — M. de Blacas tâche de l'en dissuader. — Monsieur insiste. — Le roi le laisse faire. — Frayeur du duc d'Otrante. — Il vient chez le duc d'Aurs. — Détails sur leur entrevue. — Elle devient le marchepied de la fortune future du duc d'Otrante. — Ce qu'il dit ensuite à Benjamin Constant. — Le roi dévoile quelques intrigues. — Ouverture des chambres le 11 mars. — Convocation des conseils-généraux. — Cause qui la rend inutile. — Le baron de Vincent. — Ce que l'Autriche propose au roi. — Circonstance de l'entrée en fonctions de M. de Bourienne à la préfecture de police.

Dès que j'avais eu connaissance du coup tenté par Buonaparte, j'avais donné l'ordre qu'on rappelât à Paris le duc de Raguse, qui en était absent à cette époque. Sa mère se mourait à Châtillon-sur-Seine, et il était allé pour lui fermer les yeux. L'événement politique du 1er mars vint l'arracher à ce pieux devoir. J'avais d'autant plus de confiance dans le maréchal Marmont, que par sa position spéciale il ne peut jamais se réconcilier avec les libéraux. Les buonapartistes le détestent encore davantage; ils lui reprochent sa capitulation de Paris, et plus tard sa soumission aux décrets du sénat. Quant au premier grief, il est absurde. Avec moins de 17,000 hommes, le maréchal pouvait-il lutter contre les 300,000 alliés? Pouvait-il compromettre l'existence de Paris, que des Russes fanatiques auraient livré aux flammes, pour se venger de l'incendie de Moskow?

Il faut sans doute défendre son souverain; mais les intérêts positifs d'une grande capitale ne peuvent non plus être complètement abandonnés. Le maréchal, en capitulant, fit son devoir. D'ailleurs, il y fut invité par tout le commerce de Paris, et M. Jacques Laffitte ne niera pas de s'être trouvé à la tête de la députation de ce corps respectable. Si donc cela a été un crime que d'ouvrir aux étrangers les portes de la capitale, il doit en partie retomber sur ce banquier libéral qui accompagnait M. Casimir Périer et nombre d'autres aujourd'hui tous indignés de *la perfidie* du duc de Raguse.

Quant à l'affaire de Versailles: je la trouve très-convenable. Il s'agissait d'affranchir le royaume d'une tyrannie odieuse, et du rappel de la légitimité. Aussi, loin d'accuser ce maréchal, la France lui doit de la gratitude, et je me suis toujours empressé de lui donner des marques de la mienne.

Je souhaitais avoir le duc de Raguse près de moi dans la circonstance fâcheuse qui se développait. J'aurais voulu lui accorder le portefeuille de la guerre, mais je voyais avec peine que je serais le seul à qui cela conviendrait. Le duc de Raguse n'était point aimé de l'armée, et au château on avait pris les mesures pour placer au ministère de la guerre le duc de Feltre. Il est certain que ma volonté fut contrainte.

Le maréchal vint, à son débotté, prendre mes ordres. Je ne lui trouvai pas l'air aussi satisfait que je l'aurais voulu pour me rassurer moi-même.

Il voyait avec chagrin la tentative de Buonaparte, et il essaya de me convaincre de sa gravité. Aussi il nous sembla à peu près alarmiste. C'était le mot convenu dont on désignait quiconque ne se montrait pas persuadé que tout cela n'était qu'un échauffourée qui n'avait rien d'inquiétant. Au reste, voici le conseil que me donna le maréchal.

Il souhaitait que je n'abandonnasse pas les Tuileries, quoi qu'il pût arriver; que des dispositions militaires fussent prises pour mettre le château à l'abri d'un coup de main, et qu'on ne pût le forcer qu'en employant de l'artillerie; que je m'y renfermasse avec les deux chambres, qui y délibèreraient chacune dans une salle respective, avec la Cour de cassation, la Cour royale et les principales autorités, que là on attendrait Buonaparte qui certainement reculerait à la pensée d'une attaque ouverte, et que d'une autre part il fallait envoyer dans la Vendée le duc de Berry, Monsieur vers la Bourgogne et la Franche-Comté, le duc d'Angoulême à Toulouse, le duc d'Orléans dans l'Auvergne, et le duc de Bourbon au Nord ; que chacun de ces princes organiserait dans un certain nombre de départemens un centre de résistance contre lequel les efforts de Buonaparte se briseraient, tandis que les alliés se rapprocheraient des frontières prêts à les franchir en cas de malheur.

Le duc de Raguse croyait le plan excellent ; il se trompait sans doute. Buonaparte vainqueur n'était pas homme à s'arrêter devant un obstacle quelconque. Il n'eût pas craint de faire le siége des Tuileries ; et qui pouvait prévoir les conséquences de ce dernier coup d'éclat? Le duc, d'ailleurs, ne supposait pas non plus que la défection serait aussi générale et la marche de l'usurpateur aussi rapide. Je le remerciai de son plan, mais je refusai de le mettre à exécution.

Le duc de Raguse me demanda ensuite le commandement de l'armée cantonnée entre Lyon et Auxerre.

— Je vous suis trop attaché, lui répondis-je, pour vous l'accorder. Songez, M. le maréchal, aux injustes préventions dont vous êtes l'objet. Les soldats voudraient vous punir de votre belle conduite.

— Je suis bien malheureux, me répondit-il en poussant un profond soupir. Oui, bien malheureux! Cependant ma conscience ne me reproche aucun acte contre ma patrie... N'importe, le roi a raison, je ne puis rien pour son service.

— Vous pouvez beaucoup par vos conseils et

6.

votre exemple. Je vous réserve pour la garde particulière de ma personne. Aussi bien, ce pauvre prince de Neuchâtel est tellement saisi de ce qui arrive, qu'il aura grand besoin de l'appui de votre énergie. Je ne le reconnais plus depuis avant-hier; il ne parle ni n'entend, et ne fait que ronger ses ongles (c'était une manie du pauvre Berthier).

Le duc de Raguse occupa en effet dès ce moment un poste de confiance. Je lui remis en secret le pouvoir le plus étendu; il devait en faire usage aussitôt que les circonstances l'exigeraient. Ce fut lui qui, à partir de ce jour, eut la première autorité dans Paris. Je savais qu'il n'abandonnerait pas ma cause dans le cas où les autres me trahiraient.

Ne pouvant donc l'appeler au ministère de la guerre, et voyant que chacun appuyait le duc de Feltre, je me déterminai à congédier le maréchal Soult. J'y mis les formes convenables, afin de ne le pas mécontenter. Il sut que je ne le renvoyais pas par méfiance, mais parce que le vœu général m'y contraignait. M. Soult me comprit, et se retira sans trop se plaindre. Je lui écrivis une lettre toute de ma main comme un témoignage honorable de ma satisfaction, et le duc de Feltre entra aussitôt au ministère. Son début eut lieu avec une forfanterie dont à sa place j'aurais craint le mauvais effet. Il déclara le lendemain de son installation que tout était fini, et que Buonaparte n'aurait désormais qu'à plier bagage. Le moment était mal choisi pour parler en ces termes, les événemens devant trop tôt lui donner un démenti.

Monsieur était revenu si consterné, qu'il voulut voir le duc d'Otrante. J'en fus tout surpris quand il m'en parla. Ne désirant laisser connaître à personne, pas même à mon frère, les rapports que j'avais eus avec ce personnage, je me tins dans une extrême réserve. Je savais l'inutilité des démarches qu'on ferait près de lui, mais je ne crus pas devoir m'y opposer, dans la crainte de donner des soupçons si l'on m'eût demandé les motifs de mon refus.

Cette fantaisie de Monsieur fut vivement combattue par Blacas. Un pressentiment sur l'avenir lui disait peut-être que sa chute proviendrait du duc d'Otrante. Il est certain que dans les derniers jours qui précédèrent mon départ de Paris, il poursuivit le duc avec une vivacité dont je ne le croyais pas capable.

Monsieur lui causa donc une peine extrême par sa persistance à vouloir s'adresser au duc d'Otrante ; quant à moi, je continuai à me tenir dans une neutralité complète. Ce démêlé, car on peut presque le qualifier ainsi, devint plus tard une des causes qui décidèrent mon frère à se ranger dans le parti de ceux qui furent assez mal inspirés pour croire nécessaire l'éloignement du duc de Blacas. On se persuada qu'il administrait sans habileté, et rien n'était plus injuste, car il ne faisait qu'exécuter mes ordres. Je présume que nul de ses adversaires ne prétendrait me montrer comment il faut s'y perdre pour régner.

Monsieur ayant décidé qu'il verrait le duc d'Otrante, lui envoya une personne sûre pour l'amener à cette entrevue. J'ai su que ceci lui causa une telle surprise, qu'il s'écria :

— Mais ne me fait-on pas appeler au château pour m'arrêter ?

On lui répondit que Monsieur était incapable de se prêter à un guet-apens, qu'il voulait au contraire conférer avec lui sur la situation présente. Le duc d'Otrante, rassuré, et ne parlant pas non plus de ce qui s'était passé entre lui et moi, consentit à se rendre au commandement de Monsieur. Cette fois, il n'eut point recours à un sévère incognito, il n'était pas fâché de faire voir à certains royalistes et aux partisans de Buonaparte qu'il avait le choix du rôle qu'il lui conviendrait de jouer plus tard.

Le lieu de l'entrevue avait été fixé dans l'appartement du comte d'Aurs. Dès que le duc d'Otrante entra aux Tuileries, Blacas qui en était instruit par ses affidés, se présenta chez moi pour me le dire. Il ne me quitta qu'après l'arrivée de Monsieur qui vint me répéter ce qui s'était passé.

On avait paru craindre que mon frère ne pût soutenir la présence d'un régicide, et c'était un hommage rendu à sa sensibilité. Il prouva dans cette circonstance que son énergie était à la hauteur du péril; car, non-seulement il ne laissa paraître aucun signe d'émotion, mais encore il causa très-librement. Le duc d'Otrante de son côté conserva un décorum fort adroit. Il aborda Monsieur avec une manifestation de douleur respectueuse, et joua si bien son rôle, que mon frère s'y trouva pris.

Monsieur lui ayant demandé son opinion sur la circonstance, il répondit ce qu'il m'avait déjà dit, qu'elle était sans remède pour le moment. Après ce triste début, il entra dans des explications qui amenèrent des vérités pénibles. Il blâma la marche des royalistes en opposition avec mon gouvernement, montra en quoi elle avait facilité la catastrophe, puis ajouta :

— Votre Altesse Royale doit se convaincre d'un point : c'est que tous les élémens qui ont décidé la révolution de 1789 sont encore pleins de vie. La nation ne veut nullement de l'ancien régime. La charte, bien observée et dans un sens plutôt démocratique qu'aristocratique, est le seul moyen de gouverner en paix. Buonaparte n'est puissant aujourd'hui que parce que le peuple craint pour ses droits acquis. On l'aurait repoussé si l'on eût cru à la sincérité du gouvernement. Monseigneur, l'homme sage fait ce qu'il peut, c'est une grande erreur que prétendre faire ce que l'on désire.

Monsieur lui demanda alors comment il faudrait s'y prendre pour arrêter Buonaparte.

— Ceci passe le pouvoir du roi; on doit céder

à la destinée du moment. La question a été décidée à Grenoble et à Lyon, l'exemple de ces deux villes sera suivi du reste de la France.

— Ainsi, nous sommes donc perdus?

— Votre départ est certain, voilà tout ce que je puis dire. Mais qui sait ce que la Providence vous réserve?

—. Vous vous trompez certainement, s'écria Monsieur. Le maréchal Ney répond des troupes. Le midi, l'ouest, le nord, les trois quarts de l'est, tout le centre du royaume, sont pour nous. Le peuple paraît plein de bonne volonté, la Vendée d'ailleurs ne nous manquera pas.

— Monseigneur, si vous rentrez, ce que je souhaite, n'attendez de secours que des patriotes, car vos royalistes ne vous serviront jamais utilement. Voyez comment ils ont abandonné les Bourbons en des temps où certes il fallait combattre pour eux; non au dedans, mais au dehors

— C'est parce qu'ils voulurent me suivre.

— Vous ont-ils suivi il y a trois jours à Lyon? Je vous le répète, si le trône ne s'appuie pas uniquement sur la classe mitoyenne et sur le peuple, il croulera toujours.

Ces principes de nouvelle forme administrative, contrarièrent Monsieur; il en revint à prétendre que la Vendée se lèverait.

— Vous vous trompez, monseigneur; je vous le répète, la Vendée ne se lèvera pas.

Monsieur, attéré de plus en plus par la persistance du duc d'Otrante, alla au delà de ce que je lui avais dit, tant il avait à cœur de maintenir ma puissance, et dans un élan de désespoir fraternel il reprit :

— Mais enfin, monsieur, est-ce que votre connaissance approfondie des hommes et de l'administration ne pourrait nous aider à sortir d'embarras, si une autorité très-étendue vous était remise? Le roi monseigneur et maître ne me dénierait pas.

— Une telle marque de confiance de la part de Votre Altesse Royale me réconcilie avec moi-même ; je voudrais, au prix de mon sang, y répondre dignement ; mais malheureusement il y a impossibilité physique. Les choses sont enchaînées de manière à ce que rien ne pourrait maintenant repousser Buonaparte. Son invasion victorieuse est une nécessité à subir, mais je m'efforcerai d'amener une chance favorable. Je resterai à Paris, je m'enrôlerai sous les drapeaux de Buonaparte, et j'entretiendrai avec Votre Altesse Royale une correspondance dont elle profitera si le succès couronne mes efforts. Ainsi, dans le cas où l'usurpateur tomberait une seconde fois, et si Monsieur voulait se rappeler l'offre qu'il vient de me faire, j'entrerais volontiers dans la formation d'un ministère.

J'ai tenu à rapporter cette conversation dans tous ses détails, afin d'apprendre à l'Europe et à la postérité que si l'un des assassins de Louis XVI est devenu le ministre de son frère, c'est du consentement formel du second frère de ce monarque infortuné, consentement qui ne suivit pas les événemens de 1815, mais les précéda. Tout le temps que nous demeurâmes en Belgique, le duc d'Otrante ne manqua pas de communiquer avec Monsieur. Il se maintint avec une rare adresse dans ses bonnes dispositions à son égard; et à ma seconde rentrée, ce manége porta son fruit.

Je reviens à la conférence ci-dessus.

Monsieur, accablé par tout ce que lui disait le duc d'Otrante ne put retenir ses larmes en pensant à moi, à ses enfans et à ses serviteurs; il promit d'empêcher qu'on commit désormais aucune faute autour de lui, et ajouta qu'il voulait que tout prît dans sa maison des formes constitutionnelles; puis, voyant qu'il était impossible de déterminer le duc d'Otrante à mettre la main à l'œuvre, il le congédia. J'ai su de Benjamin Constant qui me vit très-exactement jusqu'au 20 mars, que, l'ancien ministre de la police impériale l'ayant rencontré à sa sortie de chez le duc d'Escars où Constant venait aussi pour prendre les ordres de Monsieur, dont il était alors le serviteur dévoué, il lui conta ce qui venait d'avoir lieu, et ajouta :

— On m'a fait si bonne mine, que je suis certain qu'on ne tardera pas à donner l'ordre de m'arrêter.

Constant se récria.

— Je connais les hommes, répartit le duc d'Otrante : ils savent toujours mauvais gré à celui qui refuse de se sacrifier pour les servir. Je vais prendre mes précautions.

Le hasard lui fit dire vrai, je raconterai comment lorsque j'en serai là.

Le 11 mars, où le duc de Dalmatie quitta le ministère, fut le jour de l'ouverture de la session extraordinaire des chambres, qui se rassemblèrent sous de tristes auspices. Les députés, à mesure qu'ils arrivaient, se présentaient au château pour me rendre leurs hommages et m'assurer de leur dévouement ; je les reçus avec ma bienveillance accoutumée ; je les priai de bien se pénétrer de l'importance de la position, et de voir dans Buonaparte leur ennemi autant que le mien.

Les députés et les pairs auraient voulu que le même jour je fisse maison nette en renvoyant mon ministère et en donnant les portefeuilles à des hommes dont le système cadrât mieux avec le leur. C'était une prétention à laquelle je ne me souciai pas de souscrire, les serviteurs que j'avais investis de ma confiance ne me semblant pas avoir mérité de la perdre ; je tenais à eux, surtout à Blacas. Cependant on n'hésitait plus à me montrer ce dernier comme le point de mire de l'animadversion publique. Je n'y vis qu'une cabale montée dans le pavillon Marsan, qu'un dessein bien arrêté de me colloquer un de Bruges, un Rivière, un Polignac, voire même l'abbé de Latil et Mathieu de Montmorency. Aucun de ces messieurs, très-estimables d'ailleurs, ne me convenait; j'aurais pris plutôt un ministère parmi les constitutionnels de la gauche, sachant que ceux-là, n'ayant d'autre appui que ma volonté, seraient plus souples. Je me comprends mieux peut-être que je ne me fais comprendre, mais il ne me plaît pas de m'expliquer en termes plus clairs.

La réunion des chambres me tranquillisa. Il me semblait important que les trois pouvoirs constitutionnels marchassent d'intelligence, afin de prouver au peuple qu'il voyait dans Buonaparte son ennemi. Comme ce n'était qu'une rentrée après prorogation, M. Lainé resta président. Bientôt on me dit que l'immense majorité des chambres me serait acquise, et qu'elle m'accorderait tout ce que je croirais nécessaire de lui demander.

Ce fut ce même jour que, par une ordonnance royale, je provoquai la permanence des conseils de départemens. Ils devaient y siéger pendant la durée du péril, et je les autorisais à prendre toutes les mesures de circonstances en rapport avec les besoins et les localités. C'était revenir un peu aux anciens États provinciaux, dont on s'était jadis si bien trouvé. Ces États ayant une grande influence, conduisaient le pays. Je voulais imprimer un mouvement semblable au moyen des conseils de départemens. Je ne le pus pas; ces conseils, jusque-là, avaient été tellement effacés par l'action des préfectures; Buonaparte avait pris tant de précautions pour les rendre nuls, que lorsque je voulus leur donner du pouvoir ils ne surent pas en profiter. Les citoyens, d'ailleurs, ne se trouvèrent pas disposés à leur en accorder.

Il faut, quand on veut qu'une institution soit active, qu'elle ait reçu la sanction du temps, d'un esprit énergique et de l'opinion.

Je faisais tout mon possible pour lutter contre ma destinée. Hélas! elle m'entraînait malgré mes efforts. Je reçus le baron de Vincent, ambassadeur d'Autriche, honnête homme, mais chargé d'une vilaine mission. Je ne sais comment il avait pu déjà obtenir les instructions de sa cour. Ce qu'il y a de certain, c'est qu'il vint m'offrir l'appui de son souverain, à condition que je ne m'inquiéterais pas de ce que deviendrait le royaume de Naples, si par cas Murat en était dépossédé. C'était me dire que l'Autriche s'en emparerait au détriment de la maison de Bourbon. Je ne répondis point à cette ouverture et je me contentai de demander à l'ambassadeur s'il était vrai que le cabinet de Vienne eût signé un traité avec Buonaparte.

Ma question terrassa le baron de Vincent; il y répliqua néanmoins, mais avec tant d'embarras, et en se servant d'allégations si étranges, que j'en fus confondu. Dès lors le cas me parut complètement résolu; je vis à quoi je devais m'attendre si la fortune m'était contraire.

Buonaparte était entré à Lyon; il y recevait,

à l'exemple de Grenoble, les autorités constituées, qui venaient à son audience comme s'il eût été leur souverain. Je compris que le temps de s'arrêter à des considérations particulières n'existait plus, et j'envoyai Hue à la recherche de M. de Bourienne. L'agent qu'à son tour il dépêcha pour remplir cette commission fit un plaisant récit de la frayeur qu'avait manifestée l'ancien secrétaire de Buonaparte en se voyant appelé aux Tuileries, sans préparations et à heure indue (il pouvait être huit heures du soir).

Il obéit cependant ; Hue, qui avait mes instructions, lui annonça que je le nommais préfet de police. Une nouvelle sensation s'empara de M. de Bourienne, et à sa frayeur succéda une joie qui faillit le suffoquer. Il fallut lui donner des liqueurs spiritueuses, ouvrir les fenêtres de l'appartement, en un mot employer les formalités d'usage, pour le faire revenir. Lorsqu'il fut un peu plus calme, il se mit à pleurer : cependant il sécha ses larmes, et descendit chez moi toujours en la compagnie de Hue, qui avait l'ordre de ne pas le quitter que je l'eusse vu.

J'aurais souhaité à M. de Bourienne plus de modération dans les élans de sa haine contre Buonaparte. Je suis de ceux qui pensent qu'on se respecte soi-même en ménageant l'homme dont on a obtenu la confiance, bien que d'ailleurs on ait à s'en plaindre.

A part cela, je trouvai dans M. de Bourienne

une grande facilité d'élocution, de l'habitude des affaires, et par-dessus tout un vif désir de me servir. A cette première entrevue, il me dénonça une foule de personnes qui avaient de l'influence dans le parti impérial, et dont le nom m'était inconnu. Cependant je me promis de les faire surveiller.

CHAPITRE VI.

Pourquoi le duc de Blacas veut faire arrêter le duc d'Otrante. — Détails à ce sujet. — Le personnage plus adroit que M. de Bourienne. — Le comte Regnault se cache à propos. — Monsieur est mécontent de la tentative d'arrestation contre le duc d'Otrante. — Décrets tyranniques de Buonaparte. — Comparaison avec les actes du roi en 1814. — Conspiration des généraux Drouet d'Erlon, Lefèvre Desnouettes et les frères Lallemand. — Que la sévérité est nécessaire à un roi. — On veut détourner Louis XVIII d'un acte royal. — Sa réponse. — Il passe la garde nationale en revue. — Proclamation aux troupes. — Le duc de Feltre inutile. — Trahison de Ney. — Comment le roi console Monsieur. — Causerie du roi avec son confesseur.

Autant je me complais à rendre aux qualités du comte de Blacas la justice qui leur est due, autant je me montrerai sévère à son égard dans le récit des faits qui va suivre. J'ai dit combien il tenait à posséder ma confiance sans partage, et à éloigner de ma personne ceux qui lui faisaient ombrage. Le duc d'Otrante, par exemple, lui était insupportable. Il eut quelques lumières sur les deux entrevues dont j'avais honoré ce personnage, et il en résulta chez lui une jalousie qui prit un nouvel aliment de la conférence que Monsieur venait d'accorder au duc d'Otrante, et d'une étourderie de Benjamin Constant.

J'ai rapporté que le duc d'Otrante le rencontrant à la sortie de son audience, lui avait répété à dessein ce qui s'était passé, afin que le fait se propogeât. Il ne pouvait choisir de meilleure trompette ; M. le baron de Rebecque ne comptait pas la discrétion au nombre de ses qualités. Or donc, non-seulement il vint me rapporter ce que lui avait appris le duc d'Otrante, mais encore il s'avisa de dire à Blacas que Monsieur avait offert de ma part à ce personnage le ministère de la police avec la présidence du conseil, amalgame auquel je n'avais nullement songé.

Cette nouvelle fut un coup de foudre pour le pauvre Blacas ; il vint à moi tout accablé ; une explication s'ensuivit, et je lui déclarai que je méprisais trop le duc d'Otrante pour lui accorder un ministère ou la présidence. Je voulus même faire appeler Monsieur afin qu'il démentît lui-même ce faux rapport ; mais Blacas hors d'état de me comprendre, m'écoutait avec plus de douleur que de confiance. Son amitié alarmée lui faisait admettre ce qui le blessait jusqu'au fond du cœur.

Tenant à le rassurer, je le priai de me mettre à l'épreuve. C'était peut-être déroger à ma dignité, mais j'avoue que dans cette occasion l'ami l'emporta sur le roi. Blacas me dit alors que puisque j'étais tellement décidé à ne pas employer le le duc d'Otrante, et que d'ailleurs il avait révélé par sa lettre du 14 février, sa coopération au complot, je devais consentir à son arrestation.

Cette demande m'étonna d'abord; il me semblait pénible de punir un homme qui avait mis tant de bonne foi dans ses aveux, et qui pouvait être utile. Cependant, toute réflexion faite, je sentis que, dans ma position, il fallait se perdre ou se sauver par d'autres que le duc d'Otrante, et j'accédai à son arrestation. Il fut convenu qu'elle aurait lieu en même temps que celle de quinze ou vingt agens avoués de Buonaparte. Dans le nombre étaient le comte Regnault de Saint-Jean-d'Angely, Carnot et madame Hamelin qui, la première, avait reçu et distribué les proclamations de Buonaparte, datées du golfe de Juan. Carnot avait écrit à l'ex-empereur pour s'entendre avec lui. Quant au comte Regnault, on lui en voulait beaucoup autour de moi; les autres suspects étaient Merlin de Douai, Réal, Thibaudeau, cinq ou six militaires, puis des inconnus. Je voulais qu'on les enfermât à Vincennes, et qu'on leur fît plus tard leur procès lorsque le calme serait rétabli. Ceci aurait équivalu à un pardon, car il n'y a de rigueur dans les causes politiques que pendant la durée de la crise; quand les passions sont apaisées l'indulgence et l'impartialité viennent toujours à la suite.

Je cédai donc à Blacas le duc d'Otrante. Ce

même soir, pour ne pas perdre le temps, M. de Bourienne venant d'être nommé préfet de police, le ministre de la maison lui donna la mission d'arrêter le duc d'Otrante en manière d'entrée en pied. Il l'accepta, et dès le lendemain il se mit en mesure de l'exécuter. Des hommes de police furent envoyés vers Fouché, qui contesta d'abord la légalité de la signature Bourienne, en prétendant que sa nomination serait nulle tant que le Bulletin des lois ne l'aurait pas consacrée. Il éblouit ainsi les agens de police, qui d'ailleurs conservaient pour lui un profond respect. Il en résulta que deux restèrent près de lui pour le garder; tandis que les autres allèrent chercher des instructions plus précises. Mais le duc d'Otrante n'attendit pas leur retour, et au moment où on le croyait occupé de tout autre chose, il ouvre une porte secrète pratiqué dans le mur, entre dans un couloir obscur, et faisant jouer une trappe, il disparaît aux yeux des agens de police.

D'autres issues le conduisirent à travers plusieurs jardins de la rue d'Artois, où son hôtel était situé, dans la rue Ville-l'Évèque; il alla ensuite prendre une voiture rue Taitbout, et de là se fit conduire dans une maison du faubourg Saint-Jacques, où, à l'avance, il s'était assuré d'un asile.

Blacas et Bourienne en furent stupéfaits : l'un perdait l'occasion de s'assurer d'une sorte de rival qui lui déplaisait, et l'autre signalait son début par une maladresse. Il en ressentit tant de mauvaise humeur qu'il poursuivit avec nonchalance le reste de ceux qui étaient portés sur la fatale liste. On sut d'ailleurs que le 6 au soir, le comte Regnault, averti, dans sa loge aux Variétés, du débarquement de Buonaparte, avait quitté Paris cette nuit même, et que Carnot s'était mis à couvert. Quant à madame Hamelin, ma galanterie, appuyée de celle du préfet de police, lui sauva la prison.

Ces sortes de coups d'État ont besoin de faire partie d'un plan bien arrêté : rien ne produit un plus mauvais effet qu'une rigueur mal combinée. Certes tous ceux que je viens de désigner étaient coupables ; mais comme on n'avait contre eux aucune preuve matérielle, il eût mieux valu peut-être les laisser en liberté.

Blacas fut vivement affligé de l'évasion du duc d'Otrante ; il prétendit que ce personnage allait à la rencontre de Buonaparte, et que j'avais commis une grande faute en ne le faisant pas arrêter à sa sortie du pavilon Marsan. Bref, il me gronda dans mes intérêts comme il ne nous déplaît pas de l'être par ceux qui nous sont sincèrement attachés.

Mais je devais jouer de malheur dans cette circonstance ; querellé par Blacas pour la non-arrestation du duc d'Otrante, Monsieur, dès qu'il apprit cette tentative, ne m'épargna pas non plus dans le sens opposé. Il se plaignit à mon ministre d'abord, à moi ensuite, de ce qu'il appelait une violation du droit des gens. Il prétendit que sa protection aurait dû garantir la liberté du duc d'Otrante, et qu'on aurait dû au moins lui en parler si on avait jugé convenable de le mettre en charte privée.

Blacas s'excusa de son mieux, car il tenait à ne pas se brouiller avec Monsieur dont les bonnes grâces lui étaient précieuses. Quant à moi, d'assez mauvaise humeur de tout ceci ; j'écoutai la liste des griefs de mon frère ; et me contentai de lui demander qui, de lui ou de moi, était roi. Ce propos l'étonna et le fit rentrer en lui-même. Il convint qu'un monarque doit sacrifier ses affections privées aux intérêts de l'État.

Cependant les événemens marchaient avec une rapidité désespérante. Chaque pas de Buonaparte était marqué par un succès. Il était entré à Grenoble en conquérant, et à Lyon il commença à jouer le souverain. Ce fut de cette ville qu'il fulmina cette foule de décrets qui renversaient de fond en comble l'édifice de la royauté ; ils déclaraient la dissolution des deux chambres législatives, la réunion des colléges électoraux, tels que Buonaparte les avait formés, pour des nominations de députés qui se rassembleraient à Paris en Champ-de-Mai, dans le but de modifier, changer et compléter les constitutions de l'empire, et pour *assister au couronnement de l'impératrice sa bien-aimée épouse et de son bien-aimé fils*, que, cette fois, il ne qualifiait pas de roi de Rome. Tous les émigrés dont le sort n'avait pas été fixé par lui devaient sortir sans délai du royaume ; ceux qui, quinze jours après la promulgation de ce décret, n'auraient pas obéi, seraient arrêtés et jugés selon la rigueur des lois révolutionnaires ; le séquestre serait mis sur leurs biens, meubles et immeubles. Ce décret déclarait encore l'abolition totale de la noblesse, avec conservation des titres impériaux ; toute nomination de grade militaire de terre et de mer, depuis le 1er avril 1814, était regardée comme non avenue. Il en était de même pour ce qui concernait l'ordre judiciaire ; les biens de la famille des Bourbons entraient dans la confiscation, et revenaient aux établissemens publics, ainsi que ceux des émigrés que j'en avais retirés pour les rendre à leurs propriétaires. La décoration du lis, les ordres de Saint-Michel, de Saint-Louis et de Saint-Lazare étaient de nouveau abolis et déclarés nuls. Les nominations que j'avais faites dans la Légion-d'honneur et ma maison militaire étaient supprimées ; les membres qui la composaient écartés de Paris ou de la résidence impériale de quarante lieues au moins ; les Suisses devaient être licenciés, et désormais aucun corps étranger ne serait admis au service de France.

Un dernier décret amnistiait tous les fonctionnaires qui avaient contribué d'une façon quelconque au renversement du trône impérial. Treize d'entre eux néanmoins étaient exclus de cette faveur, et mis hors la loi : MM. le prince de Bénévent (Talleyrand-Périgord), le maréchal duc de Raguse, le duc d'Alberg, l'abbé Montesquiou, le comte de Jaucourt, le général Bournonville, Lynch, maire de Bordeaux; le baron de Vitrolles, le comte Alexis de Noailles, de Bourienne, Bellart, avocat, de La Rochejacquelin, et Sosthène de Larochefoucauld.

J'ai voulu rapporter le sommaire de ces actes de démence tyrannique, afin de prouver aux amateurs d'idées nouvelles que chaque fois que d'autres que les Bourbons ont régné en France, le despotisme et l'arbitraire sont venus à la suite; que la liberté n'a été véritablement connue que sous mon auguste frère, et sous mon gouvernement, et qu'avec Buonaparte il n'y avait plus à espérer de constitution positive, de charte, de franchise et de droits, mais une volonté impérieuse et abusive.

Qui avais-je frappé de mort à ma rentrée? personne, pas même les régicides. J'avais consolidé les biens, les grades, les titres, les pensions; j'avais appelé à moi tous les Français; lui, au contraire, ébranlait, divisait et lançait l'anathème; et c'est cet homme qu'on m'opposait, qu'on me représentait comme le conservateur des droits de la nation!

Des fanatiques n'avaient pas attendu que ces décrets sanguinaires fussent venus à leur connaissance, pour tenter de soulever des portions de la France contre mon autorité légitime. Les généraux Drouet d'Erlon, Lefèvre-Desnouettes, et les frères Lallemand, essayèrent de mettre en pleine révolte le pays aux environs de La Fère. Ils se prétendaient commissaires de l'empereur. La noble résistance du général comte d'Aboville à La Fère, celle des officiers supérieurs à Lyon, à Juiné, à Compiègne, s'opposèrent à l'exécution de ce complot. Je n'en ai point parlé en son temps, parce qu'il n'eut aucune suite; mais la connaissance qu'on en eut nuisit beaucoup au duc de Dalmatie, auquel les royalistes persistèrent à l'attribuer.

Cette levée coupable de boucliers répandit néanmoins la consternation dans ma cour; on craignit qu'elle eût des ramifications dans le reste du royaume. Cependant la promptitude avec laquelle on l'avait comprimée aurait dû rassurer. Quant à moi, je fus plus mécontent qu'inquiet; je ne pouvais souffrir patiemment les rébellions de gens comblés de mes bienfaits; je voyais avec chagrin que ma douceur avait été prise pour de la faiblesse, et je compris que des hommes qui avaient souffert pendant quatorze ans la verge de fer impériale, ne pouvaient goûter les avantages d'un sceptre véritable houlette de pasteur. Le résultat de ces réflexions fut de me faire prendre la détermination de tempérer à l'avenir ma bonté par une énergie convenable; car, dans les commotions politiques, il y a malheureusement des rigueurs nécessaires.

Ceci explique pourquoi, après ma seconde rentrée, je ne me livrai pas à la clémence si naturelle à mon cœur.

Cette trahison des quatre généraux que je viens de nommer ne fit que précéder une autre perfidie d'où découlèrent tous les revers qui, depuis, ont pesé sur la France : celle de Ney, à laquelle on s'attendait si peu ! Hélas ! qui m'aurait dit que ce brave des braves joindrait tant de déloyauté à tant de vaillance !

Mes alentours ne pressentant pas encore le coup funeste, m'engagèrent à passer en revue la garde nationale. Je ne demandais pas mieux ; mais ma santé, ébranlée par ces commotions, était dans un état déplorable. Le cœur restait ferme, mais le corps faillissait. Le père Élysée, qui ne me quittait pas, s'opposa de tout son pouvoir à cet acte qu'il qualifiait d'imprudence. Il osa même dire que ma vie courait des dangers si je persistais à l'accomplir.

— Un roi de France, répondis-je, ne doit pas s'écouter comme un bourgeois de Chartres ; mourir dans une revue, c'est presque mourir sur un champ de bataille.

— Mais, sire, la force physique vous manquera.

— J'y suppléerai par celle de l'âme.

Bref, je tins bon contre le docteur, mon neveu et Blacas. J'allai donc à la revue ; mais ce fut en vain que je m'efforçai d'y rester jusqu'à la fin ; la violence du mal l'emporta sur ma résolution, et je fus contraint d'ordonner à mon cocher de me ramener aux Tuileries. Hélas! cette retraite était le prélude de ce que la fortune me préparait.

Cet accident donna de vives inquiétudes à mes fidèles; ils comprirent tous de quelle importance ma conservation était pour la monarchie. Je sus par une voie sûre que Monsieur s'était effrayé de la possibilité que son front pouvait bientôt être ceint de la couronne.

— Mon Dieu! avait-il dit, sauvez le roi, car il n'y a que lui maintenant que puisse sauver la France!

J'ai le noble orgueil de croire que mon frère avait raison.

Qu'oiqu'en quelque sorte incapable de rien faire, je trouvai cependant assez de lucidité dans mon esprit pour dicter la proclamation suivante adressée à l'armée. Je me plais à la transcrire pour prouver que mes souffrances physiques ne m'empêchaient pas de m'occuper du salut de l'État.

LOUIS, *par la grâce de Dieu, roi de France et de Navarre, à nos braves armées, salut.*

« Braves Soldats ,

» La gloire et la force de notre royaume : C'est
» au nom de l'honneur que votre roi vous ordonne
» d'être fidèles à vos drapeaux. Vous lui avez

» juré fidélité ; vous ne trahirez pas vos sermens.
» Un général que vous auriez défendu jusqu'à
» votre dernier soupir, s'il ne vous avait pas dé-
» liés par une abdication formelle, vous a rendus
» à votre roi légitime, confondus dans la grande
» famille dont il est le père, et dont vous ne vous
» distinguerez que par les plus éclatans services.
» Vous êtes redevenus mes enfans : je vous porte
» tous dans mon cœur. Je m'associais à la gloire
» de vos triomphes lors même qu'ils n'étaient pas
» pour ma cause. Rappelé au trône de mes pères,
» je me suis félicité de le voir défendu par cette
» brave armée si digne de cette tâche. Soldats, c'est
» votre amour que j'invoque ; c'est votre fidélité
» que je réclame. Vos aïeux se raillièrent jadis au
» panache du grand Henri ; c'est son petit-fils
» que j'ai placé à votre tête ; suivez-le fidèlement
» dans les sentiers de l'honneur et du devoir ;
» défendez avec lui la liberté publique qu'on at-
» taque, la Charte constitutionnelle qu'on veut
» détruire ; défendez vos femmes, vos pères, vos
» enfans, vos propriétés, contre la tyrannie qui
» les menace. L'ennemi de la patrie n'est-il pas
» aussi le vôtre ? n'a-t-il pas spéculé sur votre
» sang ? trafiqué de vos fatigues, de vos blessu-
» res ? N'est-ce pas pour satisfaire son insatiable
» ambition qu'il vous conduisit à travers mille
» dangers, à d'inutiles et meurtrières victoires ?
  » Notre belle France ne lui suffisait plus. Il
» épuiserait de nouveau la population pour aller

» au bout du monde payer de votre sang d'autres
» conquêtes. Défiez-vous donc de ses perfides
» promesses. Votre roi vous appelle; la patrie
» vous réclame. Que l'honneur vous fixe invaria-
» blement sous vos drapeaux. C'est moi qui me
» charge de vous récompenser; c'est dans vos
» rangs, c'est parmi des soldats fidèles que je
» choisirai des officiers. La reconnaissance publi-
» que paiera tous vos services; encore un effort,
» et vous jouirez bientôt de la gloire et du repos
» que vous aurez mérités.

» Marchez donc, braves soldats, à la voix de
» l'honneur; arrêtez vous-mêmes le premier traî-
» tre qui voudra vous séduire. Si déjà quelques-
» uns d'entre vous avaient prêté l'oreille aux
» perfides suggestions des rebelles, il est temps
» encore qu'ils rentrent dans le sentier du de-
» voir; la porte est ouverte au repentir. C'est
» ainsi qu'un coupable qui voulait égarer plusieurs
» escadrons près La Fère, s'est vu lui-même forcé
» à s'éloigner; que cet exemple serve à toute
» l'armée; que ce grand nombre de corps qui
» sont restés purs, qui ont refusé de se joindre
» aux rebelles, serrent leurs bataillons pour atta-
» quer, pour repousser les traîtres. Soldats, vous
» êtes Français, je suis votre roi, ce n'est pas en
» vain que je confie à votre courage et à votre
» fidélité le salut de notre chère patrie.

» *Signé* LOUIS. »

J'attendais un bon effet de cette proclamation. Mais que pouvait-elle, pour balancer les intrigues dirigées contre ma puissance, pour retenir des soldats entraînés par des officiers parjurés? Le duc de Feltre, venu trop tard, ne put rien faire d'utile : il assista simplement aux événemens. Plusieurs dépêches successives m'apprirent que Ney n'était plus le même homme qui m'avait parlé avec tant de chaleur, que les émissaires de Buonaparte agissaient sur lui et ses alentours.

Bientôt la perfidie fut consommée ; Ney se déshonora par sa trahison, et perdit tout. On hésita encore à me communiquer cette nouvelle fatale. Les ministres se rassemblèrent sur-le-champ en conseil, afin de me présenter le remède en même temps qu'ils me feraient connaître le mal. Ils eurent beau examiner la question sous toutes ses faces, aucune solution favorable ne s'offrit. Il fallut me montrer la vérité toute nue. J'en fus atterré : ceci dépassait toutes mes prévisions. Il y a d'ailleurs quelque chose de si hideux dans la perfidie d'un homme dont on voudrait estimer le caractère, qu'ici je ne pus m'empêcher de tourner la tête avec dégoût.

Je restai quelque temps plongé dans une douloureuse méditation : puis levant la tête, j'aperçus Monsieur devant moi ; Monsieur désolé, les larmes aux yeux, et qui, se baissant, parut vouloir embrasser mes genoux ; je ne lui en laissai pas le temps, et l'attirant sur mon cœur :

— Mon frère, lui dis-je, il y a dans le ciel trop de bienheureux de notre race pour que Dieu nous abandonne complétement sur la terre. Espérons un meilleur avenir ; la défection de Ney m'indigne, mais ne m'accable pas.

Moi seul dans ce moment ne versais pas de larmes ; les plus fermes à mes côtés se livraient au découragement. Je ne vis de calme que mon confesseur, l'abbé Rocher, homme de bien par excellence.

— Mon père, lui dis-je, ceci est une rude épreuve.

— Subissez-la avec résignation : Dieu fera le reste.

L'abbé Rocher ne se trompa pas.

CHAPITRE VII.

Les royalistes aux Tuileries. — Mot sublime d'une femme. M. Olivier Durouret. — Le roi veut consulter Cambacérès. — Il lui dépêche le duc de La Châtre. — Lettre de créance. — Procès-verbal de l'entrevue. — Bon conseil que Cambacérès donne au roi. — Séance royale le 16 mars. — Aspect de Paris. — Entrée dans la salle. — Doux accueil. — Discours du roi. — Comment il est reçu. — Monsieur et les princes prêtent serment à la Charte. — Réflexions prophétiques. — Folle proposition. — Le comte d'Artois et M. Gilbert Desvoisins. — Propos de Monsieur — Dernière déception. — Propos du roi. — Conduite honorable des députés. — Leur déclaration contre Buonaparte. — Dépêches du prince de Talleyrand. — Conseils qu'il donne au roi.

Les Tuileries en ce moment ressemblaient à une ville prise d'assaut. Depuis le 7 mars, elles étaient pleines d'une foule de personnes attachées à ma cause. On n'entendait que des cris, des imprécations, des sanglots et des protestations de dévouement. Chacun voulait mourir pour ma défense ; et une dame s'approchant d'un gentilhomme qui montait le grand escalier, lui dit avec une expression déchirante :

— Monsieur, si les soldats manquent au roi,

dites-lui qu'il fasse un appel aux mères ; celles-là ne le trahiront pas.

Les étudians s'enrôlèrent en masse ; des compagnies de volontaires se formèrent spontanément : on me fit remarquer dans le nombre M. Olivier Durouret père, qui se mit dans les rangs avec son fils âgé de quatorze ans.

Mais l'enthousiasme des honnêtes gens ne suffisait point pour repousser l'ennemi qui s'avançait, et prenait chaque jour de nouvelles forces. La rébellion gagnait partout à son approche, et j'apprenais que la révolte commençait déjà à se propager dans plusieurs villes de guerre. Pour compenser cette amertume, je n'entendais pas dire que les provinces véritablement fidèles se fussent levées au premier signal du danger. J'étais forcé de reconnaître que mes ministres avaient mal jugé la position des choses, qu'en voulant tenir une balance trop égale entre les divers partis, ils avaient refroidi les royalistes, et encouragé les jacobins.

Comment échapper à ce péril menaçant ? L'idée me vint de consulter Cambacérès. Je savais qu'il eût été heureux de me prêter l'appui de sa haute expérience, et divers obstacles m'avaient empêché de le voir ; car, bien que roi, je n'étais pas toujours libre de mes actions. Son souvenir me revint dans cette circonstance, et je me dis que peut-être il me fournirait un expédient dont je me servirais avec avantage.

J'en parlai à Blacas. Il n'était plus en position de prétendre suffire à conduire, sous moi, le vaisseau de l'État. Il approuva mon projet, et m'offrit d'aller lui-même trouver le duc de Parme. Je m'y refusai ; il ne me convenait pas que le ministre investi de mon entière confiance s'humiliât devant un de ceux dont à son arrivée il avait repoussé la coopération. Je choisis pour cette mission le duc de La Châtre, et lui donnai la lettre de créance que voici :

« Mon Cousin,

» Les événemens qui, depuis quelques jours,
» se succèdent avec une rapidité fâcheuse, me
» rendent nécessaire le concours de ceux qui ont
» une longue habitude des affaires et des talens
» supérieurs. Vous êtes de ce nombre, et je vous
» envoie le duc de La Châtre, qui a mission de
» me rapporter tout ce que votre prudence vous
» suggérera dans le bien de ma cause. La trahison
» inattendue du maréchal Ney nécessitera sans
» doute des mesures extraordinaires. Donnez-moi
» là-dessus votre avis. Je sais combien vous êtes
» dévoué au bon ordre, et disposé à me prouver
» votre dévouement.
» Sur ce, mon Cousin, etc. »

La Châtre partit peu flatté de la commission, mais enchanté de m'être agréable. Je vais répéter mot à mot ce que lui dit Cambacérès. Il eut d'abord assez de peine à parvenir jusqu'à lui, car la frayeur dominait dans cette maison, où l'on s'attendait à voir fondre à chaque instant les agens de la police. La Châtre dut se servir de mon nom pour lever les difficultés. Mais il convient de dire que dès ce moment il ne vit plus dans tous ceux qu'il rencontra qu'une obéissance respectueuse.

Le duc de Parme, qu'on avertit, se hâta de venir à sa rencontre dans la salle où il s'était arrêté. il se confondit en complimens, et le conduisit jusqu'à son cabinet, où tous les deux s'enfermèrent. La Châtre remit alors à Cambacérès sa lettre de créance : ce dernier la lut avec attention, et prenant un air ouvert, il lui dit :

— Monsieur le duc, j'éprouve un vif chagrin, d'après la confiance dont le roi m'honore, de ne pouvoir rien faire qui lui soit utile. Les choses sont trop avancées, Buonaparte triomphera parce que entre lui et les soldats c'est tout un.

— Mais répondit La Châtre, ne voyez-vous aucun moyen de sortir de cet embarras ?

— Il en est un encore peut-être, celui d'une démarche éclatante de la part du roi et de Monsieur. Ce qui fait la force de Buonaparte, c'est la crainte qu'éprouve la nation que les Bourbons rétablissent l'ancien régime. Les acquéreurs des biens nationaux ne sont pas les moins effrayés. On se plaint que les princes de la famille royale n'aient pas encore prêté serment d'observer la Charte ; et on en conclut que c'est parce qu'ils ne veulent pas la maintenir. Or donc, pour calmer et faire disparaître ces inquiétudes, pour rallier au trône constitutionnel cette immensité de Français que je vous signale, il faudrait que les princes s'engageassent, par un acte solennel, à ce pacte sacré, Monsieur surtout, car c'est de lui qu'on doute le plus.

La Châtre ne put tirer autre chose du duc de Parme, qui le pria de se charger de sa réponse par écrit. Elle contenait en peu de termes ce qu'il venait d'énoncer à mon envoyé. Il espérait que cette démarche solennelle contiendrait la population, et empêcherait l'entier succès de Buonaparte. Ce conseil me parut bon, et je fis appeler Monsieur, afin de le lui communiquer. J'aurais voulu que ceux qui le soupçonnaient de ne pas soutenir la Charte eussent vu avec quelle vivacité, avec quelle franchise il accéda à ma proposition de m'accompagner à la chambre des députés, où je réunirais celle des pairs, pour y tenir une séance royale.

Dès que ce point eut été convenu entre Monsieur et moi, et que le programme de cette solennité, arrêté en conseil des ministres, eut été mis en jeu, on convoqua les deux chambres pour le 16 mars. Je souffrais toujours beaucoup ; cependant, faisant un effort sur moi-même, je donnai à mes traits une expression analogue à la circonstance. Une double haie de garde nationale et d'autres troupes bordait la route. Les acclamations du peuple furent nombreuses et sincères, mais les soldats me parurent avoir de la peine à crier *vive le roi!* j'ai su depuis mon retour qu'ils ajoutaient plus bas : *de Rome.*

Le ciel était sombre et pluvieux, l'air froid, rien n'ouvrait le cœur à l'espérance. Je saluai la multitude en souriant, car je ne voulais pas laisser voir ce qui se passait en moi. J'avais dans ma voiture, Monsieur, le duc de Berry et le duc d'Orléans, tous les trois graves et silencieux.

Les clameurs bienveillantes redoublèrent aux approches de la chambre des députés. Je descendis de voiture appuyé sur le comte de Blacas et le duc de Duras. Des vivats sans nombre m'accueillirent à mon entrée ; on criait, on pleurait, on battait des mains. Ah! si toute la France avait pensé comme ceux qui étaient réunis dans cette enceinte! Je dus attendre que cette effervescence fût calmée pour prendre la parole. Le silence s'établit enfin : alors, je saluai l'assemblée, et d'une voix ferme je prononçai le discours suivant, que j'avais arrosé de mes pleurs en l'écrivant :

« Messieurs,

» Dans le moment de crise qui, ayant pris
» naissance dans une partie de mon royaume,
» menace la liberté de tout le reste, je viens au
» milieu de vous resserrer les liens qui vous unis-
» sent à moi, et sont la force de l'État. Je viens,

» en m'adressant à vous, exposer à la France les
» sentimens qui m'animent.

» J'ai revu ma patrie ; je l'ai réconciliée avec
» toutes les puissances étrangères, qui seront,
» n'en doutez pas, fidèles aux traités auxquels
» nous devons la paix.

» J'ai travaillé au bonheur de mon peuple ; j'ai
» recueilli, je recueille tous les jours les preuves
» les plus touchantes de son amour. Pourrais-je,
» à soixante ans, mieux terminer ma carrière,
» qu'en mourant pour sa défence ? »

Ici, un murmure d'attendrissement m'interrompit, les acclamations s'y joignirent, et je dus attendre qu'on se lassât de crier vive le roi ! Cette patience, qui m'était prescrite, ne fut pas sans douceur ; enfin, je pus poursuivre :

« Je ne crains rien pour moi ; je crains pour la
» France; celui qui vient parmi nous rallumer la
» torche de la guerre civile, y apporte aussi les
» fléaux de la guerre étrangère. Il vient pour
» mettre notre patrie sous son joug de fer, il
» vient enfin détruire cette charte constitution-
» nelle que je vous ai donnée ; cette charte, mon
» plus beau titre de gloire aux yeux de la posté-
» rité, cette charte que tous les Français chéris-
» sent, et que je jure de maintenir.

» Rallions-nous autour d'elle, et qu'elle soit notre
» étendard sacré. Les descendans de Henri IV
» la défendront aussi, et seront appuyés de tous
» les bons Français. Enfin, messieurs, que le

» concours des deux chambres donne à l'autorité
» la force nécessaire, et cette guerre vraiment
» nationale prouvera par son heureuse issue ce
» que peut un grand peuple uni par l'amour de
» son roi et par la loi fondamentale de l'État. »

Mes sentimens de roi, mon amour-propre d'auteur, eurent lieu d'être satisfaits. La salle retentit d'applaudissemens et de cris de *vive le roi! vive les Bourbons! vive la famille royale!* Déjà on se levait, lorsqu'une action aussi inusitée que propre à piquer la curiosité, suspendit les transports de l'assemblée, celle de Monsieur, qui, en vertu de ce que nous étions convenus à l'avance, quitta son siége, s'avança vers moi et me salua profondément... Aussitôt, chacun se tut, avide de voir et d'entendre ce qui suivrait. Monsieur alors me dit :

« Sire, je sais que je m'écarte des règles ordi-
» naires en parlant devant Votre Majesté ; mais
» je la supplie de m'excuser, et de trouver bon
» que j'exprime ici en mon nom et en celui de
» ma famille combien nous partageons du fond du
» cœur les sentimens qui animent Votre Majesté. »

Monsieur, se tournant ensuite vers Son Altesse Royale Monseigneur le duc de Berry, Son Altesse Royale Monseigneur le duc d'Orléans, puis vers l'assemblée, ajouta :

« Jurons sur l'honneur de vivre et de mourir
» fidèles à notre roi et à la Charte constitution-
» nelle, qui assure le bonheur des Français. »

Ne pouvant maîtriser mon émotion, je présentai la main à mon frère, qui la prit et la baisa avec un tel transport, que je lui ouvris les bras et l'embrassai. Il faut avoir vu cette scène pour la comprendre; la salle entière s'identifia avec nous; jamais assemblée ne manifesta plus de délire, plus d'entrainement. Chacun levant la main, jurait à ma famille de soutenir mon noble ouvrage, ma Charte chérie. Le duc d'Orléans, qui est naturellement expansif, s'attendrit aussi. Je remarquai avec plaisir la chaleur qu'il mit à prêter le serment, et à répéter qu'il demeurerait toujours mon sujet le plus fidèle et le plus soumis.

Je levai la séance, ne pouvant plus suffire à mes sensations. Ce fut le dernier moment de bonheur que je goûtai. Le lendemain, je reçus la nouvelle définitive de la trahison de Ney; elle était consommée, dès lors tout était perdu. Je ne sais pourquoi mon ministère persista à me faire rester à Paris jusqu'à la nuit du 19 au 20 mars; il ne pouvait plus espérer de secours de nulle part; l'exemple de Ney devait entraîner le reste de l'armée, le zèle des royalistes serait paralysé; d'ailleurs, je ne sais par quelle fatalité cette portion de la nation française, malgré sa richesse et son dévouement, n'est jamais en mesure de prendre les armes et de s'en servir autrement que par de vaines démonstrations.

Je surprendrais, si je retraçais tous les projets insensés que de braves gens me faisaient proposer

9.

pour arrêter Buonaparte dans sa course. Chacun avait un moyen infaillible, je n'avais qu'à lui accorder ma confiance, et je serais sauvé. Le pauvre Blacas ne savait comment échapper aux importunités de ces magiciens sans baguette; on le poursuivait jusque dans son appartement, on forçait les portes. L'abbé Fleuriel, cet *omnis homo* de Blacas, luttait en vain contre cette foule acharnée, il ne pouvait suffire à la contenir.

Au retour de la séance royale, Monsieur alla passer en revue la garde nationale qui s'étendait de la Madeleine jusqu'au faubourg Saint-Antoine. Cette revue avait un but secret; nous espérions, d'après les assurances de certaines gens, que le tiers au moins de cette armée citoyenne profiterait de l'occasion pour demander à servir activement contre l'usurpateur. Mon frère, à qui tout le corps d'état-major avait tenu ce langage, se laissa bercer de cette croyance. Cependant, il remarqua avec inquiétude le silence de M. Gilbert des Voisins, et s'approchant de cet officier, il lui dit :

— Il me paraît, monsieur, que votre opinion n'est pas conforme à celle de vos camarades?

— Monseigneur, fut-il répondu, la garde nationale est essentiellement protectrice de la ville, et elle ne fera plus la guerre au dehors; on induit en erreur Votre Altesse Royale lorsqu'on lui représente ce corps civil comme prêt à y remplir le service de la troupe de ligne : cela ne sera point.

Cette franchise plut à mon frère, bien qu'elle lui enlevât son illusion ; néanmoins, ne pouvant y renoncer en entier, il répliqua par quelques-unes de ces paroles généreuses qui lui sont si familières ; puis il passa la revue. Ce fut là qu'il se convainquit combien les flatteurs sont funestes. Des quatre-vingt mille hommes qui étaient sous les armes, cinq ou six cents au plus sortirent des rangs et firent preuve de bonne volonté. Monsieur ne put s'empêcher de dire à ceux qui l'entouraient, et lesquels lui avaient naguère promis tant de merveilles :

— Messieurs, conduisez-vous avec Buonaparte comme vous l'avez fait envers nous, et notre retour sera certain.

Le comte d'Artois rentrait pour me rapporter franchement tout ce qui venait de se passer, lorsqu'il trouva, dans la salle du Trône, le ministre de la guerre et l'abbé de Montesquiou, qui le conjurèrent de me cacher la vérité. Ils ajoutèrent que la partie n'était pas encore perdue, que le Midi et l'Ouest se levaient avec entraînement ; bref, on circonvint si bien Monsieur, que lui, croyant me servir, ne me parla que de l'enthousiasme de la garde nationale, et de l'impatience qu'elle avait montrée de combattre en faveur de mes droits. Ce fut un lénitif appliqué sur ma blessure, mais dont l'effet n'eut qu'une bien courte durée.

C'est avec peine que je prolonge ainsi les détails de mon agonie royale, que je m'appesantis sur l'histoire de ces derniers jours de ma puissance, où tout se réunissait pour m'accabler, où l'on me faisait sans cesse passer de l'espoir au découragement. Par exemple, on vint me dire plusieurs fois que Ney, honteux de sa conduite, s'était décidé à se séparer de Buonaparte et qu'il allait agir dans mes intérêts.

La chambre des députés fut la seule qui me donna un appui franc et positif; elle ne sépara pas sa cause de la mienne, et me prouva sa fidélité jusqu'au dernier moment. A la vérité, mon autorité de roi n'eut pas toujours lieu d'être satisfaite des propositions qu'on me fit, mais au fond elles tendaient toutes à repousser l'ennemi, et c'était alors l'essentiel. M. de Lorme, entre autres, voulait qu'on confiât la protection de la Charte à la garde nationale du royaume. Cette mesure repoussait sans doute Buonaparte pour le moment; mais plus tard, elle aurait entièrement lié les mains au roi en l'empêchant de faire, à aucune époque, des améliorations à ce pacte sans le concours de la garde nationale. Dès lors, cette mesure fut rejetée comme contraire au pouvoir divin et légitime.

Je préférai la protestation de la même chambre contre la tentative de l'usurpateur, qui fut admise dans la séance du 18, d'après la demande de M. Barrot; elle disait :

« Considérant que la nation s'est levée en masse
» en 1789, pour reconquérir, de concert avec

» son roi, les droits naturels et imprescriptibles
» qui appartiennent à tous les peuples ; que la
» jouissance lui en était assurée par les constitu-
» tions qu'elle a librement acceptées en 1791, en
» l'an v et en l'an viii ; que la Charte de 1814
» n'est que le développement des principes sur
» lesquels ces constitutions étaient basées ; consi-
» dérant que depuis 1791, tous les gouvernemens
» qui ont méconnu les droits de la nation ont
» été renversés, et que nul gouvernement ne peut
» se soutenir qu'en suivant la ligne des principes
» constitutionnels ; que Buonaparte les avait tous
» méconnus et violés au mépris des sermens les
» plus solennels ; que le vœu général et spontané
» appela sur le trône une famille que la France
» était accoutumée à vénérer, et un prince qui, à
» l'époque de notre régénération, avait pleinement
» secondé les efforts que son auguste frère avait
» faits pour opérer cette régénération ;

» La chambre des députés déclare nationale la
» guerre contre Buonaparte ; elle appelle tous les
» Français aux armes, accordera des récompen-
» ses nationales à tous les défenseurs de la pa-
» trie, donnera des médailles, et punira enfin
» toutes les tentatives pour favoriser le retour de
» la tyrannie. »

Certes, il n'y avait aucune obscurité dans ce langage ; en l'adoptant, en le fortifiant de ma sanction, s'établissait sans réplique ma détermination de ne jamais porter atteinte aux droits de la nation si solennellement reconnus de nouveau par cette déclaration qui admettait la légalité de trois constitutions. Je ne m'arrêterai pas à examiner en quoi elle était contraire à ce que je pouvais prétendre. J'y voyais la mise hors la loi de Buonaparte et la légitimité de mon droit sanctionnée. N'était-ce pas tout pour moi dans cette circonstance ?

Mais des ordonnances, des lois, des règlemens ne suffisaient pas. On continuait à organiser des cadres de résistance : une armée se rassemblait autour de Paris ; le duc de Berry en avait le commandement suprême. Le comte de Maison, dont la fidélité devait être inébranlable, et le comte de Rapp, honnête homme déjà avant de devenir l'aide-de-camp de Buonaparte, prirent la direction des deux corps. Le marquis de Valmy, digne fils du maréchal son père, eut sous ses ordres la cavalerie, et le comte Rutty commanda l'artillerie.

Ces dispositions devaient produire des prodiges, et en réalité elles ne servirent même pas à protéger ma retraite.

J'avais reçu de Vienne un courrier extraordinaire que m'envoyait le prince de Talleyrand. Il m'apprenait que les souverains avaient reçu la terrible nouvelle au milieu d'une fête ; que leur premier mouvement avait été en faveur de ma cause, et que l'empereur de Russie surtout avait manifesté une vive indignation de l'acte audacieux de Buonaparte. Le prince ajoutait :

» Les Autrichiens crient aussi beaucoup, mais
» se remuent peu. Il leur faut les événemens fu-
» turs pour leur donner de l'activité. J'ai demandé
» qu'une déclaration signée par les puissances mît
» Buonaparte hors du droit commun, et j'espère,
» sire, l'obtenir incessamment. Je me hâterai de
» la transmettre à Votre Majesté, présumant que
» cette connaissance fera réfléchir ceux qui se-
» raient portés à la trahison.

» Le prince Eugène était ici dans une position
» très-brillante ; mais aujourd'hui on se méfie de
» lui ; on le garde à vue. Il en est ainsi du fils
» de l'archiduchesse Marie-Louise : on fait courir
» le bruit que déjà on a essayé de l'enlever avec
» sa mère pour les conduire à Buonaparte. Cela
» est faux, ou du moins la tentative a été si mal
» menée qu'elle n'a pas même eu un commence-
» ment d'exécution. »

Le prince de Talleyrand me rapportait ensuite les rumeurs de Vienne, et il me conseillait dans ma résistance, de ne pas m'écarter de la ligne constitutionnelle : c'était un conseil dont je n'avais pas besoin.

CHAPITRE VIII.

19 mars. — Mauvaises nouvelles. — Ce que dit le roi. — Revue de sa maison et des volontaires royaux. — Proclamation aux troupes. — Billet de Fouché au duc d'Aumont. — La discorde aux Tuileries. — Dernier conseil tenu. — Rapport fatal. — Où ira le roi ? — Il décide la question. — Il partira pour Lille la nuit prochaine. — Madame la duchesse douairière d'Orléans. — Colloque entre le roi, Monsieur et le comte de Blacas. — Le roi a une explication satisfaisante avec le duc d'Orléans. — Ce que Monsieur en pense. — Désespoir du duc de Berry. — Comment le roi lui répond. — Fragment de sa dernière proclamation. — Il dissout les chambres. — Lettre qu'il écrit en partant à madame la duchesse d'Angoulême.

Le 19 mars au matin, les nouvelles se succédèrent de plus en plus alarmantes. Nous apprîmes que l'ennemi avait occupé Autun aux acclamations de la plus vile populace, et que partout où il se présentait la troupe passait dans ses rangs. Les miens se livrèrent à une consternation que je ne partageais pas. Déjà ils parlaient de quitter Paris, et moi je prétendais lutter encore. Une revue de toute ma maison militaire et des compagnies de volontaires royaux avait été indiquée au

Champ-de-Mars pour le même jour. Il y eut des gens qui me proposèrent de la remettre à des temps plus opportuns.

— Non, non, dis-je, je ferai le roi de France jusqu'au dernier moment : ce qu'on me propose est une lâcheté.

— Mais votre santé, sire !

— Le roi se porte toujours bien quand il s'agit de la conservation de son honneur : il faut, en lui, que l'énergie de l'âme surpasse la force du corps.

On insista : je me fâchai et la revue eut lieu. Mon exaltation me fit du bien, elle engourdit mes douleurs physiques. Le corps de ma maison militaire et les compagnies de volontaires me reçurent avec enthousiasme ; elles me demandèrent l'ordre de marcher à l'ennemi : je ne le donnai pas, et pour cause. Un pressentiment m'avertissait que ma cause était perdue momentanément, et lorsqu'un roi ne peut tenter par lui-même un coup de désespoir, il ne doit pas sacrifier inutilement les braves serviteurs qui lui sont restés fidèles. Je me tus, quoique j'eusse le cœur déchiré. Monsieur et le duc de Berry imitèrent mon exemple. J'avais, avant de sortir, rédigé entièrement de ma main une proclamation adressée à l'armée, dans laquelle je lui faisais mes adieux. Je crois inutile de la transcrire ici.

Pendant la revue, il arriva de nouvelles dépêches qui ne laissèrent plus d'espoir : on sut que

Buonaparte marchait sur Fontainebleau ; qu'il y arriverait au plus tard le 20 au matin. Le cas échéant, il fallait prendre un parti ; le duc d'Aumont m'apporta dans ce moment un billet que le duc d'Otrante venait de lui écrire de sa retraite ; ce billet, qui prouvait qu'il ne gardait pas rancune de son arrestation manquée, disait :

« Monsieur le duc, il n'y a plus un moment à
» perdre, Buonaparte sera demain à Paris. Son
» projet est de retenir en otage, le roi, les prin-
» ces et les princesses de la maison de Bourbon,
» pour lui répondre des mouvemens de l'intérieur
» et des tentatives du dehors. Je tiens ceci de
» bonne part. Ne vous bercez pas de l'espoir d'une
» résistance impossible ; toutes les mesures sont
» prises pour parer à vos efforts. Sauvez le roi,
» et je réponds de la monarchie. »

On ne saurait imaginer l'effet que cette lettre produisit. Les badauds ne pouvaient assez s'extasier sur ce génie prodigieux qui voulait me servir malgré ma rigueur envers lui. Monsieur, je lui en demande pardon, fut dupe comme les autres. Je n'entendis pendant cette fatale journée que l'éloge du duc d'Otrante, chanté sur tous les tons et par toutes les bouches. Ce n'était pas le dernier trait d'habileté de ce fin renard !

Cependant, il fallait prendre un parti avec d'autant plus de promptitude, que la discorde régnait dans le camp d'Agramont. Mes ministres, au moment où les illusions se détruisaient, s'accusaient réciproquement de ma perte avec une amertume extrême. Le ministre de la guerre reprochait très-injustement au pauvre Blacas de m'avoir circonvenu à tel point, que la vérité ne pouvait plus arriver jusqu'à moi. C'était peu généreux ; on doit respecter l'homme dans sa défaite. Il est certain que ce jour-là, Blacas était atterré, et il se faisait à tort sans doute des reproches plus cruels encore que ceux qu'on lui adressait.

La Châtre entreprit l'abbé de Montesquiou avec une aigreur toute pareille ; chacun se rudoyait si franchement qu'il fallait s'en ébahir. Monsieur allait et venait, portant des paroles de paix à tout le monde. Ce fut en ces dispositions que se réunit le conseil, où, sans compter les ministres, j'appelai les ministres d'État et trois maréchaux de France. On y entendit d'abord les lieutenans-généraux chargés de défendre Paris.

La veille encore ces messieurs me répondaient de la victoire ; maintenant ils s'excusaient en déclarant que les soldats, entraînés par l'exemple de cette défection qui se continuait depuis les portes de Grenoble jusqu'au centre de la Bourgogne, annonçaient hautement qu'ils imiteraient leurs camarades. La fidélité de quelques-uns ne neutralisait pas les mauvaises dispositions du plus grand nombre. Dès lors la situation de Paris n'était plus tenable, il fallait songer à se retirer ailleurs.

On écouta avec désespoir ce rapport si contraire aux assurances précédentes, personne ne le combattit, et lorsqu'il fut arrêté tout d'une voix que je sortirais de ma capitale, la deuxième question fut posée :

— Où le roi se retirera-t-il ?

Ici la controverse s'établit ; certains voulaient que je me dirigeasse vers La Rochelle, où je me trouverais au centre des départemens de la Bretagne, du Poitou, de la Guyenne et du Lauguedoc ; que de ce point favorable j'exciterais la levée des Bretons, des Vendéens et de tous les royalistes du Midi ; que Bordeaux et Toulouse me garantiraient la communication avec l'Espagne, que l'armée espagnole rapprochée des frontières pourrait les franchir aisément pour venir à mon secours ; que d'ailleurs si Buonaparte achevait sa conquête, la mer me serait toujours ouverte pour me retirer hors du royaume. Il y en avait qui m'appelaient dans le Languedoc, à Toulouse, ou en Roussillon, à Perpignan ; d'autres penchaient pour Brest ou pour le Havre. Lille avait aussi ses partisans ; de là je toucherais de la main aux puissances alliées ; la ville était capable de soutenir un siége, et les secours me viendraient de toutes parts avant que l'attaque pût être commencée.

Chacun soutenait son opinion avec une chaleur opiniâtre ; mon tour vint, et je dis :

— Messieurs, je ne me dissimule ni votre embarras, ni le précaire de ma position ; elle est devenue telle par suite de l'erreur dans laquelle on m'a entretenu. On m'a toujours parlé du nombre et de l'énergie des royalistes, et maintenant on me déclare que je ne puis pas compter sur eux à Paris. Voilà cependant douze jours que tous me jurent de mourir pour ma cause. Eh bien! par je ne sais quelle fatalité, ces royalistes, si nombreux, si énergiques s'effacent, diminuent au moment de les mettre à l'épreuve. Dans une autre ville, me dit-on encore, ils ne me manqueront pas, ils seront invincibles! En êtes-vous certains? Ce que je ne puis faire à Paris avec quatre-vingt mille hommes de garde nationale, armés, équipés et soutenus de plus de trente mille volontaires royaux ou gardes nationaux des environs, ma maison militaire et peut-être des portions de régiment qui ne m'abandonneront pas, le ferai-je avec plus de probabilité dans les provinces prises au dépourvu? Et la force que je tiens de l'ensemble du gouvernement la conserverai-je lorsque j'aurai quitté le siége de ce gouvernement pour devenir chef de parti? Buonaparte, à Paris, sera roi du royaume; il aura ses magistrats, ses administrateurs, ses chambres, son trésor, ses armées, tout cela prêt à agir : et moi, que me restera-t-il? la fidélité, le dévouement que je vois se dissiper en fumée chaque fois que l'on souffle sur cette consistance apparente. Je n'ai plus d'illusions, je vois que les honnêtes gens m'aiment, mais ne se battent pas en masse. La question, entre moi et l'ennemi, ne peut être décidée à l'intérieur; il faut recommencer la restauration, et malheureusement par les mêmes voies qui déjà l'ont amenée. Je me refuse donc à me retirer dans le centre de la France, parce qu'il faudrait la guerre civile pour m'y maintenir, et qu'outre la honte qui en retomberait sur moi, je serais aussi mal défendu dans cette guerre que je le suis à Paris maintenant. Je vais me rendre à Lille où je serai prêt à passer la frontière, si je n'apprends pas que la France entière s'est levée contre l'usurpateur. Si le Midi fait son devoir, si la Vendée de 1793 se réveille, alors je tiendrai à Lille, et me porterai même en avant. Messieurs, vous m'avez trompé trop souvent, à bonne intention sans doute, pour qu'en cette circonstance décisive je me confie à vos promesses, dont, par le fait, il n'est nullement en votre pouvoir d'assurer l'exécution; cédons donc à ma triste fortune, puisqu'il n'y a pas autour de moi assez de forces pour le soutien de la légitimité!

Ce discours attéra plus d'un membre du conseil, et dessina mon caractère sous un jour nouveau. Néanmoins, ma détermination satisfit la majeure partie de mes fidèles; je m'en aperçus à la vivacité de leurs applaudissemens. Il fut donc convenu que, la nuit suivante, celle du 19 au 20 mars, je quitterais les Tuileries et me rendrais à Lille sans m'arrêter en route. Le conseil dès lors se sépara, et chacun alla faire les derniers préparatifs de départ.

Je voulus être seul pendant quelques instans, puis j'envoyai chercher M. le duc d'Orléans. Madame la duchesse sa mère venait nouvellement de faire une chute et de se casser la cuisse. N'étant pas en état d'être transportée hors de son hôtel, il deviendrait nécessaire de la confier à la générosité du vainqueur, dans le cas où les choses tourneraient à notre désavantage. J'avais appris cet accident avec une peine extrême, étant plein d'attachement pour cette vénérable princesse. Sa conduite en cette circonstance fut parfaite; elle m'écrivit au dernier moment que son corps pouvait tomber en la puissance de Buonaparte, mais que son cœur me suivrait partout où le sort me conduirait.

Donc je voulus être seul pour songer à l'avenir, m'entendre avec le présent, et reporter ma pensée vers le passé. Ma situation était pénible; fallait-il rentrer dans l'exil une seconde fois, recourir aux étrangers!.... et cela, parce que je m'étais laissé aller à trop de bonté! Oui, mon gouvernement avait fait des fautes, je le voyais, et plus tard je n'ai pas hésité à le dire. Je cherchai des consolations, des espérances, et j'en trouvai. La France n'était plus sous l'influence de la furie démagogique, elle connaissait le charme de la paix et le prix de la propriété. Les déclamations furibondes ne l'entraîneraient plus, elle était devenue sage, elle manquait d'enthousiasme, et je prévoyais de là que le joug de Buonaparte ne lui conviendrait plus, que la royauté constitutionnelle lui paraîtrait préférable, et que pour se maintenir libre et heureuse elle me rappellerait.

Lorsque j'eus bien médité, je fis entrer Monsieur et Blacas. Tous les deux étaient dans un accablement qui me faisait mal. Je leur donnai des consolations dont j'aurais eu besoin moi-même, puis je dis à Blacas :

— Mon ami, ceci est une leçon pour l'avenir.

— Pourvu qu'on ne me sépare pas du roi! s'écria-t-il en sanglotant.

— Va, sois tranquille, répartis-je, mon amitié repose sur la confiance que tu m'inspires. C'est une base qui ne croulera pas.

Je ne pouvais prévoir dans ce moment le sacrifice qui me serait imposé par l'Europe entière.

Quelque temps après, le duc d'Orléans se fit annoncer. Voulant lui parler sans témoin, je priai Monsieur de passer dans mon cabinet, dont la porte resta ouverte, et je dis à Blacas de suivre Son Altesse Royale. Le duc d'Orléans fut ensuite introduit en ma présence. Je l'instruisis de ce qui avait été arrêté dans le conseil du jour et de ma détermination d'aller à Lille, sauf à passer la frontière si le cas l'exigeait. Cela dit, je demandai au prince ce qu'il comptait faire.

Il me répondit sans hésiter que son devoir le

fixait près de ma personne, et qu'à moins d'un ordre exprès il ne s'en séparerait pas.

— Réfléchissez, lui dis-je, si vous n'auriez pas quelque chose de mieux à faire.

Il m'affirma de nouveau qu'il ne pouvait former d'autre projet que celui de s'attacher à ma fortune. — Je suis de votre famille, poursuivit-il; je dois, par conséquent, être l'ennemi de ceux qui l'attaquent. Quant aux insinuations qu'on pourrait me faire, ma loyauté d'abord, et ma raison ensuite, me détermineraient à ne pas les écouter. Ceux qui ne veulent pas de Votre Majesté ne voudraient pas davantage d'un autre Bourbon; les avances qu'ils lui feraient, seraient une perfidie, et ne tendraient qu'à diviser la famille royale afin de s'en délivrer plus facilement.

Ce discours, débité d'un ton de profonde conviction, me plut beaucoup, et je ne le dissimulai pas. Tout me porta à croire que le duc d'Orléans était alors plein de bonnes intentions, et si depuis il a varié, si je suis maintenant moins satisfait de sa conduite, je l'attribue à la fausse route dans laquelle ses alentours l'ont entraîné, en conséquence de cette sorte de parti qui, trois mois après, se déclara pour lui. Mon dessein est de ne jamais lui fournir les moyens de nous devenir redoutable; j'engage mes successeurs à en faire autant.

Le duc se retira pour aller préparer sa famille à quitter le royaume, et embrasser sa mère qu'il laissait plongée dans une profonde douleur. Dès qu'il fut sorti, Monsieur rentra suivi de Blacas; il se montra touché des sentimens de notre cousin, et me dit:

— M. le duc d'Orléans est un honnête homme, et dès aujourd'hui il aura toute ma confiance, ne voulant plus me ressouvenir du passé.

On avait fait craindre à mon frère que le prince, sous prétexte de se retirer en quelque autre lieu du royaume, ne restât à Paris après nous, et n'y formât un tiers parti. La franchise de sa détermination faisait tomber en plein cette calomnie. J'en fus bien aise: il est si cruel d'avoir à se méfier de sa propre famille et de voir des ennemis dans nos parens!

Le duc de Berry vint ensuite, ayant le cœur gonflé et contenant avec peine sa juste indignation. Je lui fermai la bouche lorsqu'il s'écria : — Où est l'honneur français!

— Taisez-vous, mon neveu, lui dis-je; l'honneur français se relèvera lorsque chacun se retrouvera à sa place.

Le duc de Berry n'en pesta que plus fort; il aurait voulu combattre.

— Au nom de Dieu, mon oncle, me dit-il, ne partons pas avant d'avoir eu le temps de tirer un coup de fusil; un seul pour prouver au moins que la poudre ne nous fait pas peur.

Monsieur gronda son fils de ses paroles imprudentes; il lui demanda s'il voulait provoquer quelque malheur et faire égorger les royalistes, ajoutant que la Providence ayant décidé la question contre nous, la religion nous commandait l'obéissance aux décrets célestes. Cette résignation me parut sublime à moi, homme terrestre, qui avais la faiblesse de regretter un peu la couronne de France. Cependant je me contins, et fis entendre raison au duc de Berry.

La discussion terminée, je congédiai ma famille, et je me mis à composer ma proclamation d'adieux. J'en citerai ici le paragraphe suivant :

« Nous pourrions profiter des dispositions fidè-
» les et patriotiques de l'immense majorité de
» Paris pour en disputer l'entrée aux rebelles ;
» mais nous frémissons des malheurs de tous gen-
» res qu'un combat dans ses murs entraînerait
» sur ses habitans. Nous allons plus loin rassem-
» bler des forces, et chercher sur un autre point
» du royaume des sujets non pas plus fidèles que
» nos bons Parisiens, mais des Français plus avan-
» tageusement placés pour se déclarer en faveur
» de la bonne cause. Nous reviendrons bientôt au
» milieu de ce bon peuple, à qui nous ramène-
» rons encore une fois la paix et le bonheur. »

Cette proclamation cadrait avec la dissolution que je faisais de la chambre des députés, la clôture de la cession pour celle des pairs, la promesse d'une convocation ultérieure du corps législatif dans la ville que je me réserverais le soin de désigner, et avec ma protestation contre toute tenue d'autre assemblée nationale, qu'à l'avance je frappais de nullité. Après avoir ainsi pourvu aux affaires générales du royaume, j'écrivis à ma nièce, dont je recevais chaque jour des lettres remplies de sentimens affectueux; elle comptait toujours sur les Gascons qui n'avaient pas encore été mis l'épreuve. Le duc d'Angoulême était allé à Toulouse organiser un gouvernement provisoire. Il avait sous ses ordres le comte de Damas-Crux pour la partie de la guerre, et le baron de Vitrolles pour tout ce qui tenait au civil. Les plus belles espérances s'élevaient de ce côté ; elles s'évanouirent comme les autres.

« Ma chère fille (lui mandai-je),

» Le ciel nous met à une rude épreuve ; il y a
» huit jours que chacun voulait mourir pour ma
» personne, maintenant c'est à qui me conseil-
» lera de ne compter que sur moi. Le feu sacré
» qui brûlait dans le cœur des royalistes s'est
» éteint comme un feu de paille. Tant il y a que
» le roi de France, avec ses armées, ses flottes,
» ses places fortes, ses magistrats, ses adminis-
» trateurs, et son peuple, est vaincu par un seul
» homme débarqué d'une felouque, et qui, gran-
» dissant d'étape en étape, arrivera, de chef de
» brigands qu'il était à Cannes, empereur des
» Français à Paris.

» Entrera-t-il de même où vous êtes? Les in-
» trépides méridionaux se laisseront-ils repousser
» par une poignée de misérables? Je n'ose rien

» espérer après ce que j'ai sous les yeux...... Ma
» chère enfant, se confier en Dieu est un devoir,
» se reposer sur les hommes est folie !

» Je pars demain avec Monsieur, le duc de
» Berry, le duc d'Orléans, le prince de Condé et
» tous les nôtres enfin. Chonchon(1) ne nous suivra
» pas ; il fait comme votre mari, il tente l'arme-
» ment de la Vendée. Madame la duchesse douai-
» rière d'Orléans, couchée sur son lit de douleur,
» est la seule que nous laissons à Paris. J'espère
» que l'usurpateur la traitera avec les égards qui
» lui sont dus.

» Nous éprouvons déjà des défections étranges ;
» la santé du chancelier l'oblige à se retirer en
» Normandie, est-ce là sa place? Quant à moi, je
» trouve tout bon ; j'aime que les masques tom-
» bent ; mais en revanche, nos braves gardes-du-
» corps, notre vaillante maison rouge sont décidés
» à nous suivre au bout du monde. Néanmoins je
» ne les conduirai qu'à la frontière, car je n'ai
» point oublié les infortunes de l'exil, et je me
» ferais un scrupule de conscience d'y entraîner
» par mon ordre qui que ce soit.

» Voilà donc ma vie aventureuse qui va recom-
» mencer, à mon âge, avec mes infirmités ; et
» après avoir tenu le sceptre, le perdre en moins

---

(1) Nom d'intimité donné au duc de Bourbon, par les membres de sa famille.

(*Note de l'Éditeur.*)

» d'un an..... Dieu le veut, que sa volonté soit
» faite..... Oh, comme mon cœur est plein !

» Dites au duc d'Angoulême de se ménager : je
» vous donnerais bien le même conseil, mais vous
» êtes fille de Marie-Antoinette, et petite-fille de
» Marie-Thérèse. Si tout le monde vous ressem-
» blait, Buonaparte ne coucherait pas cette nuit
» à Fontainebleau..... Demain il sera aux Tuile-
» ries, et moi en fuite.... *O altitudo.*

» Adieu, ma chère fille, qu'il me tarde de vous
» revoir... en France, car à l'étranger... malédic-
» tion !... Et ils prétendent nous aimer.... Adieu,
» adieu. »

Signé Louis.

CHAPITRE IX.

Suite du 19 mars.—Commencement de défection.—Frayeur de M. de Bourienne. — Adieux de M. Lainé. — *Récit du départ du roi, inséré par l'éditeur.* — Ses sensations au moment de son départ. — Billet remis avec mystère. — *Vive l'empereur!* — Souvenirs de la première fuite. — Lettre politique d'un homme habile. — L'effet qu'elle produit. — Détails du voyage. — Abbeville. — Mauvaises nouvelles.—Le roi va à Lille.—Faute du maréchal de Trévise. — Dispositions hostiles de la troupe. — Une estafette. — Faux espoir. — Conversation entre le comte de Blacas et le maréchal Mortier. — On chasse le roi de Lille. —Suite de son odyssée.—Autre erreur de Monsieur.—Le roi quitte la France.

Le reste de la journée du 19 mars, s'écoula aussi tristement qu'elle avait commencé. Je ne voyais que des visages abattus, que des courages cédant à la force des choses. Plus d'un visage se montra à découvert dans cet instant critique ; comme mon infortune était assurée, on croyait inutile de se déguiser plus long-temps. C'était à qui trouverait des excuses pour ne pas me suivre hors de France : les meilleures raisons ne manquaient point. On avait des enfans en bas âge qu'il fallait soutenir. Jamais on ne fut mieux porté à l'observance du quatrième commandement de Dieu, et c'étaient des généraux, des courtisans que j'avais comblés de bienfaits à mon retour. Ainsi sont les hommes : s'en étonner est folie, et s'en indigner est pire encore.

Je n'avais garde de me plaindre, ne voulant pas, comme je l'ai déjà dit, entraîner qui que ce fût dans une démarche dont les conséquences pouvaient être irréparables. J'avoue, d'ailleurs, que dans le cas où la Providence me condamnerait à manger une autre fois le pain de l'étranger, il ne me convenait pas de me charger de bouches inutiles.

Mes ministres prirent congé de moi, n'ayant pas tous le projet de me suivre, et quelques-uns voulant partir à l'avance par des routes détournées. La frayeur que manifesta M. de Bourienne, qui ne voulait à aucun prix se retrouver en présence de *son ancien camarade de collége*, me servit d'amusement, et fit diversion à ma douleur. Le pauvre M. de Bourienne tressaillait au moindre bruit; il lui semblait voir déjà les gens de sa propre police lui courir sus par l'ordre de ce même duc d'Otrante, que naguère il avait poursuivi avec tant de vivacité. Il aurait voulu franchir d'un saut la distance de Paris à Lille, ou plutôt à Bruxelles.

Je vis plusieurs grands fonctionnaires : le président du corps-législatif me charma par ce mélange de sensibilité et de fermeté qui distingua son caractère comme son talent. Il me jura qu'il ne pactiserait jamais avec Buonaparte, et il est un de ceux qui connaissent la valeur d'un serment. Le comte de Fontanes promit aussi un dévouement sans bornes, et nombre d'autres qu'il me serait trop long de désigner. Il est certain qu'à mon départ de Paris, j'emportai une quantité suffisante *de bons billets à La Châtre.*

Le moment du départ arriva. Il me parut cruel, mais je me résignai. Il y a de la faiblesse, soit à se laisser abattre par le malheur, soit à se targuer d'une jactance ridicule lorsqu'on n'a aucun moyen de la soutenir.

(Tout le paragraphe suivant est d'une main différente dans le manuscrit original. C'est M. le duc de.... qui paraît l'avoir copié de quelques relations de l'époque.)

(*Note de l'Éditeur.*)

« On avait décidé que la retraite du roi, et
» celle de sa maison, se ferait par Saint-Denis.
» La précipitation et le trouble présidèrent à ces
» dispositions inopinées. Tout parut tellement
» désespéré qu'on désorganisa, pour ainsi dire,
» la fidélité, en prescrivant le licenciement des
» volontaires royalistes. On oublia même dans
» les appartemens une partie des papiers secrets
» et du trésor de la liste civile. A neuf heures, le

11.

» prince de Poix, en donnant le mot d'ordre,
» prévint le commandant de la garde nationale
» que le départ du roi aurait lieu à minuit. Déjà
» des mouvemens dans le château décelaient ce
» qu'on cherchait encore à cacher. Il ne fut plus
» possible de douter de la vérité lorsque les voi-
» tures royales parurent sous le pavillon de Flore.
» Les gardes nationaux qui gardaient le palais,
» officiers et soldats, se portèrent pêle-mêle à
» tous les passages, affluèrent dans les escaliers,
» et attachèrent leurs regards sur les portes des
» appartemens intérieurs. Un profond silence
» régnait : tout à coup les portes s'ouvrent, et
» Louis XVIII apparaît précédé seulement d'un
» huissier portant des flambeaux. Il était sou-
» tenu par le comte de Blacas et le duc de Duras.
» A son aspect vénérable, les spectateurs tombent
» à genoux : les uns expriment leur douleur par
» des larmes ; d'autres pressent de leurs lèvres
» les mains du roi, et baisent les pans de son
» habit. Ceux-ci se traînent sur les degrés que
» l'infortuné monarque descend lentement, pour
» regarder de plus près leur père. Tous le con-
» jurent de rester avec eux ; tous offrent de ré-
» pandre, pour lui, la dernière goutte de leur
» sang. — En grâce ; mes enfans, épargnez-moi...
» leur dit Louis XVIII, j'ai besoin de fermeté...
» Retournez dans vos familles, je vous reverrai...
» Mes enfans, votre attachement me touche...
» On n'entendit plus autour du roi que des sons

» entrecoupés. Les assistans se couvraient le vi-
» sage de leurs mains, et versaient un torrent
» de larmes. Le comte d'Artois, vivement ému,
» confondait sa douleur avec celle de ces fidèles
» citoyens. Le roi, ainsi entouré, parvint avec
» peine à son carrosse, qui bientôt s'éloigna, es-
» corté par un détachement de gardes-du-corps.
» Les princes partirent une heure après suivis par
» des voitures de service. »

Je ne m'attacherai pas à peindre ce qui eut lieu pendant les dernières heures de mon séjour aux Tuileries. Il est des époques dont il vaut mieux perdre le souvenir que de chercher à se le rappeler. Je dirai seulement que lorsqu'on ouvrit les portes de mon appartement, je trouvai l'escalier rempli de gardes nationaux qui s'efforcèrent de me prouver leur attachement par de touchantes démonstrations. C'était à qui m'approcherait de plus près. Ils pleuraient, et me conjuraient de croire que tous me seraient dévoués jusqu'à la fin. J'en étais persuadé, et néanmoins il me fallait sortir nuitamment de la demeure de mes pères.

Au milieu de cette confusion, je sentis un papier roulé en forme de petite boule qu'une main exercée glissa dans la mienne. Cela me fit porter les yeux du côté où partait le message mystérieux, mais je ne pus distinguer celui qui s'en était chargé. Je ne fis aucun mouvement de surprise, et me contentai de cacher le papier dans le gousset de mon gilet. J'étais impatient de le lire, car je ne doutais pas qu'il contînt quelque chose d'important.

Mais je ne pus, avant le jour, satisfaire ma curiosité : trop de choses m'en détournèrent. La première était de m'éloigner rapidement de Paris, que les satellites de Buonaparte devaient, m'avait-on dit, envahir à la pointe du jour. On laissait paraître autour de moi des frayeurs pour ma sûreté, dont j'étais reconnaissant sans doute, mais qu'on aurait pu me dissimuler mieux. On craignait des surprises, des embuscades : heureusement que ces terreurs étaient sans fondement. Nous rencontrâmes sur la route des soldats isolés qui crièrent à mon oreille : *Vive l'empereur!* et j'étais en France, et la royauté m'appartenait encore.... Il y a dans la vie des momens cruels...

Le reste de la nuit s'écoula tristement : on eut des alertes, mais je ne m'en tourmentai pas. Je devenais d'une impassibilité stoïque. Ma fuite... ma fuite... Voilà tout ce qui alors absorbait mes pensées. Aux approches du jour, nous traversâmes un régiment tout entier qui venait me défendre, et déjà les soldats avaient pris la cocarde tricolore... Je fus le premier à m'en apercevoir. Néanmoins je n'en dis rien, pour ne pas changer en panique de déroute la frayeur de ceux qui m'accompagnaient.

Avec quelle amertume mes idées se reportaient à cet autre voyage nocturne, à cette première fuite, en 1791! Alors du moins je n'avais pas encore eu à pleurer la mort affreuse d'aucun des miens. Je voyageais en simple citoyen. Aujourd'hui roi malheureux, chargé des destinées de la France, je me retirais devant un rival que je savais attéré du sang de ma famille, et qui trouverait bons tous moyens de se délivrer d'un compétiteur redoutable. Il avait à lui des partisans nombreux, capables d'un crime pour mériter sa reconnaissance. Cependant l'idée de la mort n'était pas ce qui me tourmentait le plus; mais la France, que je laissais en proie au despotisme du sabre, au double fléau de la guerre civile et étrangère. C'était mon peuple dont je déplorais amèrement le sort.

J'avais, en 1791, un ami bien cher à mon cœur, un second moi-même, le confident de toutes mes pensées; une maladie cruelle me le ravit. Maintenant j'en avais retrouvé un autre non moins digne de ma tendresse, je l'emmenais aussi avec moi. Eh bien, celui-là me serait encore enlevé! Je voyais tant d'intrigues se nouer contre lui, tant de haines excitées par sa fidélité sans bornes, par mon attachement sans réserve, que ma vieille expérience entrevoyait déjà le nouveau sacrifice que la révolution exigerait de moi.

Ce fut au milieu de ces réflexions pénibles que le jour se leva enfin. Il avait plu depuis à peu près le commencement du mois sans interruption, et la matinée du 20 mars se montra pure et sans nuages : j'en ressentis quelque chose de douloureux ; il me sembla que l'heureuse étoile de Buonaparte se manifestait dans ce hasard de température. La foule des sensations qui se pressaient dans mon cœur m'avait fait oublier le papier qu'on m'avait remis avec tant de mystère sur l'escalier des Tuileries. Un geste machinal que je fis me le rappela. Je le développai alors, et sous une première enveloppe, je trouvai une lettre écrite sur du vélin. C'était encore une tentation du duc d'Otrante... Non, jamais il ne fut homme plus tenace à poursuivre un plan. Voici ce qu'il me mandait :

Sire,

« L'énergie de Votre Majesté m'est connue. Je
» ne doute pas qu'elle se soutienne au milieu de
» tant d'événemens funestes. Mais le roi, en con-
» servant son courage, doit également compter
» sur un meilleur avenir : je reste ici pour le pré-
» parer. On a voulu me punir de mon zèle en ob-
» tenant l'ordre de mon arrestation ; je n'en tire-
» rai d'autre vengeance qu'en redoublant d'efforts
» pour servir le roi.
» J'oserai lui recommander de ne s'écarter de
» la frontière que le moins possible. Bien des gens
» auront intérêt à éloigner le moment de la ren-
» trée du roi dans son royaume ; mais, je le ré-

» pète, Sa Majesté ne doit pas mettre trop de dis-
» tance entre le lieu de son asile et les Tuileries.

» Le roi, en rejetant les conditions arrogantes
» qu'on voudra lui imposer, saura comprendre
» les concessions qu'il sera indispensable d'accor-
» der aux exigences de l'opinion publique.

» L'expérience a prouvé au roi que les royalis-
» tes ne sont pas suffisans pour le soutenir. D'ail-
» leurs, il y a en France, outre ces mêmes roya-
» listes, un peuple qui a des droits acquis, une
» existence à conserver, qui veut bien un roi,
» mais un roi d'aujourd'hui. Toute considération
» particulière doit céder à cette vérité incontes-
» table. Le gouvernement, pour être stable, doit
» consentir à redevenir jeune. C'est une seconde
» dynastie de la maison des Bourbons qui com-
» mence.

» Buonaparte se perd par des décrets de Lyon;
» c'est de la tyrannie impériale, là où désormais
» on ne veut que de la légalité constitutionnelle.
» Il caressera d'abord les classes inférieures; plus
» tard il nous opprimera tous. On se lassera de
» l'arbitraire, puis on soupirera pour la restau-
» ration.

» Je crains plus le duc d'Orléans que Buona-
» parte; il a déjà ici des partisans; il faut éviter
» qu'il rentre avec le roi.

» Je renouvelle au roi les assurances de mon
» zèle, de mon dévouement et de ma sincérité...
» etc., etc. »

Je lus cette lettre avec attention, et dès ce moment mes préventions contre le duc d'Otrante s'effacèrent quelque peu. Je dois ajouter que pendant la durée de mon second exil il trouva toujours moyen de nous faire passer des avis utiles, et que si le prince de Talleyrand a pu réclamer la gloire de ma restauration en 1814, le duc d'Otrande a beaucoup aidé à celle de 1815.

Ceux qui étaient avec moi auraient payé cher la connaissance de cette lettre, mais il n'entra pas dans mes vues de la montrer à qui que ce fût. Blacas lui-même ne la vit pas, je voulais lui épargner un chagrin; il souffrait déjà assez pour lui et pour moi.

Les événemens qu'on avait tant redoutés pendant cette journée n'eurent point lieu, quoique nous fussions presque sans escorte. Les habitans des pays que nous traversâmes nous parurent animés des meilleurs sentimens. Les cris de *vive le roi* m'accueillirent partout. On versait des larmes à mon passage, je pouvais reconnaître combien au fond les Bourbons étaient chers aux Français.

Il était cinq heures du soir lorsque j'arrivai à Abbeville; je comptais y séjourner afin de donner le temps à ma maison militaire de venir me rejoindre, ainsi qu'aux princes, qui marchaient avec elle. Mais le maréchal duc de Tarente, qui arriva le 21, montra tant d'inquiétude de me savoir aussi près de Paris, qu'il redoubla les alarmes de ma suite. On m'entraîna donc à Lille sans me laisser le loisir d'attendre mes fidèles serviteurs. La troupe reçut l'ordre de se diriger sur la capitale de la Flandre française en passant par Amiens.

Le duc de Berry accompagné du maréchal Marmont, qui commandait en second, fit un pénible voyage. L'histoire dira combien il montra d'héroïsme dans cette retraite ; aussi les rebelles même ne purent lui refuser leur estime.

Quant à moi, je fus un peu dédommagé de mes douleurs par les transports d'amour que le peuple me prodiguait. Je pus me convaincre que les habitans du Nord de la France ne différaient en rien de ceux de l'Ouest et du Midi. La franchise de leur accueil me donna l'espoir trompeur que ma course aventureuse se terminerait en de-çà des frontières.

J'envoyai en avant le duc d'Orléans, dont jusqu'à cette heure je n'avais pas voulu me séparer, ainsi que les maréchaux ducs de Trévise et de Tarente, pour disposer tout ce qui était nécessaire à mon entrée à Lille, où je craignais toujours quelques obstacles de la part de la garnison. Je pensais, non sans raison, qu'il y aurait plus de sûreté à ne conserver dans la ville que la garde nationale et ma maison militaire. En conséquence, la troupe, qui déjà l'occupait, avait eu ordre d'en sortir pour aller camper en dehors des murailles ; mais le duc de Trévise ayant eu la malheureuse pensée que les soldats, flattés d'une marque de confiance de ma part, se dévoueraient au service de ma cause, changea ces dispositions, et fit entrer les troupes. Ce fut une faute immense, dont les funestes résultats ne tardèrent pas à éclater.

J'arrivai à Lille le 24 ; on m'y accueillit avec des démonstrations d'enthousiasme qui me touchèrent vivement. Il me sembla dès ce moment que le sol se raffermissait sous mes pas. Cette illusion fut de courte durée ; le peuple, dans son délire, avait fait tout son possible pour animer les soldats, pour leur inspirer ses propres sentimens ; il n'y parvint pas ; la garnison demeura morne et silencieuse en présence de tant de joie et de dévouement. Une telle conduite faisait craindre que plus tard l'esprit de rébellion ne l'emportât sur le devoir. Il fallait donc se mettre en mesure de chercher un autre asile. Le trouver en France n'était plus guère possible.

Sur ces entrefaites, et tandis que mes amis, plongés dans la consternation, n'avaient même pas la force de me donner un conseil, on vit venir au loin une estafette portant des dépêches pour le duc de Trévise ; ces dépêches n'étaient pas encore remises que le bruit d'une nouvelle étrange se répandit avec la rapidité de l'éclair. La population de Paris se serait immédiatement soulevée après l'entrée de Buonaparte, et l'aurait massacré avec ses complices.

Cependant le duc de Trévise, au lieu de venir à moi le visage rayonnant pour me confirmer cet événement, se rendait pâle et sérieux dans la chambre du comte de Blacas.

— Monsieur, lui dit-il, je viens à vous le cœur brisé ; la défection de la troupe est complète ; on l'excite encore dans ses mauvaises dispositions en assurant que Son Altesse Royal le duc de Berry arrive pour la chasser de Lille, et la remplacer par la maison militaire du roi. Les soldats sont résolus à ne laisser entrer aucun corps dans la place, s'il n'a au préalable arboré les couleurs de l'empire, et prêté serment à Napoléon.

Blacas parut douter de ce que lui rapportait le duc de Trévise.

— Monsieur, répartit le maréchal, vous oubliez que le roi lui-même m'a fait part de ses intentions. Je veux bien ne pas me le rappeler si son intérêt l'exige, mais qui fera prendre le change aux militaires ?

Blacas répondit qu'il fallait user de finesse, commander une revue, faire sortir les régimens de la place, puis fermer les portes. Le pauvre ami croyait tout facile lorsqu'il s'agissait de m'aider ; mais le maréchal, plus accoutumé aux usages de la guerre, et qui d'ailleurs connaissait mieux l'esprit de ces hommes égarés, répliqua :

— Il existe une difficulté pour l'exécution de ce plan, une seule, mais elle est insurmontable : c'est que je donnerai vainement l'ordre que vous invoquez. Les corps militaires le regarderont comme le signal de l'insurrection, et au lieu d'obéir, ils nous feront tous prisonniers. Voyez si vous voulez en courir la chance.

Ces paroles, prononcées d'un ton ferme et triste, furent comme un coup de massue pour Blacas.

— J'ai encore une autre chose à vous dire, poursuivit le duc de Trévise : un courrier extraordinaire de Buonaparte vient de m'apporter l'ordre formel d'arrêter le roi et les princes. J'ai tout lieu de croire que des officiers généraux sont munis d'instructions semblables, ou du moins peuvent l'être d'un moment à l'autre. Le roi, certes, ne court aucun danger tant que l'ordre impérial me reste ; mais si on me l'enlève, que deviendra-t-il ?

Le maréchal donna alors à Blacas la preuve écrite de ce qu'il avançait. Ce dernier, empressé de m'arracher à un péril aussi imminent, quitta le duc et vint tout consterné m'apprendre le motif de l'arrivée de l'estafette. J'assemblai sur-le-champ mon conseil, et il fut décidé que j'irais à Dunkerque en suivant la route de Menin et d'Ostende. Je fis prévenir Monsieur et le duc de Berry de mon nouvel itinéraire.

La fortune s'opposa encore à l'exécution de ce plan. Monsieur, interprétant mal mes ordres antérieurs, et touché du dévouement inutile de tant de braves, avait déjà pris sur lui de remercier ses troupes. En les licenciant, il les fit rétrograder sur Armentières, d'où chaque soldat regagna ses foyers. Les princes, à la suite de cette mesure, allèrent à Bruges.

Que pouvais-je faire ? je restais seul. Le duc de Tarente s'était séparé de moi à la frontière, il ne me restait plus que des hommes dévoués, mais n'étant point en position de me rallier les troupes. Je dus donc subir dans toute son étendue la rigueur de ma destinée, dire à la France un triste adieu, et m'enfoncer d'avantage en Belgique. Ce fut à Gand que je résolus d'aller attendre la suite des événemens.

CHAPITRE X.

Le roi va à Gand. — Déclaration du 18 mars. — On veut que le roi aille en Angleterre. — Motif de son refus. — Il loge chez la comtesse de Hane de Steen-Huyse. — Description de son appartement. — Qui l'a suivi. — MM. Beugnot, de Montesquiou et d'Ambray retardataires. — Le duc de Feltre fidèle et pourquoi. — MM. de Lally-Tolendal et de Chateaubriand. — Le roi se défend de ce que ce dernier a dit et dira contre lui. — MM. de Pradel, Bertin, Guizot, rédacteurs du *Moniteur* de Gand. — Baron d'Eckstein. — Quels ambassadeurs étaient auprès du roi. — Échec du duc de Bourbon. — Précis des opérations du duc d'Angoulême. — Lettre historique de Madame Royale sur son séjour à Bordeaux en 1815.

Lorsqu'il fut bien reconnu que je ne trouverais aucun lieu en France où pouvoir reposer ma tête, j'acceptai l'asile que m'avait offert le roi des Pays-Bas pendant mon séjour à Ostende. Je me déterminai pour Gand, et j'allai y planter mes pavillons. Une dame de ma connaissance intime, la comtesse de Hane de Steen-Huyse, me reçut dans son hôtel. Il était moins vaste que les Tuileries, mais ma cour se trouvant très-resserrée, je n'avais pas besoin de grands appartemens.

Peut-être que si j'avais reçu à Paris la fameuse déclaration du 13 mars fulminée à Vienne contre Buonaparte, je n'aurais pas été forcé de me retirer à Gand. Cet acte décisif, qui montrait que l'Europe entière embrassait ma cause et plaçait l'usurpateur au rang des ennemis de l'humanité, me parvint à Lille. Je me hâtai d'en donner connaissance au peuple et aux soldats. Elle effraya mes fidèles sujets et ne fit qu'indigner les rebelles. Je voulus propager cet acte dans tout le royaume avant de le quitter; l'audace de Buonaparte m'aida en ceci, car lui-même le fit insérer dans les feuilles quotidiennes, accompagné de la réfutation qu'en faisait son prétendu conseil-d'état.

Jusque-là j'étais incertain sur la marche que le congrès suivrait à mon égard. Je craignais quelque arrière-pensée de la part de certaines puissances, et je fus agréablement détrompé, car toutes se déclarèrent spontanément contre l'usurpateur.

Je ne rapporte pas ici cette déclaration; elle eut un effet prodigieux, tant en France qu'à l'étranger. Les troupes de la coalition se mirent aussitôt en campagne, et se rapprochèrent de nos frontières. Oh! avec quelle joie n'eussé-je pas donné ma vie pour terminer sans leur concours cette lutte que je prévoyais être si terrible! Je savais que cette fois on ne pouvait espérer des souverains la magnanimité qu'ils avaient montrée en 1814, et cette idée me déchirait le cœur.

Plusieurs de mes fidèles me conseillaient d'aller directement en Angleterre, sous prétexte que Buonaparte ne tarderait pas à envahir la Belgique. Déjà on avait écrit à l'avance pour qu'un château (celui du marquis de Wellesley) fût préparé. Je me refusai à ce projet dont je connaissais les inconvéniens. C'eût été me replacer dans ma première position vis-à-vis des Anglais, je serais devenu entre les mains du cabinet de Londres un moyen à l'aide duquel il aurait mené à la baguette tout gouvernement qui me succèderait.

Gand me parut mille fois préférable ; je devais y jouir d'une entière liberté, et si un mouvement royaliste se déclarait en France, je me trouvais à portée de le seconder activement.

L'appartement que j'occupais dans l'hôtel de la comtesse de Hane de Steen-Huyse était composé de quatre pièces principales : l'une, fort grande, ornée d'une tribune noblement décorée, me servant à la fois de salle à manger et de salle d'audience. Le parquet était en bois des îles, et les compartimens présentaient des saillies tellement bien simulées, qu'on craignait à chaque pas d'y poser le pied à faux.

Je retrouvai dans le salon principal les tapisseries de la haute-lice, tramées en soie, en or et en argent, dont j'avais lu tant de descriptions dans les mémoires des trois derniers siècles. Elles offraient dans leur antiquité une sorte de magnificence que n'ont point les tentures modernes. La chambre à coucher ne manquait pas non plus d'une certaine somptuosité. J'avais un petit jardin à ma disposition, et, tout bien considéré, ce logement était préférable à tous ceux que j'avais habités pendant ma première sortie de France.

J'aurais voulu, dès mon arrivée à Gand, tenir conseil des ministres afin de ne pas laisser interrompre l'exercice de ma royauté. Mais les titulaires de ces charges d'État n'étaient pas tous avec moi. Le prince de Talleyrand tenait une place utile au congrès de Vienne; le comte de Jaucourt remplissant par *interim* le portefeuille des affaires étrangères, l'abbé de Montesquiou n'avait pas cru devoir me suivre à cause de ses dernières querelles avec Blacas, qui certes ne méritait pas les reproches qu'il lui adressait. Ils eurent, à mon grand regret, une scène assez vive le 10 mars. L'abbé avait dit au ministre de ma maison que la France supporterait plutôt dix maîtresses qu'un favori.

— Ah! monsieur, lui avait répondu Blacas, un homme de votre caractère pourrait administrer avec dix favoris, mais il devrait se retirer devant une seule maîtresse.

Je voulus mettre le holà; néanmoins il en résulta que l'abbé de Montesquiou, au lieu de venir prendre sa place à Gand, se retira en Angleterre. J'en eus du regret; mais j'ai déjà dit que, fort de mon expérience, je m'étais fait une loi de ne plus jamais inviter personne à me suivre, voulant éviter les reproches.

M. Beugnot, mon ministre de la marine, se fit un peu attendre à Gand; aussi, quand il arriva, on aurait pu lui appliquer ce proverbe latin : *tarde venientibus ossa* (les derniers qui viennent n'ont plus que des os à ronger). On prétend qu'il trouva de dure digestion cette expectative; ainsi je dus, dans le commencement de mon exil, faire administrer par un autre le département de la marine.

Le baron Louis vint un peu plus vite, et s'en trouva bien ; si je n'appelais personne je savais apprécier le dévouement.

M. d'Ambray imita le comte Beugnot; il demeura en France jusqu'à ce qu'on l'en chassât; alors il vint me rejoindre. Je le remerciai de son empressement, en le renfermant à mon retour, dans la présidence des pairs ; il ne me convenait plus d'avoir pour ministre de la justice celui qui n'avait pas voulu partager d'abord avec moi les privations de l'exil.

Le duc de Feltre ne m'abandonna pas ; il ne l'aurait pu, d'ailleurs, car Buonaparte, irrité de ce qu'il qualifiait sa défection, avait dit : « Si l'on met la main sur cet homme, je le livrerai à un conseil de guerre qui m'en fera justice dans vingt-quatre heures. » Le duc de Feltre fut donc très-disposé à me suivre à Gand.

Ainsi, de tout mon ministère je n'avais auprès de moi que le baron Louis, qui même n'arriva pas d'abord, le comte Jaucourt, chargé par *in-*

terim du portefeuille de affaires étrangères, le duc de Feltre et Blacas, dont je ne devais pas tarder à me séparer. Je connus bien alors la vérité de l'axiome latin : *tres faciunt capitulum* (trois moines ou chevaliers forment un chapitre). Mais je trouvais un peu mesquin de réduire à ce nombre la composition de mon cabinet. Parmi ceux qui me suivirent il y eut le comte de Lally-Tolendal, un de mes amis d'autrefois, qui depuis la restauration s'était plus intimement rapproché de ma personne. M. de Lally, politique sentimental, a fait de la fidélité en belles phrases philosophiques. Je résolus de l'admettre dans le conseil, ne pouvant rencontrer plus de talens et de fidélité.

La force des choses appela également dans le nombre de mes conseillers le vicomte de Chateaubriand. Je n'ai nul besoin de rappeler les titres de ce poète politique, qui a rempli l'Europe de sa renommée. Dès 1814, il m'avait rendu un service important par sa brochure *de Buonaparte et des Bourbons*, que je regarde comme le meilleur manifeste qui ait accompagné ma rentrée. J'aurais voulu lui en témoigner ma reconnaissance, mais j'ai dit comment lui-même y mit obstacle. Je ne sais pourquoi il voulut me servir au delà de ce que je jugeais nécessaire, et je fus forcé de le laisser à l'écart dès qu'il ne se contenta pas du rang que je pouvais lui donner.

Je reviens sur ce point afin de faire taire tout reproche d'ingratitude. Je sais combien les assertions de M. de Chateaubriand auraient un jour de poids auprès de la postérité, et comme je prévois la sévérité du jugement qu'elle portera sur mes actes, je me justifie à l'avance. C'est encore pour lui une assez belle victoire à remporter sur un souverain. J'ajouterai que, dans ma famille, il n'a pas eu le bonheur de réussir aussi bien que dans le public. Madame Royale n'appréciait peut-être pas assez son mérite, et l'accusait un peu trop de philosophie ; c'est un tort certainement : il faut le juger en auteur par ses écrits, où il est aussi fidèle sujet que bon chrétien.

Une foule de gens autour de moi se plaignaient que le vicomte de Chateaubriand eût été, en quelque sorte, laissé à l'écart pendant 1814. Ils en formaient un tel grief contre Blacas, que je crus devoir, dès mon arrivée à Gand, m'adjoindre M. de Chateaubriand, en qualité de ministre de l'intérieur. Ce fut lui qui, à cette époque, par ses rapports, ses pièces rendues publiques, parut avoir la direction principale de mon cabinet. Il est vrai que sa présence fit un bon effet, que les puissances étrangères et que les royalistes applaudirent ; mais je ne pus continuer long-temps l'emploi utile de sa personne, car il est comme César, qui préférait la dictature dans un village, à la seconde place à Rome.

M. de Chateaubriand, avec les comtes de Pradel, de Lally-Tolendal, MM. Bertin et Guizot, furent les principaux rédacteurs du Moniteur de

Gand, que je fis créer pour l'opposer à celui de Paris. Ainsi, mon ministère était en partie composé de journalistes. C'était encore une concession faite aux idées de l'époque.

Outre ces messieurs, j'avais, parmi mes conseillers intimes, deux maréchaux de France, les seuls qui suivirent ma mauvaise fortune. C'étaient les ducs de Bellune (Victor) et de Raguse (Marmont), ainsi que le prince de Neuchâtel, que j'ajoute en troisième. Celui-ci ne resta pas près de moi tout le temps de mon séjour en Belgique, sa fatale destinée l'entraînant vers le lieu où il devait trouver la mort.

A part le cabinet auprès duquel étaient les ambassadeurs alliés, j'avais une police dont la direction principale fut confiée au comte Anglès. Son subordonné chef était le baron d'Eckstein, étranger, mais dévoué à ma cause comme un Français. C'est un homme habile, et qui, par un contraste bizarre, unit à des qualités réelles toutes les extravagances de la religion mystique et illuminée qui a tant de partisans en Allemagne.

La Russie avait pour ambassadeur le comte Pozzo di Borgo; la Prusse, le baron de Brockausen; l'Angleterre, sir Charles Stewart; et la Belgique, M. Fagel. Les autres souverains me dépêchèrent successivement leurs envoyés. C'était donc une véritable cour, bien différente de celle qui, dès 1795, se rassembla autour de moi. Cette fois, j'étais roi universellement reconnu; mais il fallait tâcher de maintenir cette position.

J'avais des communications journalières avec la France. Tout ce qu'on me manda d'abord ne put qu'ajouter à ma douleur; le duc de Bourbon n'avait paru en Bretagne que pour y jouer un rôle peu convenable. Il s'y était montré incapable de remplir sa mission; et pour comble de désagrément, il avait consenti à prendre des passeports délivrés au nom de l'usurpateur.

M. le duc d'Angoulême, avec beaucoup plus d'activité et de zèle, n'avait pas été plus heureux. Dès qu'on lui eut annoncé l'attaque de Buonaparte, il s'empressa de quitter Bordeaux, et de se rendre à Toulouse, pour y établir, conformément à mes ordres, un gouvernement provisoire. Le comte de Damas-Crux, que je lui dépêchai, réunit les portefeuilles de la justice, de l'intérieur, de la police et des finances, ayant sous lui le marquis de Villeneuve. Le maréchal Pérignon devait commander en chef, en arrière toutefois du duc d'Angoulême.

Une organisation rapide eut lieu. Les troupes devaient se porter par trois points différens contre Buonaparte : le premier corps prendrait la route de Limoges; le second, celle de Clermont, et le troisième celle de Lyon. Le duc d'Angoulême, impatient de commencer la campagne, marcha sur les bords du Rhône avec une armée peu nombreuse, composée de troupes de ligne dont la fidélité était plus qu'incertaine, de gardes nationaux bien disposés, et de volontaires royaux pleins de dévouement.

Mais la trahison paralysa tout : mon neveu, vainqueur d'abord sur les rives de la Drôme, se vit bientôt abandonné des militaires, qui se tournèrent vers l'ennemi, à l'exception du brave et noble 10e de ligne, commandé par l'héroïque comte d'Ambrugeac; Toulouse fut enlevée au gouvernement provisoire, à la honte de celui-ci, qui ne sut pas la défendre.

La position de M. le duc d'Angoulême devint pénible. Environné de rebelles, serré de près par le général Gilly, et ne voulant pas exposer, pour une cause momentanément perdue, tant de gens de bonne volonté, il consentit à conclure une capitulation qui l'autorisait à se retirer en Espagne avec les personnes de sa suite, et stipulait des conditions honorables et conservatrices pour tous les braves enrôlés sous ses drapeaux. On sait comment le général Grouchy, pour mieux faire sa cour à Buonaparte, suspendit l'effet de cette capitulation avec une inconvenance donc son maître le punit en lui ordonnant de la ratifier.

Mon neveu put donc échapper aux sinistres complots formés contre lui. Buonaparte mit au traité une clause ridicule, celle que le duc d'Angoulême paierait, en quelque sorte, sa rançon, en cédant les diamans de la couronne que l'on avait emportés à ma suite. Le duc d'Angoulême monta aussitôt sur un navire suédois qui le transporta à Barcelone. Il ne quitta plus l'Espagne que pour rentrer dans le Midi, après la bataille de Waterloo.

Quant à Madame Royale, digne d'être une seconde Marguerite d'Anjou, si elle avait porté la couronne, je pourrais raconter ses prouesses, et décrire ses aventures héroïques. Je préfère transcrire une lettre qu'elle m'écrivit dès son arrivée en Angleterre avant de venir me rejoindre. Elle était conçue en ces termes.

« Sire, mon seigneur, et cher oncle,

» Je suis aussi hors de France; on m'en a chassée; mais du moins, cette fois, ai-je pu lutter contre ma mauvaise fortune. Que la volonté de Dieu soit faite! Néanmoins qu'il est amer ce calice auquel je m'abreuve depuis si long-temps!
» J'ai fait ce que j'ai pu pour conserver une province de votre royaume; on ne m'a pas secondée, la fidélité de la plupart consiste en de vaines paroles; mais lorsque, pour la prouver, il faut tirer l'épée, on ne voit plus que des visages craintifs, on ne nous parle plus que de notre sûreté personnelle; ce qui signifie que chacun a peur pour soi.
» Le peuple de Bordeaux est excellent, le peuple, entendez-vous, car au-dessus il n'y a qu'égoïsme. Voici ce qui s'est passé; je vous répè-

» terai dans son ensemble ce que je n'ai pu vous
» marquer qu'imparfaitement.

» A la première nouvelle, on s'est déclaré in-
» vincible ; c'était à qui m'offrirait cœur, for-
» tune et bras. J'ai répondu que, quant à moi,
» je ferais mon devoir. Je n'y ai pas manqué,
» j'en appelle à tout Bordeaux. Les officiers sont
» venus déposer à nos pieds le serment d'une
» loyauté éternelle. J'y ai cru, ce n'est pas une
» fille de la maison de Bourbon qui pouvait dou-
» ter de la loyauté des militaires français !

» Je me suis vue en peu de jours à la tête d'une
» armée nombreuse ; mais à mesure que *l'homme*
» approchait de Paris, les officiers devenaient
» plus froids, les soldats moins soumis et le reste
» moins enthousiaste. Je ne me reposais sur per-
» sonne des soins que je pouvais prendre moi-
» même ; je passais les nuits à veiller ; mon repos
» devait être consacré à l'accomplissement de mon
» devoir de fille et de sujette du roi de France.
» J'excitais le courage, je parlais aux tièdes, je
» remerciais les volontaires royaux ; rien ne me
» coûtait pour arriver à mon but.

» Le saint jour de Pâques, je passai la revue
» générale, dans le Champ-de-Mars, des troupes
» de ligne, de la garde nationale et des volon-
» taires royaux. Je ne fus pas contente de l'aspect
» général des troupes : il y eut silence de la part
» de la ligne ; il me fallut comprendre que le Fran-
» çais ne concevait pas le serment comme je le

13.

» concevais moi-même. Je dus commencer à sus-
» pecter l'honneur militaire; mon cœur fut navré.

» La citadelle de Blaye devenait importante ; la
» troupe l'occupait. Je cherchai à y substituer
» des gardes nationaux ; car , je vous le répète,
» le peuple a d'excellentes dispositions; mais je
» ne pus y réussir, la garnison se refusa à évacuer
» la place , et ne tarda pas à consommer sa tra-
» hison... Sire, mes yeux ont vu flotter le drapeau
» tricolore... Je ne me décourageai ni à cette
» perfidie, ni à la nouvelle que le général Clausel
» marchait contre moi, venant de la rive gauche
» de la Gironde. Vous souvient-il, sire, des dé-
» monstrations d'amour et de dévouement dont
» Clausel nous a fatigués dès notre rentrée ? sa
» conduite ne fit qu'accroître mon énergie , et je
» me faisais un plaisir de le repousser.

» J'espérais encore, ignorant ce qui se passait
» autour de moi. J'étais soutenue par M. Lainé ,
» qui, en arrivant ici, en sa qualité de président
» du corps-législatif, a interdit, par un acte pu-
» blic, à tous les Français, de payer les impôts
» à Buonaparte. M. Lainé est un vrai Romain ; il
» a autant de fermeté que de vertu. Si tous lui
» ressemblaient , je ne serais pas en Angleterre.

» J'étais dans ces dispositions, lorsque l'état-
» major, qui déjà brûlait de passer à l'ennemi ;
» vient m'annoncer qu'il ne peut plus répondre
» de l'obéissance des régimens, que ma sûreté
» personnelle est compromise , et que je dois son-

» ger à me retirer... Je lui répondis que je
» m'occupais peu de moi, que les Bordelais pa-
» raissaient vouloir se défendre, et que je ne
» prétendais quitter la partie que quand tout es-
» poir de succès me serait ravi. — Vous! com-
» battre, madame? — Oui, moi, messieurs,
» j'enseignerai aux généraux comment on sert
» son roi.

» Ces paroles déplurent, on répondit que si je
» me montrais hostile, la ligne ferait feu sur mes
» défenseurs.

» — Je n'ai jamais douté de la sûreté de Bor-
» deaux, répliquai-je, parce que je connais le
» zèle et la valeur des habitans de cette ville;
» mais je ne voudrais pas l'exposer à une destruc-
» tion certaine, et je désire m'assurer des dispo-
» sitions de la garnison dont hier vous me répon-
» diez encore. En conséquence, vous allez faire
» assembler vos troupes dans leurs casernes.

» Ces messieurs me conjurèrent de renoncer à
» mon projet, ils me dirent que des cartouches
» avaient été distribuées, et qu'ils craignaient...

» — Quoi! messieurs? qu'un militaire français
» tue de sang-froid une femme! c'est impossible
» et vous les calomniez. Marchons!

» — Mais, madame, permettez qu'avant on
» aille les prévenir.

» — Non, je veux les voir à l'improviste.

» Il fallut m'obéir; je partis accompagnée de
» ces messieurs, et suivis de ces braves Gascons,

» dont le zèle n'a cédé qu'à la violence soldates-
» que, et à la faiblesse de ceux qui auraient dû
» les imiter.

» J'allai d'abord à la caserne de Saint-Raphaël.
» La troupe formant le carré, je me mis au cen-
» tre, et je lui fis entendre un langage que des
» cœurs français auraient dû comprendre. —
» Nous empêcherons qu'on ne vous fasse du mal,
» me dit-on pour unique réponse. Et moi, les
» interrompant, je m'écriai : — S'il existe parmi
» vous quelques hommes qui se souviennent des
» sermens qu'ils ont prêtés entre nos mains il y a
» peu de jours, et qu'ils restent fidèles au roi :
» qu'ils sortent des rangs, qu'ils s'expriment
» hautement! Sire, ils furent douze... Vous êtes
» en bien petit nombre, dis-je; mais, du moins,
» on connaît ceux sur qui on peut compter.

» Je sortis l'âme navrée, et j'allai à la deuxième
» caserne. Oh! ici, le venin révolutionnaire avait
» produit tout son effet... On me reçut en enne-
» mie; j'entendis crier vive l'empereur!...

» J'étais une faible femme, sans appui réel;
» je dus donc souffrir cet outrage. Mais je ne laissai
» paraître nulle émotion, car le mépris tempéra
» ma colère. Pensant à vous, sire, à ce que je
» devais vous conserver, j'essayai une dernière
» tentative :

» — Eh! quoi, dis-je, est-ce à ce même régi-
» ment d'Angoulême que je parle? Ne vous sou-
» vient-il plus de ce que le duc mon mari a fait

» pour vous? N'est-il plus votre chef? N'avez-vous
» aucun souvenir d'avoir prêté dans mes mains le
» serment de fidélité? Ne suis-je plus votre prin-
» cesse? Ne me reconnaissez-vous donc pas?

» Des larmes trahirent mon émotion, mon vi-
» sage en fut inondé... Ah! qu'elles me firent de
» mal! ils me virent pleurer... les uns en parurent
» touchés; les autres... Après vingt ans d'infor-
» tune, ajoutai-je, il est bien cruel de s'expatrier
» encore. Je n'ai cessé de faire des vœux pour le
» bonheur de la France, car je suis Française,
» moi, et vous, vous n'êtes plus Français. Allez,
» retirez-vous!

» Ma voix les foudroie; mais ils murmurent. Je
» m'éloigne avec ma suite; je harangue, en pas-
» sant sur le quai, la garde nationale; je lui dis
» qu'on m'abandonne, que je m'oppose dès lors
» à sa persistance à me servir. La garde nationale,
» d'un commun accord, déclare qu'elle est déter-
» minée à combattre; et, rompant les rangs, elle
» me ramène dans mon palais en me conjurant de
» compter sur sa fidélité. Je ne pus que mêler
» mes larmes à celles de ces braves Gascons, en
» les assurant de la reconnaissance du roi et de
» la mienne, et devant eux je dis aux généraux
» qui me servaient d'escorte : — C'est vous, mes-
» sieurs, qui me répondrez de la sûreté de cette
» ville; maintenez vos troupes, prévenez tout
» désordre, vous en avez le pouvoir. — Nous en
» faisons le serment, dirent-ils. Pensant alors à

» tant de promesses violées, je répartis avec vi-
» vacité : Ah! point de sermens, je sais aujour-
» d'hui ce qu'ils valent. Obéissez aux derniers
» ordres que vous recevez de la fille de vos rois !

» Je les congédiai, leur présence m'étant dé-
» sagréable ; la ville fidèle devait seule désormais
» me fournir la suite que je pouvais souhaiter,
» puis elle eut à traiter avec Clausel. Celui-ci ré-
» pondit qu'il retarderait son entrée jusqu'à ma
» sortie. Le 10 de ce mois (avril), je quittai Bor-
» deaux laissant, pour adieux à ses habitans, la
» proclamation suivante : »

Braves Bordelais,

Votre fidélité m'est connue ; votre dévouement sans bornes ne vous laisse entrevoir aucun danger ; mais mon attachement pour vous, pour tous les Français, m'ordonne de le prévoir. Mon séjour plus long-temps prolongé dans votre ville pourrait aggraver votre position, et faire peser sur vous la vengeance. Je n'ai pas le courage de voir les Français malheureux, et d'être la cause de leur malheur. Je vous quitte, braves Bordelais, pénétrée des sentimens que vous m'avez exprimés, et vous donne l'assurance qu'ils seront fidèlement transmis au roi. Bientôt, avec l'aide de Dieu, dans des circonstances plus heureuses, je vous témoignerai ma reconnaissance et celle du prince que vous chérissez.

CHAPITRE XI.

Madame la duchesse d'Angoulême à Gand. — Ce qu'elle dit au roi en l'embrassant. — Rapport sur Buonaparte envoyé par le duc d'Otrante. — Chacun a son paquet. — Le congrès décide que le roi sera soutenu. — On propose à Louis XVIII d'empoisonner Buonaparte. — Il repousse cette proposition. — Une dame veut assassiner Buonaparte. — De quelle manière le roi l'en empêche. — Réflexions. — Le cabinet du roi agit contre le duc de Blacas. — Détails sur cette intrigue. — Analyse du dernier article de l'acte additionnel aux constitutions de l'empire. — Buonaparte ennemi du duc d'Orléans. — Traité du 25 mars signé à Vienne. — D'où provenait la liaison entre le duc d'Otrante et le prince de Metternich. — Note remise à ce dernier sur le gouvernement futur de la France. — Ce que le roi en pense.

Tout fut héroïque dans la conduite de Madame Royale. Elle quitta la France en reine et non en fugitive ; sa conduite parla hautement en faveur de la légitimité ; le sang de Henri IV mêlé au sang de Marie-Thérèse coule dans ses veines, elle est la vraie fille de ces rois avec leur grand caractère et leurs vertus ; et si jamais elle monte sur le trône, elle secondera dignement le prince son mari.

J'étais plein d'inquiétude sur son compte, je craignais que ceux qui s'étaient abreuvés du sang du père, voulussent achever d'étancher leur soif parricide dans celui de l'auguste fille. Il me fut donc bien doux de la savoir en Angleterre, d'où elle ne tarda pas à venir me rejoindre. Avec quels transports je la reçus, avec quelle vénération je la serrai dans mes bras ! elle me dit :

— Sire, si je n'ai pu vaincre, j'ai du moins emporté notre honneur sans tache !

Dès que notre établissement eut été complété, je jetai mes yeux sur la France pour voir la tournure que les affaires y avaient prise. Je sus que la Vendée, que le duc de Bourbon n'avait pas eu le temps de soulever, se préparait à prendre les armes, ce quelle fit bientôt après. Le duc d'Otrante écrivit; voici quelques passages de son premier rapport :

« Buonaparte est arrivé la nuit. A son passage sous l'Arc de Triomphe du Carrousel, il s'est manifesté un enthousiasme échauffé dès le matin par des liqueurs et des distributions de comestibles. Une consternation profonde a régné dans le reste de la ville. Il m'a fait appeler pour m'annoncer qu'il me confiait le portefeuille de la police; il a donné à Carnot celui de l'intérieur, et placé aux affaires étrangères le duc de Vicence. Le duc de Parme a provisoirement la charge de grand-juge, le comte Mollien est aux finances, et le duc Decrès à la marine. J'ai su que Buonaparte hésitait à se servir de moi, mais il s'y est déterminé parce que ce choix convenait aux puissances étrangères. Je le sers donc sans avoir sa confiance. Carnot lui déplaît aussi, nous serons les premiers qu'il congédiera.

» J'ai examiné depuis Buonaparte ; il m'a semblé que son énergie faiblissait ; il y a en lui quelque chose d'indécis qu'il n'avait pas précédemment ; il croit être invincible avec l'appui de la populace ; mais plus tard, il verra... Que le roi conserve de l'espoir, il est plus près du trône de France que Buonaparte qui couche cependant aux Tuileries. J'ai demandé en vertu de quelle loi organique il règnerait ; il m'a répondu que ce serait par les constitutions précédentes. J'ai dit avec Carnot que cela ne suffisait pas, que le roi n'ayant pas voulu de la dictature, l'empereur aurait tort de la maintenir. On nous a promis prochainement une constitution nouvelle, mais le roi ne se doute pas qui est chargé de l'élaborer. C'est le baron Constant de Rebecque, celui qui, le 19 mars, a lancé un brûlot si violent contre Buonaparte. Il va en faire un de ses conseillers d'État.

» La déclaration du 13 mars nous indigne ; on y répond par une déclaration de la souveraineté du peuple, et en même temps on tâche de négocier avec les puissances ; on leur écrit ostensiblement ; on leur envoie en secret des émissaires

14

ayant charge de leur faire de belles propositions. C'est aux agens du roi à en combattre l'effet.

» En attendant on se prépare à la guerre. Je croyais que le lendemain de son entrée à Paris Buonaparte se mettrait en route pour fondre sur la Belgique. Ce retard le perd. Les routes sont couvertes de conscrits qu'on appelle aux armes; les arsenaux sont en pleine activité, les quatre-vingt millions que le roi a laissés dans la caisse de la Trésorerie serviront à payer les premières dépenses. Le roi a agi en gentilhomme, on ne peut le lui reprocher.

» Les généraux accourent de tous les points de la France, il en manquera peu autour de leur ancien chef. Il y a dans la magistrature et dans l'administration une multitude de démissions honorables. Buonaparte en est vivement tourmenté. Je ne sais où tout ceci conduira, mais je déclare impossible qu'une monarchie absolue se fonde solidement sur la souveraineté du peuple. »

Ce document me fit plaisir. Je reçus en même temps de Vienne l'assurance qu'on ne m'abandonnerait pas quoi qu'il arrivât. Ceci me fut d'autant plus agréable que je craignais qu'il s'établît une scission dans la politique des cabinets étrangers à mon égard. Je savais que déjà plusieurs partis se formaient pour appeler le choix du monarque futur à imposer à la France sur une autre tête que la mienne. A part le fils de Buonaparte qu'on plaçait au premier rang, on pensait au prince Eugène, au duc d'Orléans, et même au prince d'Orange. C'étaient autant d'obstacles que mes ennemis s'attachaient à me susciter.

Tandis que le duc d'Otrante me faisait prévenir que des émissaires de ces mêmes ennemis cherchaient à pénétrer jusqu'à moi et aux autres princes de ma famille, afin de nous faire périr par le poison, particularité qu'il appuyait de pièces probantes, voici ce qui se passait à Gand :

Un quidam dont je ne signalerai pas le nom, parce que j'ai tout lieu de croire que celui sous lequel il s'annonça n'était pas véritablement le sien, arriva de l'intérieur de la France vers le milieu d'avril; il essaya de pénétrer auprès de Blacas, mais ne pouvant y parvenir, il s'adressa à un membre de ma maison civile ; il prétendit être dépêché vers moi par un chef de cuisine de Buonaparte qui offrait d'empoisonner ce dernier moyennant qu'on lui compterait un million. Si l'on m'eût fait cette infâme proposition, j'aurais renvoyé avec indignation un tel misérable, mais il n'en fut pas ainsi du personnage qui en reçut la confidence; il eut le tort de remettre à deux jours la réponse qu'on y ferait, puis il vint me communiquer ce dont il s'agissait.

Je le traitai mal, en lui témoignant l'horreur que m'inspirait l'offre de ce crime odieux ; je lui ordonnai pour sa punition de s'emparer de l'émissaire, et de ne pas le quitter qu'il ne l'eût rejeté sur le territoire français; en même temps, je chargai M. Anglès de veiller à ce que cette mesure fût promptement exécutée. Certes j'aurais appris avec plaisir, je ne m'en défends pas, que la Providence eût disposé de Buonaparte; mais y aider moi-même, remplir par la main d'un autre l'office d'un assassin, voilà ce qui ne serait jamais entré dans ma pensée, aurais-je eu vingt trônes à conquérir plus beaux que celui de France.

Ce ne fut pas la seule proposition de ce genre qu'on nous adressa, mais nous les rejetâmes toutes avec la même indignation. Une dame dont je tairai aussi le nom m'écrivit pour m'annoncer que si je voulais prendre l'engagement de donner à ses trois enfans une fortune suffisante, elle poignarderait Buonaparte pendant une audience particulière qu'elle avait la certitude d'obtenir. Je laissai cette extravagance coupable sans réponse; mais la dame revenant à la charge, je fis dire au duc d'Otrante de l'appeler et de lui faire peur en lui laissant croire que ses lettres avaient été interceptées. Je n'en entendis plus parler, et j'ai négligé depuis de m'informer de ce qu'était devenue cette fanatique. Je présume qu'après ma rentrée elle n'osa pas venir réclamer le prix d'un acte non commis, et dont, selon toute apparence, je ne devais pas avoir eu connaissance.

Je fus assailli à Gand d'une foule de faiseurs de projets; ceux qui prétendaient auparavant posséder une recette infaillible pour me maintenir contre l'usurpateur, affirmaient en conserver aussi pour me ramener sans coup-férir dans ma capitale.

On se plaint en général que les hommes revêtus de hautes fonctions sont invisibles, ou du moins d'un accès difficile; c'est parce qu'on ignore combien les fous et les avides leur font perdre de momens utiles. Sur mille demandes il y en a quatre à peine qui sont raisonnables. Ces solliciteurs, ces gens à projets absurdes portent donc les princes à se méfier de tous ceux qui cherchent à arriver jusqu'à eux.

J'avais par conséquent à me garder de ces importuns, et en même temps à chercher à établir autour de moi une harmonie qui n'existait pas. Je ne veux ni récriminer, ni accuser personne en particulier; je dirai seulement que peu après que mon cabinet eut été formé, il se divisa tout à coup, que la majorité ne tenant compte ni du zèle ni du dévouement, attaqua le comte de Blacas avec une véhémence extrême. Un long rapport me fut remis dans lequel on l'accusait des malheurs dont certes lui aussi était victime. On voulut le rendre responsable des événemens présens.

Cette conduite ne pouvait me plaire; je m'en expliquai avec sévérité. Mais comme si la chose eût été convenue à l'avance, je reçus une lettre autographe de l'empereur Alexandre pleine de préventions contre l'excellent Blacas. Le czar me disait que ma haute science administrative s'efforçait vainement de couvrir l'incapacité de mon ministre, que le comte de Blacas s'attachait à me rendre invisible, qu'il n'avait fait aucun cas des sages avis qu'on lui avait donnés de toutes parts, ni des préparatifs de Buonaparte et de la conspiration flagrante qui existait dans Paris, et que les souverains voyaient avec peine ce gentilhomme continuer à diriger mes affaires. Le czar ajoutait qu'il serait digne de moi de sacrifier mes affections particulières aux exigences du royaume.

Ce fut par cette rude attaque que commença la guerre véhémente que mon cabinet, ma cour, et toute l'Europe, je puis dire, livrèrent de concert au comte de Blacas. Les choses allèrent au point qu'on fit de son renvoi une des conditions de ma rentrée. Je lus avec une vive douleur la lettre de l'empereur de Russie ; mais je ne la communiquai pas à mon ami, certain qu'il se retirerait de lui-même s'il apprenait qu'on prétendait le rendre responsable de mes infortunes. J'avais plus à redouter sa délicatesse que son ambition.

Dans ma réponse au czar, je tâchai de rétablir les faits, et de dévoiler la source des calomnies qu'on avait répandues autour de lui. Il y avait à cette époque trois foyers d'intrigues contre Blacas, un à Vienne, un à Paris et un à Gand, parce que dans chacune de ces villes il existait des hommes ayant la prétention de me servir mieux que lui.

Ces tracasseries intérieures occupèrent largement une partie du temps que je passai en Belgique. On m'y abreuva de chagrins et je n'eus aucun appui, car tous ceux qui m'entouraient avaient la même ambition. Je trouvais là en outre la cabale formée au pavillon Marsan qui, toujours à l'insu de mon frère, se servait de son nom pour me mettre au désespoir. Blacas n'avait donc que moi pour soutien. Ce ne fut pas sans combattre que je cédai enfin à la force. Je reviendrai sur cet incident cruel de mon histoire; mais je dois maintenant reprendre le fil des événemens politiques. Il n'entre point dans mon plan de parler de ce qui se passa en France, je signalerai seulement le dernier article de l'acte additionnel de Buonaparte aux prétendues constitutions de l'empire. Il osait ordonner aux Français de renoncer à leur liberté en s'engageant par un serment solennel de ne jamais rappeler la famille de Bourbon, lors même que les Buonaparte seraient éteints dans toutes leurs branches. Une volonté aussi despotique fut repoussée par un grand nombre de Français avec une indignation qu'ils attestèrent de leur signature. On se souviendra entre autres du vote généreux du comte Florian de Kergorley qui blessa si cruellement Buonaparte, comme s'il dépendait d'un usurpateur d'imposer à un peuple des lois oppressives, ou de contrarier la Providence dans l'exécution de ses décrets!

Buonaparte aurait surtout souhaité que sa bonne fortune lui eut livré Son Altesse Royale le duc de Berry et Son Altesse Royale le duc d'Orléans. Je sus du duc d'Otrante que sa colère contre ce dernier n'avait pas de bornes. Il le qualifiait de transfuge de la révolution, et poussait la démence jusqu'à dire que s'il avait pu faire arrêter le duc d'Orléans, il l'aurait traduit devant un conseil de guerre en qualité de déserteur. Le duc d'Otrante ajoutait :

Buonaparte, en s'exprimant ainsi, paraissait fort en courroux, et il a dit ensuite : *Au demeurant, si je ne puis punir celui-là, je lui remettrai le soin de ma vengeance dans le cas où les événemens me seraient contraires.*

Ces paroles me frappèrent vivement, et elles contribuèrent beaucoup à me faire retarder le moment de la rentrée définitive du duc d'Orléans en France.

Mais avant que Buonaparte manifestât sa propension à revenir au despotisme, le congrès avait décidé la question à son égard avec une rigueur méritée. J'ai rapporté plus haut le premier acte du 13 mars lancé contre l'usurpateur. Le 25 mars et jours suivans, un nouveau traité fut conclu entre les quatre grandes puissances ; dans ses dispositions principales il était dit :

« Les hautes puissances contractantes... s'en-
» gagent solennellement à réunir les moyens de
» leurs états respectifs pour maintenir dans toute
» leur intégrité les conditions du traité conclu à
» Paris le 30 mai 1814, ainsi que les stipulations
» arrêtées et signées au congrès de Vienne dans le

» but de compléter les dispositions de ce traité,
» de les garantir contre toute atteinte, et *particu-*
» *lièrement contre les desseins de Napoléon Buona-*
» *parte.* A cette effet, elles s'engagent, si le cas
» l'exigeait et dans le sens de la déclaration du 13
» mars dernier de concert et d'un commun ac-
» cord, à réunir tous leurs efforts contre lui et
» contre tous ceux qui se seraient déjà ralliés à
» sa faction ou qui s'y rallieraient dans la suite, afin
» de le forcer à se désister de ses projets, et de
» le mettre hors d'état de troubler à l'avenir la
» paix générale, sous la protection de laquelle
» les droits, la liberté et l'indépendance des na-
» tions venaient d'être placés et assurés.

» Quoiqu'un but aussi grand et aussi bienfaisant
» ne permette pas qu'on censure les moyens des-
» tinés à l'atteindre, et que les hautes parties
» contractantes soient résolues d'y consacrer tous
» ceux dont elles peuvent disposer d'après leurs
» positions respectives, elles sont néanmoins con-
» venues de tenir constamment en campagne cha-
» cune cent cinquante mille hommes y compris
» un dixième de cavalerie et une juste proportion
» d'artillerie, sans compter les garnisons, et de
» les employer activement contre l'ennemi com-
» mun.

» Les hautes puissances contractantes s'enga-
» gent réciproquement à ne pas poser les armes
» avant que l'objet de la guerre désigné dans l'ar-
» ticle 11 du présent traité n'ait été atteint, et

» tant que Buonaparte ne sera pas mis dans l'im-
» possibilité d'exciter des troubles, et de renou-
» veler ses tentatives pour s'emparer du pouvoir
» suprême en France... Le présent traité étant
» uniquement dirigé dans le but de soutenir la
» France ou tout autre pays envahi contre les
» entreprises de Buonaparte et de ses adhérens,
» Sa Majesté Très-Chrétienne sera spécialement
» invitée à y donner son adhésion, et à faire con-
» naître, dans le cas où elle devrait requérir les
» forces stipulées dans le deuxième article, quel
» recours les circonstances lui permettront à l'ob-
» jet du présent traité... »

Certes ce traité était décisif, et Buonaparte ne devait pas espérer qu'on le laisserait tranquille. Ces agens secrets, et il en avait à Vienne, purent lui apprendre qu'un sentiment de haine, de haine à mort, éclata contre lui parmi tous les souverains rassemblés dans cette ville. On alla même trop loin, car, dans le but de renverser complétement cet ennemi qui paraissait si redoutable, on finit par écarter l'intérêt de ma cause; ce fut, il est vrai, avec tant de mystère, que le prince de Talleyrand ne put en être instruit, et que plus tard ce fut par le duc d'Otrante que je l'appris.

Celui-ci avait aussi à Vienne son agent qui était parvenu à se mettre en rapport avec le prince de Metternich à cause d'un service signalé que le duc d'Otrante, étant ministre de la police en 1809, avait rendu à M. de Metternich. La reconnaissance du ministre autrichien n'était pas éteinte en 1815, puisqu'il fit transmettre au duc d'Otrante la note suivante dont celui-ci me donna communication. Cette note me détermina plus que tout autre chose à presser ma rentrée.

« Les puissances ne consentiront jamais à ce
» que Buonaparte règne en France, ou au réta-
» blissement de la république dans ce royaume.
» Si on écarte Buonaparte, les puissances se
» prêteront à ce que la France se donne elle-même
» une constitution ; mais il faudra que cette con-
» stitution renferme toutes les garanties qu'elle
» pourra désirer en ne s'écartant pas de la forme
» monarchique, que le ministère à former le soit
» de manière à rassurer toutes les opinions. Il
» faudra que les deux tiers des places de la cour
» tant civiles que militaires soient données aux fa-
» milles nouvelles, parce qu'elles représentent une
» plus forte masse d'intérêts. Il sera consenti en
» outre par les puissances signataires du traité du
» 25 mars dernier, à ce qu'aucun émigré entré
» en France depuis le 1er avril 1814, ne puisse
» occuper ni places, ni emplois à la cour. Ces
» conditions devront être acceptées à l'avance par
» celui qui sera appelé à régner. »

Je prie le lecteur de peser chaque mot de ce document important, que j'aurais tenu sous silence si je n'eusse écouté que ma juste fierté, mais comme je dois prévenir mes successeurs contre des malheurs à venir, je veux les détourner de fonder de trop hautes espérances sur l'appui des puissances étrangères. On les abandonnera toujours pour qui que ce soit, pourvu que *l'homme appelé à régner à leur place consente à ce qui sera agréable à la coalition.* C'est une vérité qui m'est démontrée. Que mes successeurs donc se tiennent pour bien avertis, et préfèrent, en s'appuyant sur ma charte, gouverner loyalement de concours avec les citoyens, au lieu de se reposer sur des espérances chimériques qui ne pourraient que les conduire à leur perte.

Le dernier article de cette note arrogante était évidemment dirigé contre le comte de Blacas. C'était un parti pris de tous côtés de me priver de ses consolations et de ses services.

CHAPITRE XII.

La duchesse de Saint-Leu et l'empereur de Russie. — Démarche de celui-ci auprès de l'archiduchesse Marie-Louise. — Comment le cabinet de Londres se prononce contre Buonaparte. — *Memorandum* contraire aux droits du roi. — Forces de la coalition. — Agression imprudente de Murat. — Sa chute. — Le roi publie un manifeste. — Paroles remarquables du duc d'Otrante. — Embarras de position. — On veut sauver le roi. — Plaisanterie du duc de La Châtre. — Anecdote sur la défection de Benjamin Constant. — Le Barbier de Séville avec ses argumens irrésistibles. — La caisse d'amortissement moral de Buonaparte. — Il joue le rôle du roi. — La chambre des pairs. — Celle des représentans. — M. de Lafayette. — Ce que Buonaparte en disait. — Crainte qu'inspire au roi la démagogie de la chambre des députés.

Je n'eus connaissance de la note que je viens de rapporter que quelque temps après avoir reçu le traité du 25 mars. J'appris aussi que l'empereur Alexandre s'était éloigné du vicomte de Beauharnais, que celui-ci était retenu à Vienne par mesure de prudence, et même gardé à vue. Sa sœur, la duchesse de Saint-Leu, essaya sans succès d'arriver au cœur du czar en lui rappelant dans des lettres pressantes son ancienne amitié pour Joséphine. Le czar répondit avec son urbanité ordinaire, mais il persista sur le maintien de ses droits.

Il est vrai que pour balancer l'importance de ces actes, on prétendit que l'empereur de Russie s'était rendu chez l'archiduchesse Marie-Louise pour s'enquérir si elle voulait accepter la régence au nom de son fils ; que, dans ce cas, il écarterait les prétentions de la maison de Bourbon. La princesse lui aurait répondu qu'elle préférerait une vie calme, aux orages qui l'accableraient en France, et que son fils serait plus heureux à Vienne qu'à Paris. Je ne sais ce qu'il y a de vrai dans cette anecdote ; elle prit néanmoins de la consistance, puisqu'on me fit un rapport officiel où elle était relatée dans toutes ses particularités. Je ne m'y arrêtai pas, sachant que celui qui me le communiquait avait un grand intérêt à m'effrayer dans le but de se rendre nécessaire.

L'Angleterre, de son côté, ne tarda pas à se prononcer entièrement contre Buonaparte. Il y eut un message de la couronne, apporté le 8 avril au parlement des trois royaumes, par lequel le prince-régent annonçait qu'en conséquence de la révolution survenue en France, les armées de terre et de mer allaient être remises en activité pour se réunir aux forces des puissances alliées dans l'intérêt commun de l'Europe. Lord Castlereagh se prononçant pour mes droits légitimes, s'écriait dans cette assemblée nationale :

« Qui oserait dire que le retour de Buonaparte est un acte national? Il est incontestable que la France, subjuguée comme elle l'est par sa propre armée, conserve au moins en grande majorité des sentimens favorables à son auguste roi. »

La chambre des pairs et celle des communes approuvèrent lord Castlereagh, et furent d'avis qu'on se disposât avec véhémence à attaquer l'ennemi commun. Mais il n'y a jamais de satisfaction complète ; j'éprouvai un vif chagrin du *memorandum* qu'on fit joindre presque forcément au traité du 25 mars. On eut beau me dire que ce n'était qu'un moyen politique de neutraliser l'orgueil français ; je n'en ressentis pas moins ce qu'il avait d'injurieux envers moi, puisqu'il semblait remettre en question mon droit imprescriptible, reconnu dans le traité du 25 mars. Ce *memorandum* inopportum était rédigé en ces termes, et signé par le ministre anglais.

« Le soussigné, en échangeant les ratifications du traité du 25 mars dernier de la part de sa cour, a reçu l'ordre de déclarer que l'article 8 dudit traité, par lequel Sa Majesté Très-Chrétienne est invitée à y accéder sous certaines stipulations, doit être entendu comme liant les parties contractantes, sous des principes de sécurité mutuelle, à un commun effort contre la puissance de Napoléon Buonaparte, mais qu'il ne doit pas être entendu comme obligeant Sa Majesté Britannique à poursuivre la guerre dans le but d'imposer à la France aucun gouvernement particulier. Quelle que soit la sollicitude du prince régent pour replacer Sa Majesté Très-Chrétienne sur le trône de France, il se croit néanmoins appelé à faire cette déclaration conformément aux principes sur lesquels le gouvernement anglais a réglé invariablement sa conduite. »

Le prince de Talleyrand, en me communiquant ce *memorandum*, me fit part de tout ce qu'il avait tenté pour empêcher qu'il fût exprimé et rédigé. Il me manifesta la crainte qu'il y eût dans cette mesure l'arrière-pensée d'appeler au trône, à mon détriment, soit le prétendu roi de Rome, soit le duc d'Orléans. — Cette dernière supposition, ajouta-t-il, me paraît la plus probable. L'Angleterre croit peut-être que le duc d'Orléans offrirait plus de garanties à la révolution, mais c'est un erreur : le prince est lié avec elle par des rapprochemens trop intimes pour qu'elle ne soit pas plus exigeante envers lui qu'envers Votre Majesté.

Je pensais comme le prince de Talleyrand ; la conduite du duc d'Orléans me semblait propre à éveiller des soupçons. J'en avais été très-satisfait jusqu'au moment de notre séparation à Lille ; mais depuis, sa lettre au maréchal duc de Trévise, en date du 23 mars, ne m'avait nullement plu. Il y avait un parfum de républicanisme, et des concessions faites au principe de la souveraineté du peuple que j'étais loin d'approuver. Le prince, d'ailleurs, au lieu de me suivre à Gand, s'était retiré en Angleterre. Il paraissait vouloir, par là, faire cause à part, et s'isoler des efforts que je tenterais pour ressaisir ma couronne, afin, sans doute, qu'on ne pût dans aucun cas l'en rendre responsable. C'était peut-être de la prudence, mais j'aurais autant aimé plus de franchise.

Cette retraite du duc d'Orléans, en Angleterre, jointe au *memorandum* obscur du cabinet de Londres, me donnait de vives inquiétudes, j'en fis l'objet de plusieurs notes diplomatiques, mais je n'en obtins rien de satisfaisant.

Quoi qu'il en soit, un fait ressortait par-dessus tous les autres : la coalition était déterminée à ne traiter à aucune condition avec Buonaparte. Je voyais un développement de forces immenses contre l'usurpateur, et cela me rassurait sur l'intérêt de ma cause. Voici en quoi ces forces consistaient :

L'autriche, sur le Rhin et en Italie, avait en ligne, commandée par le prince Schwartzenberg, et par le général Bianchi.	350,000
La Russie, en Allemagne et en Pologne.	325,000
A reporter .	675,000

15.

Report.	675,000
La Prusse, en ligne, la première.	250,000
L'Angleterre, la Belgique avec la Hollande, le Hanovre et le Danemarck.	130,000
La Hesse électorale.	10,000
Les rois et les princes d'Allemagne.	150,000
Le duché de Brunswick, la principauté d'Oldenbourg, des villes anséatiques.	5,350
Les landwers des divers États, au moins.	300,000
L'Espagne et le Portugal.	60,000
Le Piémont.	40,000
Total.	1,620,350

Sans compter la Suède, le pape, la Sicile, qui, en cas de besoin, auraient aussi fourni leur contingent, ou quand même on n'eût mis en jeu que les deux tiers de ces forces colossales en mouvement; il était impossible que Buonaparte pût en opposer de suffisantes à les repousser, d'autant que le plan des alliés consistait à l'attaquer par toutes les frontières en cas de besoin, et que, par là, il lui faudrait, de toute nécessité, diviser à tel point ses troupes, que de leur faiblesse numérique il ne pourrait plus retirer aucun avantage.

Il n'avait, au moment de son invasion, qu'un seul allié, c'était Murat, et celui-ci, par l'impulsion de la Providence, au lieu d'attendre le moment où son chef lui dirait d'agir, se précipita seul en avant par la folie la plus étrange. Il défia, avec ses Napolitains, les forces de l'Autriche en première ligne, et celles de la coalition qui l'auraient combattu s'il eût été vainqueur.

Le pape abandonne Rome, qui est occupée momentanément; la Toscane est dépassée; les Napolitains se répandent dans la Haute-Italie, et sont déjà aux portes de Plaisance : mais des revers rapides suivent cet heureux début; la citadelle de Ferrare résiste; les Anglais cessent de garder la neutralité observée jusqu'alors envers Murat; une concentration de forces devient nécessaire au soldat-roi, qui commence à craindre les conséquences de sa témérité! Battu par les Autrichiens à Tolentino, il ne lui est plus permis de soutenir la lutte. Il veut effectuer sa retraite, et son armée se débande. Il fuit alors vers sa capitale, escorté par quatre lanciers, et en revoyant sa femme, à laquelle il doit sa couronne : « Madame, dit-il, je n'ai pu mourir!... »

Murat voit ses sujets se soulever de toutes parts, on redemande Ferdinand III. Il doit abandonner Naples, et se réfugier en France, où un ordre sévère de Buonaparte, irrité de sa précipitation imprudente, l'arrête dans la Provence, et lui interdit l'entrée de Paris.

Je ressentis une joie bien vive de cet événement qui revelait le trône d'un des membres de ma famille, et je vis que bientôt ma couronne me serait restituée. Je crus, à cette époque, devoir adresser un manifeste à la France, afin qu'elle revînt à moi avant que le fléau de la guerre vînt encore l'écraser.

Je disais, dans cette pièce importante, que l'Europe ne doutait pas de l'affection qui liait les Français à leur monarque; qu'une armée infidèle, en trahissant leur roi, ne leur avait pas permis de faire éclater leurs sentimens véritables; que, pour punir les rebelles, et assurer à la légitimité le libre exercice de ses droits, les puissances de l'Europe avaient signé, le 25 mars, un traité par lequel Buonaparte était déclaré l'ennemi du trône, et où la résolution était arrêtée de ne poser les armes qu'après l'irrévocable destruction de son pouvoir, et la dispersion des factieux et des traîtres.

J'ajoutais :

« Français, le roi a trop pardonné peut-être,
» et cependant il est aussi impossible à Louis XVIII
» de ne pas faire grâce que de ne pas faire justice ;
» que l'innocence elle-même accueille encore le
» repentir ; que la fidélité persuade et ramène ;
» que les sujets loyaux ouvrent les rangs à tous

» ceux qui sont dignes d'y entrer ; et, d'un autre
» côté, que les complices du grand coupable met-
» tent à profit le temps qui leur est accordé pour
» avoir quelque chose de méritoire à offrir à leur
» souverain légitime. Que tout le monde sache et
» reconnaisse qu'il est des temps où la persévé-
» rance dans le crime est une faute qui ne mérite
» point de pardon. Méfiez-vous, et des piéges
» qu'on veut vous tendre, et des rôles qu'on vou-
» drait vous désigner dans la parodie de ces as-
» semblées qui jadis attestèrent la liberté sauvage
» de vos ancêtres, mais dont le spectacle déri-
» soire n'a pour but aujourd'hui que de vous
» rendre la proie du plus vil esclavage entre le
» despotisme anarchique et la tyrannie militaire. »

J'achevais en rappelant aux Français la douceur de mon règne, et en me représentant comme le seul médiateur dans la circonstance, le seul capable de défendre mon royaume contre les prétentions étrangères, justifiées en quelque sorte par la nouvelle révolution. Il me revint de l'intérieur que cette pièce avait produit un bon effet. Le duc d'Otrante mandait à Monsieur ces paroles remarquables.

» On cherche en vain à consolider l'usurpation ;
» elle s'écroulera avant peu. Buonaparte veut sé-
» parer l'empire de la monarchie ; il se perd. Celui
» qui prétend être souverain par la volonté du
» peuple ne sera jamais qu'un dictateur tempo-

» raire. Je n'ajourne pas à six mois la chute de
» Buonaparte. »

Cette correspondance écrite sur ce ton charmait les royalistes de Gand. Le vicomte de Châteaubriand m'adressa aussi un rapport plein d'éloquence et de hautes vues sur la situation présente. Il était conçu de manière à me donner également l'espoir d'un retour prochain. Ma position offrait des embarras que j'avais hâte de faire disparaître. Le roi des Pays-Bas craignait que ma présence dans ses États y amenât la guerre, et en ceci il n'avait pas tort. Buonaparte tournait ses efforts de ce côté : son armée se rassemblait sur la frontière belge pour me chasser de ce royaume. Ses émissaires tâchaient d'obtenir par la frayeur de mes plus fidèles serviteurs ce qu'aucune négociation ne lui aurait procuré.

On répandit autour de moi les nouvelles les plus sinistres. Il y avait des momens où l'épouvante était au comble dans mon intérieur, où on me conjurait d'aller chercher un asile plus sûr en Angleterre. Je résistai à ces prières, mais je donnai à Monsieur la liberté de se retirer où il voudrait, en attendant la fin des événemens. Il refusa d'abandonner ma personne ; et j'avoue que je l'aurais vu avec peine s'éloigner de Gand.

Je recevais aussi de Paris des avis non moins effrayans. Il y avait dans cette ville des royalistes disposés à prendre pour article de foi toutes les rêveries de quelques fanatiques ou les mensonges des jacobins : alors on se remuait ; on m'envoyait des courriers, des émissaires, qui, chacun, avaient à me faire une révélation d'où dépendait au moins ma vie et celle des miens. Mais ces révélations n'étaient pour la plupart que des *on dit* ou des fables assez ridiculement fabriquées.

Je n'ai jamais vu autant de sauveurs du roi et du royaume qu'auprès mon retour de Gand. Je me rappelle que l'un d'eux prétendit être le premier qui avait annoncé au château le débarquement de Buonaparte. Je lui fis demander s'il avait la prétention d'être plus agile que le télégraphe. Ce n'était pas du reste le seul service dont il se glorifiait ; car, du 5 au 20 mars, il avait détourné dix ou douze fois le poignard dirigé contre moi et contre Monsieur. Enfin, La Châtre, auquel ce sauveur s'était particulièrement accroché, finit par lui dire :

— Monsieur, vous devriez fixer le nombre de vos actions héroïques, car le roi se trouverait bientôt dans l'impossibilité d'en récompenser aucune.

Le sauveur quitta le château et se plaignit de l'ingratitude royale ; certes, il en avait bien le droit.

Buonaparte, cependant, recommençait en France *les saturnales de la royauté*. On sait à qui j'emprunte cette belle expression. Il s'était redonné une cour et des sujets fidèles, il avait revêtu son costume de théâtre, et charlatan habile, on ne peut en disconvenir, il m'escamota un certain nombre de mes dévoués, notamment le baron Constant de Rebecque. Celui-ci, alléché d'abord par l'offre qu'on lui fit d'accepter de sa main une de ces mille constitutions qu'il fabriquait avec madame de Staël, céda ensuite aux trente-six mille francs dont on rétribuait ses nouvelles fonctions de conseiller d'État.

Une femme qui m'était attachée l'en plaisantait avec vivacité. M. de Constant était embarrassé pour se défendre, lorsque M. de Courchamp, aussi spirituel que bon royaliste, lui dit :

— Baron de Rebecque, confondez madame par une citation.

— Laquelle, monsieur ?

— Et mais, dans le *Barbier de Séville*, quand Basile répond aux reproches de Bartholo... vous savez bien.... *Ce diable d'homme a toujours les poches pleines d'argumens irrésistibles.*

Ce badinage porta coup, car M. de Constant ne se donnait gratis à aucun parti, bien qu'il fît grand bruit de la pureté de son désintéressement.

Le duc d'Otrante me contait plus tard qu'ayant fait compliment à Buonaparte de la conquête du baron de Rebecque, il lui avait répondu :

— Celui-là n'a pas échappé à ma caisse d'amortissement, et j'espère qu'il en sera de même de tous les aboyeurs, que je compte faire taire.

Buonaparte avait raison, il n'y a guère de résistance politique dont on ne triomphe avec de l'argent.

Les articles additionnels furent publiés ; les hommes les moins habiles y reconnurent l'ancien despotisme, qui se montrait déjà. Vinrent ensuite les farces du Champ-de-Mars, jonglerie en plein air, où Buonaparte fit maladroitement le roi de théâtre, où Lucien découvrit non-seulement le bout de l'oreille ; mais encore son ambition tout entière, républicain superbe qui disparut devant le très-humble serviteur d'une royauté usurpée. Ces folies criminelles des cent-jours eurent du moins pour moi cet avantage que les masques tombèrent, et que je sus désormais sur qui ne pas compter.

Buonaparte voulut me singer en créant une chambre des pairs à la place de son sénat, qui n'offrait plus que des ruines. Plusieurs pairs que j'avais nommés eurent la faiblesse condamnable de consentir à siéger dans cette chambre illégale. Je les en punis plus tard en ne les admettant pas dans la mienne.

La chambre des représentans, qui ne représentait personne, car les nominations eurent lieu entre une vingtaine d'électeurs dans chaque collége, se montra, non pas souple comme l'ex-Corps-Législatif l'avait été envers son créateur, mais hostile dès son début. Elle signala surtout son origine démocratique en demandant la suppression des titres. Ce premier acte annonçait ce qu'elle serait plus tard.

Tandis que Buonaparte se préparait à combattre, la coalition, de son côté, se mettait en mesure de l'écraser ; il essaya par toutes les voies possibles d'entrer en négociation avec les alliés ; mais je n'écrirai pas son histoire diplomatique, me contentant de dire qu'il n'eut que des refus de tous côtés. Vainement il offrit ces concessions déshonorantes qu'un usurpateur peut seul accorder ; on ne daigna pas lui répondre, et en aucune cour ses agens officiels ne furent admis. Sa rage n'eut plus de bornes ; j'ai su positivement que dès lors il forma le projet, si la victoire se déclarait en sa faveur, de renverser tous les souverains et de s'emparer de leurs états. C'était justifier le propos : avant dix ans, avait-il dit, ma dynastie sera la plus ancienne de l'Europe.

Parmi les députés dont la présence lui fut pénible, il fallait placer au premier rang M. de Lafayette, à qui, par galanterie, je ne donnerai plus la qualification de Marquis. M. de Lafayette est un honnête homme, mais malencontreux ; il a toutes les formes monarchiques, et s'amuse d'une poupée qu'il appelle république. Son nom est un drapeau plus embarrassant que sa personne ; peut-être se servira-t-on de lui au besoin ; il est certain, du moins, qu'il ne saura jamais se servir des autres.

Buonaparte, en se faisant nommer empereur, avait cherché à se rallier à M. de Lafayette ; mais il ne put y parvenir. Dès lors, il le regarda avec méfiance, et s'il faut en croire le duc d'Otrante, il l'environna d'une surveillance occulte qui prit une nouvelle activité lors de la campagne de Moskou. Ce fut donc avec mécontentement que Buonaparte vit l'entrée de M. de Lafayette à la chambre des représentans.

— Il me cache quelque chose, disait l'usurpateur en parlant de M. de Lafayette, quelque chose qui me menace. J'ai, au reste, plus peur de son cheval blanc que de sa malice. Les gardes nationales se le rappellent encore, et ce vieux souvenir n'est pas sans puissance.

Il est certain que dans les rapports que je recevais, on me signala M. de Lafayette comme étant l'espoir d'un tiers-parti qui rêvait une république fédérative. Je remarquai que l'influence positive de ce personnage s'éteignit à ma seconde rentrée, et qu'il retomba dans cette nullité où il avait disparu au millieu des agitations révolutionnaires.

Buonaparte ne fut pas le seul à craindre ce qui pouvait sortir de la composition de la chambre des représentans. Je m'inquiétai aussi des doctrines jacobines, démagogiques et subversives de tout ordre social qui seraient professées par des énergumènes; je connaissais le danger qui résulterait plus tard du réveil de ces idées oubliées ou assoupies depuis quinze ans. Ce fut un danger irrémédiable, ces semences d'insubordination ont germé et font plus de mal aujourd'hui que l'échauffourée de Buonaparte n'en a fait à ma cause. Aussi, dans mes prières du soir et du matin, j'ajoutai une oraison pour que Dieu me délivrât des orateurs révolutionnaires.

Mais ils n'eurent pas le loisir de poursuivre leurs leçons incendiaires, tant les événemens se pressèrent avec rapidité : la coalition y mit bon ordre.

CHAPITRE XIII.

Préparatifs de guerre. — Où étaient en ce moment les membres de la famille royale. — Frayeurs. — Réponse du congrès à l'acte du conseil d'État impérial. — Efforts du roi pour la cause commune. — Insurrection de la Vendée. — Noms des chefs. — Fin des hostilités. — Commencement de la campagne. — Waterloo. — Ney et Grouchy. — Ce que dit le roi. — Faute de Buonaparte. — Adresse du duc d'Otrante. — La chambre des députés. — Liste des candidats au trône de France. — Besoins du moment. — Dispositions du roi. — Baron de la Rochefoucault. — Comte Malleville. — Note que le roi fait tenir au duc d'Otrante. — Seconde proclamation du roi. — Ce qui l'empêche de parler de Buonaparte.

La coalition poursuivit ses préparatifs avec d'autant plus de facilité qu'elle n'avait pas encore désarmé ses troupes. Les Anglais et les Prussiens néanmoins se trouvèrent les premiers en ligne; ceux-là, commandés par le duc de Wellington, ceux-ci, sous les ordres du feld-maréchal Blucher. Leurs manœuvres s'opérèrent de telle sorte, qu'ils durent se réunir aux environs de Bruxelles.

A mesure qu'il devenait certain que les hostilités commenceraient sur ce point, les inquiétudes de ma cour augmentaient tant pour ma sûreté que pour la sienne. Rien ne m'a plus impatienté que la fidélité craintive. C'est la peur de nos amis qui nous fait passer pour timides. Qu'avais-je à redouter? J'étais à l'abri d'un coup de main ; la proximité des côtes de l'Océan rendait un embarquement facile. Madame Royale n'était plus avec moi : je l'avais d'abord accueillie en héroïne, en fille chérie ; mais pensant que sa présence en Angleterre serait utile aux intérêts de ma couronne, elle y était retournée d'après mon désir. Le *memorandum* me tourmentait, et je n'étais pas fâché que Madame Royale s'expliquât avec le prince régent sur ce point important.

Les Anglais admiraient dans madame la duchesse d'Angoulême le caractère ferme et supérieur qu'elle venait de déployer à Bordeaux. Le duc son mari était demeuré en Espagne, où il tenait en échec par le seul fait de sa présence le peu de troupes que Buonaparte avait rassemblées au revers des Pyrénées. Le duc de Berry, dont je m'efforçais de contenir l'impatience chavaleresque, allait et venait de Gand à Alost, dirigeant un corps de volontaires royaux qui chaque jour prenait un nouvel accroissement. Le duc de Bourbon était en Espagne, d'où, à ma rentrée, il ne se pressa pas de revenir. Son père, M. le prince de Condé, habitait tantôt Gand, tantôt Bruxelles. Son Altesse Sérénissime le duc d'Orléans était à Twickenham ; mon frère seulement me tenait constamment compagnie et m'aidait à soutenir le poids des affaires.

Il m'était donc facile de partir au premier éveil qui me serait donné, et j'attendais l'issue de la campagne prochaine avant de rien décider. Je pouvais me livrer à l'espérance, les alliés se maintenaient dans la résolution de ne point traiter avec Buonaparte. Le Conseil-d'État de ce dernier avait répondu à la déclaration du 13 mars par une pièce empreinte de l'esprit démagogique de la souveraineté du peuple et de cette propagande si odieuse aux têtes couronnées. Cet acte intempestif provoqua une réplique dans laquelle on lisait les passages suivant :

.... « Les puissances n'avaient considéré, dans
» leur déclaration du 13 mars, l'entreprise de
» Buonaparte contre le roi de France que comme
» un attentat à main armée que toutes les législations punissent des peines les plus sévères. Les
» événemens qui avaient rendu momentanément
» à Buonaparte l'exercice du pouvoir changeaient
» de fait la situation, mais ne la modifiaient pas
» de droit. Le droit des souverains alliés d'intervenir dans la question du régime intérieur
» de la France était d'autant plus incontestable,
» que l'abolition du pouvoir que l'on prétendait
» y rétablir était la condition fondamentale du
» traité du mois de mars 1814 ; que de l'acceptation par la nation française du traité et de la
» déclaration des alliés de ne plus avoir de rela-

» tion avec Buonaparte résultait pour elle la con-
» dition fondamentale de ne plus rétablir le pou-
» voir que les alliés avaient proscrit ; qu'abolir
» cette clause inséparable du traité de Paris,
» c'était rompre ce traité et créer le droit d'inter-
» vention des alliés... La liberté d'une nation de
» changer son système de gouvernement doit
» avoir de justes limites ; et, si les puissances
» étrangères n'ont pas le droit de lui prescrire
» l'usage qu'elle fera de sa liberté, elles ont au
» moins celui de protester contre l'abus qu'elle
» pourrait en faire à leur préjudice. Pénétrées
» de ce principe, les puissances ne se croient pas
» autorisées à imposer un gouvernement à la
» France, mais elles ne renonceront jamais au
» droit d'empêcher que, sous le titre de gouver-
» nement, il s'établisse en France un foyer de
» désordre et de bouleversement pour les autres
» États.... Cet homme (Buonaparte) n'a d'autres
» garanties à proposer à l'Europe que sa parole.
» Après les plus cruelles expériences de quinze
» années, qui aurait le courage d'accepter ces
» garanties ? La paix, avec un gouvernement
» placé en de telles mains et composé de tels
» élémens, ne serait qu'un état perpétuel d'in-
» certitude, d'anxiété et de danger. Aucune
» puissance ne pouvant effectivement désarmer
» les peuples, ne jouirait d'aucun des avantages
» d'une véritable pacification. Rien ne serait
» stable dans les relations politiques, un sombre

» mécontentement planerait sur tous les pays,
» et, du jour au lendemain, l'Europe en alarme
» s'attendrait à une nouvelle explosion.... La
» plus grande partie des envahissemens et des
» réunions forcées dont il a successivement formé
» ce qu'il appelait le grand empire, a eu lieu
» pendant ces perfides intervalles de paix, plus
» funestes à l'Europe que les guerres même dont
» il l'a désolée... »

Cette proclamation, dont je suis loin d'approuver tous les principes, apprit à Buonaparte qu'il ne lui restait plus d'autre ressource que la victoire. Il n'eut donc qu'à se préparer à la guerre. Je ne pouvais, de mon côté, entrer en ligne avec mes faibles ressources militaires, et pour y suppléer utilement, j'avais par mes émissaires appelé de nouveau la Vendée à la défense de la religion et de la monarchie.

Ce que le duc de Bourbon n'avait pu faire avant le 20, où tout paraissait plus facile, de simples gentilshommes mieux secondés sans doute l'obtinrent de leurs concitoyens. MM. Auguste de La Rochejacquelin, de Suzannet, de Sapineau, d'Autichamp, d'Andigné, de Boisguy, Sol de Grissoles, de Maynard, de Begay, de la Legardière aîné, de Vaugerand, Robert, Desabayes, d'Ambrugeac, de Secillon, de Coislin, de Courson, de Charrette, de Cadoudal, Duchaffault, de Saint-André... et nombre d'autres dont les noms devraient se trouver au bout de ma plume comme la reconnaissance de leurs services est dans mon cœur, levèrent, vers le 15 mai, l'étendard de l'insurrection dans le Poitou, l'Anjou et la Bretagne. Leur courage et leur dévouement auraient été couronnés de succès si l'on n'eût dirigé contre eux des forces nombreuses sous le commandement des généraux de Laborde, Lamarque et Travot, et si en même temps des négociations perfides conduites avec une habileté astucieuse ne fussent venues paralyser tant de généreux efforts.

Là, périt le comte Auguste de La Rochejacquelin, ce second héros de sa noble maison. Cette perte irréparable me coûta des larmes, et je partageai vivement la douleur de son illustre femme déjà veuve du marquis de Lescure mort pour la même cause.

Le résultat de cette guerre terminée si rapidement se confondit heureusement avec la victoire éclatante de Waterloo. Plus tard elle me fit réfléchir, et je commençai à me persuader que chaque chose a son terme, et que ma famille ne devait plus autant compter sur les ressources que pouvait offrir la fidélité énergique des Vendéens. Les funestes idées démagogiques repoussées pendant la guerre s'étaient propagées durant la paix jusque dans le fond du Marais et du Bocage, et en avaient perverti les habitans. La civilisation est le règne de l'égoïsme, rien ne refroidit plus l'enthousiasme et l'amour que le raisonnement.

La Providence avait décidé que ce ne serait pas l'Ouest de la France qui fixerait ma destinée. Les coalisés étaient en ligne, et Buonaparte reconnut qu'il n'avait pas de temps à perdre pour les attaquer utilement. En conséquence, vers le milieu de juin (le 12), il quitta Paris, où s'agitait la chambre turbulente des députés, et se rendit à son armée, son unique ressource. Buonaparte le savait, et cela diminuait sa confiance; il lui fallut d'ailleurs se convaincre que si le soldat le servait toujours avec enthousiasme, il n'en était pas de même de la masse des officiers et des généraux fatigués de guerres dont ils ne pouvaient plus prévoir le terme, et qui s'étaient d'ailleurs accoutumés aux douceurs de la paix.

Les hostilités commencèrent le 15 juin. Buonaparte fut d'abord heureux, on aurait dit que la fortune voulait lui rendre plus amère le contraste de son bonheur présent avec les revers effroyables qui allaient suivre.

Il répugne à mon cœur paternel de raconter les détails de cette campagne, qui se termina le troisième jour à Waterloo. Les français, quoique rebelles, ont eu trop à souffrir dans cette circonstance, pour que je m'appesantisse sur un succès qui m'a rendu ma couronne. Je renvoie donc le lecteur aux diverses histoires de la campagne de 1815.

Je me contenterai de faire remarquer que le maréchal Ney, qui me trahit si indignement, que le général Grouchy, qui mit tant d'insistance à retenir mon neveu prisonnier contre le droit des gens, causèrent la perte de la bataille de Waterloo; ils ont cherché à s'en justifier, mais chez l'étranger l'opinion sur ce point leur est entièrement contraire.

J'éprouve également de l'embarras à peindre ce que je ressentis en apprenant que les alliés avaient remporté cette bataille célèbre ; c'était à la fois de la joie et de la douleur, car si je recouvrais mon trône, combien n'avais-je pas à déplorer les flots de sang français qui avaient coulé dans le combat !

Mais avant de rapporter ce que je fis, et ce qui eut lieu autour de moi dans cette circonstance extraordinaire, je m'occuperai d'abord des événemens qui se passèrent à Paris. J'ai besoin de faire connaître en entier les manœuvres qui firent entrer un régicide dans un des ministères de la restauration.

Aussitôt qu'on apprit la défaite de Buonaparte, l'action du pouvoir passa des mains de celui-ci et de ses dévoués, dans celles de son ennemi implacable, le duc d'Otrante, qui, avec une habileté supérieure, s'empara de l'événement, le domina, et en fit sa propriété. Buonaparte l'aida beaucoup par l'abandon instantané des débris de son armée, et sa venue subite à Paris. S'il fût resté avec ses soldats, on n'aurait vu en lui qu'un guerrier malheureux pour la première fois sur un champ de bataille, et qui, une seconde, pouvait prendre sa ravanche. Il serait demeuré inattaquable aux intrigues de l'intérieur ; aucun individu, aucun corps constitué n'aurait osé lutter avec lui tant qu'on l'aurait vu aussi bien entouré.

Mais Buonaparte à l'Élysée, seul, sans le prestige de sa gloire, sans l'escorte de ses braves, semblait déjà reconnaître son impuissance à se maintenir. Ce n'était plus le grand capitaine des temps passés, mais un homme ordinaire dont la destinée dépendait de tous ceux qui voudraient s'en occuper. Cela est si vrai, que, dès son arrivée à Paris, son autorité disparut par lambeaux, ses espérances s'évanouirent, ainsi que celles de ses partisans, tandis qu'avec eux, avec ses soldats, il aurait pu prolonger la résistance : et qui sait ce qu'il en serait résulté !

Le duc d'Otrante, en esprit supérieur, comprit l'avantage que Buonaparte lui donnait ; il en profita avec autant d'adresse que d'audace, et ce ne fut plus que le ministre de la police qui gouverna l'État. Il agit, intrigua, négocia, divisa, fit peur aux uns, promit beaucoup aux autres, embrouilla les démarches de l'opposition en appelant divers concurrens à ma couronne, et trompant tout le monde, moi aussi peut-être, il atteignit son but.

Quand je dis que le duc d'Otrante me jouait, tout en feignant de me servir, c'est que plus tard j'ai eu des données qui m'ont déterminé à le croire.

J'ai su qu'un de ses émissaires avait été chercher le duc d'Orléans en Angleterre, et que, de ce côté, le ministre de la police impériale n'avait rien négligé pour obtenir ce qu'il voulait. Cette négociation manqua. Est-ce par la résistance du duc ou par la rapidité avec laquelle je vins m'emparer de mon trône, tandis qu'on s'enquérait encore de l'individu qu'on y placerait à mon détriment?

Dès que la chambre des représentans sut que Buonaparte était à l'Élysée, elle voulut sa déchéance ou son abdication. Que prétendait-elle mettre à sa place? un roi, un dictateur, une république? C'est ce qu'on ne peut décider. Il y a en France un besoin de mouvement qui porte à bouleverser tout ce qui existe plutôt que de rester dans l'inaction, quoique d'ailleurs on ignore de quelle manière et par quoi on le remplacera. Or, puisque Buonaparte cessait d'agir, c'était à la chambre à se remuer à son tour. En conséquence, elle se mit à fabriquer une constitution sans en avoir le mandat, sans savoir à qui elle conviendrait. N'importe, c'était une manière de passer le temps, et cela suffiait.

D'une autre part, les ambitions, les avidités particulières ne restaient pas en repos. Chacun chercha quel gouvernement ou quel chef lui donnerait le plus davantages. Les uns se rattachèrent à la république défunte, les autres demandèrent le duc d'Orléans, ceux-ci le prince Eugène, ceux-là le roi de Rome. Lucien Buonaparte eut aussi ses partisans, qui en auraient fait le président d'une république fédérative; certains pensèrent au roi de Saxe qui eût cédé, en retour de la belle couronne de France, ses états héréditaires à la Prusse; le nom de Charles-Jean fut aussi prononcé, celui du prince d'Orange; et Dieu me pardonne, je crois qu'on alla jusqu'en Chine s'informer si quelque mandarin n'aurait pas de titres à faire valoir. Ce fut un scandale étrange, et qui n'eut pas son pareil.

Au milieu de ces complots mort-nés, de ces intrigues de tous genres, une grande pensée dominait, celle de paralyser le plus possible l'ascendant de l'étranger. C'était là ce qu'on voulait en France, ce que je souhaitais aussi. Mais on se trompait sur les moyens d'y parvenir. On se figurait que je reviendrais enflammé de vengeance, ardent à punir, et ne reprenant le sceptre que pour en faire sentir le poids; on s'attachait donc à me repousser.

Je voyais mieux que personne la situation des choses; je comprenais la nécessité d'une indulgence étendue, et tempérée seulement par quelques rigueurs indispensables; ma clémence interviendrait toujours à temps pour désarmer ma sévérité. Je savais que dans ces temps de combustion il ne faut pas trancher dans le vif. Il est vrai que j'avais avec moi des hommes implacables, parce qu'ils étaient faibles. Ceux-là prétendaient rendre aux autres la frayeur qu'ils avaient eue, et ils voulaient surtout que je les rassurasse sur leur tranquillité à venir par une fermeté dont eux-mêmes étaient dépourvus.

Je crus urgent de faire connaître mes intentions à quelques personnes en mesure de les répandre à Paris. Je mis en mouvement le baron de La Rochefaucauld, l'un des plus honnêtes hommes de l'époque, et dont l'attachement à ma famille ne s'est jamais démenti ; puis le comte Maleville, qui dès la restauration avait donné des gages de son royalisme, et quelques autres qui se dispersèrent dans Paris, où ils firent connaître la vérité. Un de mes agens adressait en même temps au duc d'Otrante la note suivante, que j'avais dictée, et au bas de laquelle il y avait ces mots écrits de ma main :

Approuvant en tout son contenu, et comme exprimant ma volonté la pièce ci-jointe; signé, Louis.

« Le roi ne demande ni confiscations, ni sup-
» plices ; il tempèrera l'action de la justice, il
» comprimera les réactions, il maintiendra les
» articles organiques de la charte, et ne souffrira
» pas qu'aucun régime soit établi en contradic-
» tion avec elle. Ceux qui reviendront de bonne
» foi seront accueillis ; ceux qui veulent bouder
» encore, mais qui sauront être sages, on ne les
» inquiètera pas ; il n'y aura de sévérité qu'en-
» vers les hommes qui, persistant dans la révolte,

» s'aviseraient de demander que la couronne soit
» transmise à un usurpateur. Le roi veut le bon-
» heur de la nation, il veut lui éviter les du-
» res charges de la guerre, calmer les esprits,
» amortir les haines, réunir les cœurs en faisceau.
» Il récompensera tous les citoyens dont les efforts
» tendront à amener la concorde ; il écoutera avec
» attention les plaintes, les avis, les mécontente-
» mens qui s'exprimeront avec sincérité et respect;
» il désire être le père de tous et non d'un nom-
» bre déterminé ; il imposera silence à ceux qui
» voudraient être plus sévères que lui ; enfin, il
» tâchera d'oublier le passé à l'égard de tous ceux
» qui le serviront loyalement dans l'avenir. »

Le duc d'Otrante reçut cette pièce importante en même temps que ma seconde proclamation, datée de Cambrai du 28 juin, dans laquelle je disais :

« J'apprends qu'une nouvelle porte de mon
» royaume est ouverte, et j'accours pour adoucir
» les maux que j'aurais voulu prévenir... j'accours
» pour ramener mes sujets égarés, pour me placer
» une seconde fois entre les armées alliées et les
» Français, dans l'espoir que les égards dont je
» peux être l'objet tourneront à leur salut. C'est
» la seule manière dont j'ai voulu prendre part à
» la guerre. Je n'ai pas permis qu'aucun prince
» de ma famille parût dans les rangs des étrangers,
» et j'ai enchaîné le courage de ceux de mes ser-
» viteurs qui avaient pu se rallier autour de moi...

» Je veux tout ce qui sauvera la France... Je
» promets, moi qui n'ai jamais promis en vain
» (l'Europe entière le sait), de pardonner aux
» Français égarés tout ce qui s'est passé depuis le
» jour où j'ai quitté Lille jusqu'à celui où je suis
» rentré à Cambrai au milieu de tant d'acclama-
» tions. Mais le sang de mes enfans a coulé par
» une trahison dont les annales du monde n'offrent
» pas d'exemple. Cette trahison a appelé l'étranger
» dans le cœur de la France; chaque jour me ré-
» vèle un désastre nouveau. Je dois donc, pour
» la dignité de mon trône, pour l'intérêt de mes
» peuples, pour le repos de l'Europe, excepter
» du pardon les instigateurs et les auteurs de cette
» trame horrible. »

Ainsi, par un mélange de force et de douceur, je cherchais à intimider les factieux, et à rassurer ceux qui s'étaient seulement laissé entraîner à la suite de mes ennemis. Mais avant de rapporter ce qui se passa à ma cour dès ma sortie de Gand pour rentrer en France, il est utile de faire connaître rapidement les événemens intérieurs après l'abdication de Buonaparte. Je pourrais révéler des détails inconnus sur l'agonie de cette homme, mais il me répugne de traiter ce point. Je ne l'ai fait dans le cours de mes Mémoires que lorsque la clarté du récit m'a forcé à prononcer son nom. Je ne veux nullement devancer à son égard le jugement de la postérité. Une pudeur naturelle et les convenances dont je ne m'écarterai jamais ne me permettent pas de m'occuper de lui en ce moment.

CHAPITRE XIV.

Supériorité du rôle du duc d'Otrante en 1815, sur celui du prince de Talleyrand en 1814. — État de la France. — Les corps armés. — Les souvenirs révolutionnaires. — Les jacobins. — Les royalistes. — Les buonapartistes. — Les militaires. — Les timides. — Ce que le du d'Otrante avait à faire. — Les réprésentans. — Habileté du meneur. — Il apporte aux députés l'abdication de Buonaparte. — M. Dupin. — Sa proposition. — Le citoyen Mourgue agit en vain pour M. de Lafayette. — Nomination d'une commission de gouvernement. — La statistique morale. — M. de Lafayette joué. — Scène à la chambre des pairs. — Commission diplomatique. — Instructions publiques et secrètes qu'on lui donne. — Nouveau ministère. — Révélation curieuses sur les rapports du duc d'Otrante avec le duc de Wellington et le Prince de Metternich. — Avec le roi et Monsieur. — Cause qui détermine le roi à employer cet homme d'État. — M. Gaillard. — Désappointement de la commission diplomatique.

Si le rôle que le duc d'Otrante joua en 1815 a quelque ressemblance avec celui que remplit en 1814 le prince de Talleyrand, je dois dire que la gravité des circonstances donna la suprématie au premier. En 1814 la restauration arrivait sans encombre, sans embarras. A la lassitude du despotisme impérial succédait le besoin de la paix et d'un gouvernement paternel. Chacun en sentait la nécessité, et se flattait d'en retirer de l'avantage. Les alliés, d'ailleurs, occupaient Paris ; ils y pouvaient faire la loi, et la nation par l'inertie qu'elle avait opposée aux désastres de son oppresseur prouvait clairement qu'elle ne prenait pas un vif intérêt à sa cause : il y avait donc une certaine facilité à décider le fait de mon retour.

En était-il de même en 1815 ? Alors une armée rebelle envers son roi et renforcée par des troupes fraîches, des compagnies de partisans, des corps de fédérés formés à l'instar des hordes révolutionnaires, présentait des masses inquiètes, menaçantes, craignant la juste colère du roi et des bons citoyens. Les chefs, ayant encore plus à redouter que les soldats, étaient capables de se porter aux dernières extrémités pour empêcher mon retour, et de se ranger autour de la première bannière sédieuse qu'un ambitieux lèverait.

Les meneurs, pour me renverser et se maintenir à ma place, avaient eu besoin d'appeler les hommes de la révolution, d'invoquer ses souvenirs ; il en était résulté que le principe de la démagogie, du sans-culottisme, et celui de la souveraineté du peuple, avaient dû être remis en honneur et professés jusque dans le Conseil-d'État de Buonaparte. Quoique nouvellement nés, ces principes avaient eu le temps de corrompre un grand nombre de Français, surtout les jeunes.

gens, moins instruits et plus faciles à recevoir des impressions coupables.

Or, là où le jacobin relève sa tête impure, il y aura toujours trouble, révolte et témérité; les jacobins de 1815 se montrèrent d'autant plus audacieux, que, forts de mon premier pardon, ils recommencèrent leurs cabales contre moi. Les régicides graciés étaient rentrés en lice, leur conscience bourrelée leur disait trop le châtiment qu'ils avaient mérité, et pour le retarder il n'était pas de crimes auxquels ils ne fussent prêts à se porter.

Les buonapartistes, de leur côté, que j'avais en 1814 laissés à peu d'exceptions près dans toutes les places, et qui avaient reconnu ce bienfait en travaillant activement pour leur chef, ne pouvaient non plus se flatter que ma clémence ne se lasserait pas de tant d'ingratitude; aussi se cramponnaient-ils en quelque sorte à leurs fonctions, et rien ne leur eût coûté pour empêcher mon retour.

Il y avait aussi tant de militaires de tous grades compromis, que le désespoir de l'armée était à craindre; ceux-là aussi ne se sentaient pas dignes de mon pardon, et par conséquent je leur faisais peur. Les militaires sont, sans contredit, dans une nation, ceux qui désirent le plus ardemment poursuivre leur carrière. C'est une profession toute d'honneur, et cependant il n'y a pas un de ses membres qui, pour conserver son grade ou pour en obtenir un supérieur, ne s'abaisse à cette souplesse qui parfois dégénère en servilité.

Venait en dernière ligne la classe des timides, auxquels on fait faire des sottises en se servant avec adresse de leur frayeur ; on comptait parmi eux ces hommes habitués à se former une opinion sur celle des autres, à soutenir la république, l'empire et la royauté, selon l'impulsion qui leur est donnée ; gens nuls et incapables de rien par eux-mêmes, mais qui faisaient nombre et servaient d'appui aux téméraires, aux ambitieux.

Outre ces élémens de trouble, il en existait d'autres non moins dangereux. Ceux-là naîtraient de mes imprudens amis si calmes en face de mon adversaire, et qui allaient se montrer si virulens dès qu'il aurait disparu, et que les alliés se seraient avancés. Il était impossible d'espérer que leur pétulance ne nuisît pas à ma cause, que leurs menaces ne poussassent pas mes ennemis à une résistance plus opiniâtre. Le duc d'Otrante les connaissait bien, et certes il n'était pas moins embarrassé d'eux que des autres.

C'était en présence de ses obstacles, au milieu d'une ville où tant de gens vivent aux dépens des factions et du désordre, où les intrigans se font traîtres par besoin, que le duc d'Otrante allait procéder à mon rétablissement. Sa tâche, comme on le voit, était bien autrement difficile que celle du prince de Talleyrand en 1814, et il faut avouer qu'il s'en tira avec une supériorité qui laissa loin derrière elle ce qu'on avait fait précédemment pour moi. Certes il fallut un tel service de ce génie politique pour me déterminer à un acte que je déplorerai toujours, quoiqu'il fût indispensable. J'entre dans tous les détails de ce fait afin que de l'ensemble ressorte mon entière justification.

La chambre des pairs de Buonaparte, quoique composée dans le sens de la révolution, n'était pas redoutable. Ses membres, façonnés à la servilité, s'accommoderaient toujours de quiconque consentirait à les perpétuer dans leurs honneurs et leurs traitemens. C'était la chambre des députés qu'il fallait ménager, et conduire à bien sans qu'elle s'en aperçût, car elle était mal disposée. Les jacobins la dominaient, et elle aussi était atteinte de l'épidémie des constitutions. Ne s'avisa-t-elle pas aussitôt après la chute de Buonaparte, de se mettre à discuter une charte, des libertés et franchises en contradiction avec la mienne! Ce travail annonçait ses prétentions de rivalité avec ma personne, et surtout son projet d'imposer des conditions à celui qu'elle appellerait au gouvernement.

Le duc d'Otrante, auquel le pouvoir échut, par la force des choses, dès qu'il eut échappé des mains de Buonaparte, voulut aller porter lui-même l'acte d'abdication à la chambre dite des représentans. Par cette cédule, mon ennemi abdiquait en faveur de son fils, ce qui ajoutait aux embarras que je viens de signaler. Le duc d'Otrante avait donc besoin de repousser ce nouveau concurrent. Voulant en laisser l'initiative à la chambre, il lui conseilla seulement de nommer une commission de cinq membres, qui, chargée des instructions qu'on lui donnerait, se rendrait vers les souverains alliés afin de s'entendre avec eux sur la destinée du royaume et sur tous les points urgens qu'il y aurait à traiter. Le duc ne prononça pas le nom du fils de Buonaparte, et les représentans ne lui reprochèrent pas ce silence.

Le duc d'Otrante fut merveilleusement secondé ou du moins compris pas l'avocat Dupin aîné. Celui-ci se chargea de lever le lièvre en déclarant qu'une abdication pour être complète ne pouvait être conditionnelle ; que pour l'acceptation d'une couronne il fallait que la renonciation fût reconnue par les deux partis; que l'imposition d'un nouveau souverain rendrait la question complexe, et qu'en conséquence il faisait la proposition suivante :

« La chambre acceptera l'abdication de Napo-
» léon, se déclarera assemblée nationale, et nom-
» mera une commission de gouvernement. Une
» autre commission spéciale sera chargée de ré-
» diger une constitution, base du pacte que devra
» jurer le chef choisi par le peuple. »

Tout cela, certes, était encore séditieux en présence de mon droit légitime et de ma charte, et à part la proposition d'écarter la reconnaissance de Napoléon II, je ne sais sur quoi reposerait ma gratitude envers M. Dupin, qui, du reste, en tout ceci était l'organe des intentions secrètes du duc d'Otrante. Celui-ci, pour me mettre sous sa dépendance, voulait me prouver que ce n'était pas moi que la chambre des représentans rappellerait si on la laissait agir.

Le duc d'Otrante avait un autre projet qu'il gardait en dernier ressort, dans le cas où je refuserais de m'accommoder avec lui, ou que les événemens tournassent contre moi. C'était, à l'aide de la chambre des représentans et de l'avocat Dupin, de mettre un beau jour le duc d'Orléans à ma place. Je puis dire à ce sujet (1). . . . . .

. . . .

Comme la chambre des représentans ne demandait pas mieux que de se maintenir en rébellion ouverte, elle applaudit à la proposition. Dupin, saisissant la balle au bond dans l'intérêt de la république, proposa encore la nomination provisoire du maréchal duc de Tarente au commandement général des troupes de terre et de mer, et celle de M. de Lafayette au généralat et chef des gardes nationales. Si une telle proposition eût passé, elle aurait tout perdu. M. de Lafayette, une fois en possession du directoriat de l'élite de la nation, l'aurait dirigée dans le sens d'une fédération, dont peut-être il aurait fini par accepter la présidence.

Un vif débat s'ensuivit, on rejeta cette dernière

---

(1) L'éditeur a fait une coupure dans les mémoires du feu roi, plus tard on publiera le fragment important qu'il supprime. (*Note de l'éditeur.*)

proposition ; mais celle qui avait rapport à la constitution fut adoptée. Cependant, au lieu de nommer une commission chargée de traiter avec l'étranger, on en désigna une autre composée aussi de cinq membres, et qui gouvernerait en attendant mieux.

On alla au scrutin pour connaître le choix des représentans, lequel se bornerait à trois commissaires seulement, les deux autres devant être nommés par les pairs. Ici, la république l'emporta sur la constituante sa mère. M. de Lafayette, que certains mirent en avant, eut moins de voix que Carnot, le duc d'Otrante et le général Grenier qui furent élus au second tour de scrutin. Les pairs complétèrent la commission de gouvernement par le duc de Vicence, et Quinette, alors conseiller d'État.

Sur ces cinq hommes, trois étaient régicides ; je pourrais accuser le quatrième d'avoir pris part à l'assassinat du duc de Berry ; quant au cinquième, le comte Grenier, c'était un brave militaire, recommandable par de grands services, et qui aurait mieux fait de ne pas se trouver là. M. de Lafayette reçut la mission d'aller traiter de la paix avec les puissances coalisées.

Il devenait évident que le duc d'Otrante possèderait toute l'influence, l'austérité de Carnot et son patriotisme le rendant dupe de sa bonne foi. Le duc de Vicence, déclaré buonapartiste, n'inspirerait aucune confiance aux étrangers ni à la chambre des représentans. Le comte Grenier, bien connu à l'armée, mais nullement dans l'assemblée, n'avait pas eu le temps de s'y créer un parti; il serait donc forcé, quoique dirigeant, de suivre l'impulsion commune.

Il convenait au directeur suprême de ne pas s'endormir sur ce premier succès; il savait quels adversaires restaient à combattre. Buonaparte, Lucien son frère, et les militaires dont mon retour semblait devoir consommer la perte, ne se laisseraient tromper qu'à bon escient, et un coup de désespoir de leur part était à craindre. Mais le duc d'Otrante avait pris ses mesures; dans leur majorité, les pairs, voulant se ménager le pardon de leur faute, ne devaient point agir contre moi. En conséquence, la cause de Buonaparte et celle de son fils furent abandonnées par ceux que mon ennemi avait comblés de biens.

M. de Labédoyère prit seul sa défense, il la prit en énergumène qui a perdu la tête. Quoi qu'il en soit, malgré les efforts de Lucien, de Fermont, de Boulay de la Meurthe, la reconnaissance du droit prétendu du fils de Buonaparte fut éludée, grâce à l'adresse du comte de Pontécoulant, et on n'en parla plus.

Cet écueil évité, la commission de gouvernement nomma le ministère chargé de la seconder dans ses fonctions. Le frère de Carnot, général, et surnommé *Feulins*, je ne sais pourquoi, eut le ministère de l'intérieur, Boulay de la Meurthe celui de la justice, Pelet de la Lozère celui de la police; le portefeuille de la guerre fut conservé au maréchal Davoust, celui de la marine à Decrès, celui des finances, au duc de Gaëte, et celui du trésor au comte Mollien. J'oublie M. Bignon, dont on fit le ministre de ce qu'ils appelaient les relations extérieures, jadis les affaires étrangères.

Comme à cette époque tout devait marcher par cinq, on décida qu'une commission diplomatique composée aussi d'un pareil nombre de membres, irait vers les alliés pour tâcher de s'entendre avec eux. C'était une mission de dupe; on y fit entrer M. de Lafayette, M. d'Argenson, le général Sébastiani, le comte de Pontécoulant et M. de La Forêt. Ce fut M. Bignon qui rédigea les intructions de ces messieurs. Il y montra une haine contre ma famille que je lui pardonne, parce qu'elle a été impuissante. Ces messieurs, en acceptant cette charge, durent s'attendre que je leur en conserverais peu de reconnaissance, et cependant depuis ma seconde rentrée je sais qu'ils se plaignent de moi.

Un seul, parmi les cinq commissaires, reçut une instruction secrète; elle avait pour but d'obtenir des puissances qu'on appelât au trône le duc d'Orléans, dans le cas où on choisirait un roi de France dans la maison de Bourbon. Il ne fut pas possible au commissaire d'aborder ce point insolent; car dès que ses collègues essayèrent d'entrer en traité, on leur ferma la bouche en leur disant qu'il ne s'agissait pas de donner un roi à la France, mais bien de reconnaître la légitimité de celui qui régnait sur ce royaume, quoique banni momentanément par la révolte et la trahison.

Dès que le duc d'Otrante fut placé à la tête du gouvernement provisoire, il se hâta de se mettre en communication directe avec le duc de Wellington ; il le fit avec une franchise d'emprunt si persuasive, que le noble lord s'y laissa prendre, et crut à tout ce qui lui vint de ce côté. Il ne vit plus que par les yeux du duc d'Otrante, adopta ses idées, ses plans, et cet engouement eut pour moi de pénibles résultats.

Le premier soin du duc d'Otrante fut de persuader au généralissime anglais deux points : le premier, que la France ne s'était soulevée que pour se soustraire à l'administration du comte de Blacas ; la second consistait à insinuer que lui, duc d'Otrante, était d'une nécessité indispensable au retour du bon ordre, à l'affermissement de la royauté ; qu'il serait l'intermédiaire forcé entre l'ancien et le nouveau régime ; qu'ayant donné des garanties à chacun, il serait l'homme de tous, et que sa présence au ministère en assurerait la stabilité. Lord Wellington, qui n'apporte pas dans le cabinet sa supériorité militaire, se laissa amorcer par ces argumens. Dès lors, il s'attacha étroitement au duc d'Otrante ; induisit sa cour en erreur, et entraîna la diplomatie européenne, qui, en cette circonstance, marcha un peu trop à sa

18.

suite, éblouie qu'elle était par la victoire que le duc de Wellington venait de remporter.

Il fut soutenu en outre par le prince de Metternich qui en voulait secrètement au prince de Talleyrand. M. de Metternich avait d'ailleurs de la reconnaissance pour le duc d'Otrante, qui, en 1809, évita de le faire arrêter comme Buonaparte lui en avait donné l'orde, et l'instruisit même du danger qu'il courait. Dès ce moment, il y eut entre ces deux personnages, comme j'ai déjà dit, je crois, des rapports intimes et mystérieux. Le duc d'Otrante donna parfois de bons conseils dont le directeur du cabinet autrichien fit son profit. Cette amitié se fortifia en 1815 par les picoteries qui avaient eu lieu entre le prince de Talleyrand et M. de Metternich. La diplomatie de mon ambassadeur devait nécessairement se trouver contraire à celle du ministre autrichien ; il en résulta, des deux côtés, de la froideur et une sorte d'émulation à se nuire, du moins indirectement. M. de Metternich ne pouvait donc trouver une meilleure occasion de mystifier le prince de Talleyrand, qu'en faisant arriver le duc d'Otrante à marcher de pair avec lui sous le gouvernement de la restauration.

Qu'on ajoute à ceci Monsieur tout engoué du duc d'Otrante, et se figurant que si on l'eût employé, Buonaparte ne serait pas revenu ; puis, les amis de mon frère, avides du renvoi de Blacas ; enfin, moi-même, trompé, entraîné par une série de faits, d'intrigues, de trames adroitement colorées ; peu satisfait de l'ensemble de mon ministère, ne voulant passer ni sous la tutelle du prince de Talleyrand, ni sous la domination littéraire du vicomte de Châteaubriand ; moi, courroucé contre mon cabinet dont la fidélité revêtait les formes de la violence, et qui, en même temps, attaquait Blacas avec une véhémence injurieuse ; qu'on pèse, je le répète, tous ces faits, et on aura la réunion complète des ressorts qui furent mis en usage pour parvenir à imposer au frère de Louis XVI un homme qui avait conduit ce monarque vénérable à la mort.

Il est facile, sans doute, de blâmer ma détermination ; mais pour me juger avec justice, il aurait fallu s'être trouvé dans une position semblable à la mienne ; et comme nul n'a été dans ce cas, personne ne peut décider la question. Néanmoins, je sens la force des reproches qu'on se croit en droit de m'adresser ; je conviens que peut-être j'aurais dû fermer les yeux à ce qui me paraissait évident, me raidir contre l'exigence universelle... Mais j'avais tant à cœur de sauver la France, que, ce jour-là, je m'immolai à elle en lui sacrifiant jusqu'à mon honneur ; je ne pense pas qu'après cet aveu on puisse exiger davantage de mon humilité ; je laisse d'ailleurs à la postérité le soin de prononcer en dernier ressort sur ce grand acte politique.

Le duc d'Otrante ne négligea pas de s'adresser

à moi directement. Il m'envoya un de ses hommes, ancien oratorien comme lui, qui ne manquait ni d'esprit ni d'adresse. Celui-ci se chargea des dépêches de son patron et de celles du baron de Vitrolles, qui, arrêté à Toulouse, avait été remis à la garde du colonel Noël Girard, et amené à Paris, d'où Buonaparte l'avait fait conduire dans la prison de Vincennes. Le premier soin du duc d'Otrante fut d'en faire sortir M. de Vitrolles, et de lui rendre la liberté. Cependant, M. Gaillard, l'émissaire du duc d'Otrante, ne put arriver jusqu'à Gand à cause des obstacles matériels que lui opposa l'armée des coalisés. Il me rencontra sur la route, et comme déjà j'étais assez avancé sur le territoire français, je causai avec lui, et je dus déduire des renseignemens qu'il me fournit, que l'exaspération était encore extrême à Paris. Je crus donc devoir retarder ma rentrée : ceci était la suite d'une intrigue secondaire du duc d'Otrante; j'y reviendrai.

Les commissaires du gouvernement provisoire avaient quelques espérances de succès, fondées sur la jalousie du czar, relativement à l'ascendant que l'Angleterre prenait sur la France, ascendant qui, prétendait-il, s'étendait jusque sur mes résolutions. Mais les commissaires furent promptement détrompés, car la première conférence qu'on leur accorda leur démontra jusqu'à l'évidence qu'ils tenteraient vainement de me repousser. Le plus acharné à me nuire, après M. de

Lafayette, fut le baron Benjamin Constant. Celui-là, sans doute, pour expier son adresse du 19 mars, se jeta dans les rangs de mes ennemis avec une fureur non motivée. Secrétaire de la commission diplomatique, il s'en montra le séide, mais Dieu ne lui permit pas de me faire le mal qu'il préméditait. Lord Steward, dès que la discussion eut été engagée, se leva, et se déclara sans pouvoir pour traiter une question à mon désavantage. Cet incident rompit sur-le-champ la conférence, et les cinq envoyés et leur digne secrétaire s'en retournèrent avec leur courte honte.

CHAPITRE XV.

Le roi raconte les événemens qui suivèrent la bataille de Waterloo. — Récit des moyens employés pour le séparer du comte de Blacas. — Fragmens de lettres du czar. — Députation française dirigée contre le roi. — Ce que le duc de Wellington dit à la députation au sujet du duc d'Orléans. — Cause de l'inquiétude du roi. — Détails de sa séparation avec le comte de Blacas. — Le roi se venge sur son conseil. — Détails curieux. — Intrigues royalistes. — Ce que le roi pense du comte de Vaublanc. — Le petit livre. — Lumières que le roi reçoit du prince de Talleyrand. — Démarches faites en faveur d'un personnage à son insu. — Le roi va à Cambray. — Pourquoi il se hâte de placer le prince de Talleyrand à la tête de son ministère. — Manœuvres révélées relativement au comte Pozzo di Borgo. — Besoin que le roi éprouve de rentrer en France. — Animosité des chambres contre les Bourbons. — Duplicité du duc d'Otrante. — Carnot est joué par lui. — Capitulation de Paris. — Le roi envoie le baron de Vitrolles au maréchal Davoust. — On peut s'entendre avec les militaires.

On a beaucoup écrit sur les événemens, sur les projets, plans, intrigues et négociations qui précédèrent ma seconde rentrée à Paris. Chacun les raconte selon ses idées, sa préoccupation, ou le rôle qu'il a joué. Au milieu de ce chaos, la vérité aura de la peine à percer; moi-même, je ne puis prétendre tout expliquer; jamais la politique, la diplomatie, et l'astuce leur sœur, ne s'agitèrent de tant de manières. Il me fut difficile de sortir de ce labyrinthe dans lequel la force m'entraîna après la bataille de Waterloo, et je n'y parvins guère que lorsque je fus rentré aux Tuileries.

Je n'essaierai donc pas de rappeler ce qui se passa à cette époque; les démarches, les notes, les ressorts qui furent mis en œuvre pour me contraindre dans le libre exercice de ma volonté. Cela formerait, je le répète, un ensemble obscur et fatigant; je me bornerai à faire un récit simple et clair des faits qui me concernent depuis le jour où je sortis de Belgique, jusqu'à celui où j'arrivai à Paris. Je préviendrai pour la dernière fois, que si mes Mémoires ne s'accordent pas avec ceux de messieurs tels et tels, je ne dois nullement m'en inquiéter. C'est au lecteur à peser et à décider entre tant d'écrits opposés.

Ce fut à Gand qu'on commença à me tourmenter pour me séparer de Blacas. La première fois qu'on aborda cette matière, je m'en indignai; mais on ne se rebuta pas; bientôt arrivèrent des dépêches d'Angleterre, de Vienne et de l'intérieur, toutes tendant au même point. Le sacrifice de mon ami était une condition absolue à ma rentrée. Lord Wellington insista avec une persistance désespérante ; l'empereur Alexandre m'écrivit de sa propre main cette phrase remarquable :

« Pierre-le-Grand, non illustre prédécesseur, » dit en voyant la statue du cardinal de Riche- » lieu : *Grand homme ! si tu vivais encore, je te* » *donnerais la moitié de mes États pour m'appren-* » *dre à gouverner l'autre.* Votre Majesté, par » opposition, devrait dire, si elle persistait à » conserver le comte de Blacas, *que, pour se* » *procurer cette satisfaction, elle s'exposera non* » *pas à perdre la moitié, mais la totalité de son* » *royaume.* »

J'aurais voulu que mon ami ignorât ce qui se passait ; mais on avait soin de l'en instruire. Il me conjura alors de lui permettre de ce retirer volontairement ; je m'y opposai, et lui écrivis néanmoins une lettre de congé, non dans l'intention qu'il s'y conformât, mais afin que le bruit venant à s'en répandre, cela ralentit la violence de ses ennemis. Cependant, je ne m'arrêtai pas à Gand, comme me le conseillaient les timides et les ambitieux ; voulant me rapprocher de la frontière, je me rendis à Mons. Ici, la persécution, au lieu de me laisser tranquille, recommença avec une nouvelle force.

Je sus qu'une autre députation composée de MM. Boissy d'Anglas, de Valence, Andréossy, Flaugergues et de La Besnardière, introduite auprès du duc de Wellington, avait proposé Napoléon II d'abord, puis ensuite le duc d'Orléans; le noble général anglais répondit avec beaucoup de fermeté :

— Non, pas plus celui-ci que tout autre ; il ne serait d'ailleurs qu'un usurpateur de bonne maison.

Lord Wellington ajouta que ce prince s'était expliqué, et avait déclaré que si on l'obligeait à prendre la couronne, il ne l'accepterait que pour la rendre à la branche aînée de sa maison. Ce propos me raccommoda avec son auteur, bien que je ne me souciasse pas de mettre le duc d'Orléans à l'épreuve.

Les commissaires ne surent comment répondre au noble lord qui ajouta : — Messieurs, regardez le retour du roi comme un point arrêté ; il ne vous reste plus qu'à obtenir de bonnes conditions de Sa Majesté, parce qu'elle reviendra toute-puissante. Le concours de l'Europe ne lui manquera pas de long-temps.

Lord Wellington, instruit par le duc d'Otrante et par la première députation, du désir qu'on manifestait de m'écarter du trône, ainsi que les miens, me conseilla de nouveau de faire le sacrifice au moins momentané du comte de Blacas, afin de ne laisser à mes ennemis aucun prétexte de poursuivre leurs trames. Monsieur vint aussi un beau matin se jeter à mes pieds en me disant que dans l'intérêt de la France, il ne se relèverait pas que je n'eusse choisi entre Blacas et lui ; que si je persistais à garder le comte, il se retirerait en Angleterre, ne pouvant se déterminer à rentrer en France en compagnie d'un homme auquel on reprochait toutes les fautes commises en 1814.

Ce fut une rude attaque, une scène véhémente qui déchira mon cœur. Je connaissais l'attachement de Blacas, son zèle, ses talens supérieurs ; mais, d'un autre côté, je ne pouvais me dissimuler qu'une prévention funeste existait contre lui. Celle de Monsieur, portée à un tel excès, me prouvait assez que je ne pouvais pas attendre dans les autres l'indulgence que je ne trouvais pas en lui. Je versai des larmes bien amères, mais l'amour de mon peuple, le besoin de me réconcilier pleinement avec lui, l'emportèrent sur tout autre sentiment. Une considération encore contribua à me déterminer ; je savais quels sacrifices immenses l'avidité des alliés imposerait à la France, et, pour qu'elle les supportât sans m'adresser de reproches, je crus devoir commencer par m'exécuter moi-même en ce que j'avais de plus cher, afin que ma conduite lui servît d'exemple.

Le comte de Blacas n'apprit point la nouvelle de sa disgrâce par les voies ordinaires ; je me chargeai de l'en instruire. Il comprit l'embarras de ma position, et supporta ce revers avec une grandeur d'âme admirable. Je lui dis en même temps, pour le consoler, que je lui donnais une ambassade de famille, celle de Naples, le titre de duc, et qu'il aurait l'ordre à la première promotion qui serait faite ; mais les accessoires n'étaient qu'un bien faible dédommagement de tout ce qu'on lui enlevait.

Il voulait me baiser la main en prenant congé de moi ; je l'attirai dans mes bras, le pressai contre mon cœur, et lui jurai que je demeurerais pour lui, malgré son absence, ce que j'avais été pendant tant d'années. — Ma confiance, ajoutai-je, aura à faire une plus longue route, mais croyez qu'elle ne s'arrêtera jamais en chemin.

C'était par de telles paroles, expressions sincères de ma pensée, que je cherchais à adoucir les souffrances de cet excellent ami. Il soutint son malheur, ai-je dit, avec une fermeté singulière, réservant pour lui seul l'amertume de son âme, faisant des vœux pour le bonheur de ma famille dont il avait à se plaindre, pour le mien et celui de la France, quoiqu'elle et moi fussions injustes à son égard. Il me quitta ensuite en me promettant de me revoir ; c'est la seule fois où je puis l'accuser d'avoir manqué de parole. Voulant m'éviter sans doute le chagrin des derniers adieux, il partit brusquement, et ne prit congé de moi que par une lettre, dans laquelle je retrouvai tous ses sentimens à mon égard et cette noble dignité qui fait l'essence de son caractère.

Lorsque je n'eus plus le comte de Blacas à mes côtés, il me sembla qu'il me manquait quelque chose de moi-même ; j'étais depuis tant d'années habitué à le voir, à l'entendre, à causer avec lui !

Ses soins empressés, son amitié avaient pour moi tant de douceur! Il existait entre nous les rapports qui font qu'on se comprend avec un geste, un regard, un sourire. Ne l'ayant plus là, je demeurai seul, entièrement seul, car, de tous ceux qui m'entouraient, aucun ne possédait le genre d'amitié nécessaire à mon cœur.

Ce ne fut donc pas avec sang-froid, ni même avec résignation, que je vis partir le comte de Blacas. Le désespoir et la colère que j'en éprouvai retomba sur ceux que j'accusais d'avoir amené cette nécessité. Mon conseil, qui triomphait de la chute du comte, n'en retira aucun avantage. C'était un châtiment que je lui réservais. Il est certain que mon ministère, au lieu de se joindre à moi pour défendre mon ami, s'attacha à le combattre avec une véhémence non déguisée. Tous ces messieurs, depuis le comte Lally Tolendal jusqu'à M. de Châteaubriand, se berçaient de l'illusion que, dans mon isolement, je me rapprocherais d'eux. Ah! de par Dieu, il n'en fut rien. Je subis la loi de la nécessité tout entière; mais je résolus en même temps de ne gratifier qui que ce fût des dépouilles de mon ami. J'ai tenu bon, et, par cette conduite, j'ai déjoué plus d'une intrigue ourdie à cette époque.

Mon conseil, peu satisfait des premières bourrades que je ne lui épargnai pas, demeura sans mot dire. Ceux qui voulaient qui je me jetasse à la tête des hommes du pavillon Marsan, après l'éloignement de Blacas, n'eurent pas non plus à se louer du sacrifice que j'avais consommé. C'étaient toujours MM. de Vitrolles, de Bruges, de Polignac et de Latil qu'on voulait m'imposer. Après ceux-là venaient deux personnages plus habiles, que j'aurais accepté volontiers en tout autre circonstance, le comte de Vaublanc et le baron Capelle. Celui-ci, préfet de Buonaparte, fin, actif, délié, tête administrative, aux vues étendues, véritable fonctionnaire, et très-capable sous tous les rapports.

Le premier, rompu aux affaires, membre des diverses assemblées législatives, ayant une profonde connaissance des hommes et des choses, royaliste fanatique, et maintenant je commence à croire que ce n'est pas un si grand défaut, réunissant enfin toutes les qualités qui rendent un serviteur cher à un souverain. Je me rappelle lui avoir entendu dire une parole d'un grand sens : c'est qu'une constitution doit être écrite dans toute l'histoire d'un peuple, et non uniquement dans un petit livre, parce qu'on n'interprète sous une fausse acception que ce qui porte une date précise d'existence. Il est certain que depuis 1789 on a vivement discuté sur le sens à donner aux divers articles des constitutions imprimées qui ont été imposées à la France; tandis que la loi salique, par exemple, qu'on ne trouve relatée nulle part, a jeté dans l'esprit des Français des racines si profondes qu'aucune révolution ne naîtra jamais de

19.

cette source, et tant que la nation existera, elle en sera la règle fondamentale.

Le prince de Talleyrand me rejoignit à Mons. Avec le tact parfait qui le distingue, il évita de parler de ma séparation d'avec Blacas. Il avait, à la vérité, deux points assez importans à traiter, sans s'inquiéter de celui-là. M. de Talleyrand me dit que, bien que les alliés fussent déterminés à me replacer sur le trône de France, leurs dispositions à mon égard seraient loin d'être aussi bien veillantes que par le passé. Je sus que le cabinet autrichien s'opposait à ce que j'entrasse à Paris avant que tous les arrangemens fussent pris, c'est-à-dire, avant que la France eût été saignée au blanc. On espérait y mieux parvenir par mon absence : cette révélation me détermina au contraire à précipiter ma rentrée que je voulus effectuer à tout prix.

Je sus en outre qu'un agent, qui n'appartenait à personne, s'était égosillé à Vienne à faire l'éloge du duc d'Orléans. Il y avait en effet beaucoup à louer dans ce prince; je trouvai seulement que le lieu et le temps étaient mal choisis. Le prince de Talleyrand ajouta que ce panégyrique avait paru intempestif et inconvenant, il me dit encore qu'à la mollesse des démarches de l'Autriche avant la bataille de Waterloo, et à la vivacité de celles qui suivirent cette journée, il était facile de reconnaître que, si la victoire eût été à Buonaparte, l'Autriche n'aurait pas certainement attaqué ce dernier. Ces renseignemens s'accordaient avec ce que je savais déjà et ce que je voyais.

Je quittai Mons sans emmener avec moi mon conseil, dont la majeure partie ne se hâta pas de me suivre. Ceux qui le composaient avaient fait entre eux des arrangemens que je ne pouvais approuver, et que l'arrivée du prince de Talleyrand paralysa. On ne voulait pas plus de ce diplomate que de Blacas; et moi, privé de mon ami, je tenais à conserver M. de Talleyrand, qui, au congrès de Vienne, m'avait peut-être rendu de plus grands services qu'à la restauration. D'ailleurs, prévoyant déjà ce qui aurait lieu, je voulais balancer l'influence qu'on m'imposerait, et en donnant au prince de Talleyrand la présidence du ministère, empêcher le duc d'Otrante de s'en emparer.

Ce fut dans ces dispositions que je me rendis à Cambray, d'où je datai ma seconde proclamation. Ici le comte Pozzo di Borgo commença à jouer un rôle dans cette triste comédie. L'empereur Alexandre ne me pardonnait pas, ainsi qu'au prince de Talleyrand, le traité secret que j'avais conclu précédemment avec l'Angleterre et l'Autriche, lequel était dirigé contre le czar et le roi de Prusse. La connaissance qui lui en était venue l'avait exaspéré, et, pour parer désormais aux mesures que mon cabinet prendrait à son détriment, il prétendit qu'un homme tout à lui vînt y siéger; son choix se fixa sur un de mes anciens sujets, afin que les autres puissances ne s'en étonnassent pas ou ne pussent s'en fâcher. Il était naturel que le comte Pozzo di Borgo voulût redevenir Français, et que je souhaitasse à mon tour employer un aussi habile diplomate.

En réalité, il m'était imposé, et je ne l'accepterais que si j'y étais absolument forcé. On demandait pour ce personnage la pairie et le portefeuille des affaires étrangères. J'éludai, en faisant observer que cette nomination dans ce moment produirait un mauvais effet; que les étrangers s'en formaliseraient, que la France en serait mécontente, et que, pour ne pas avoir à lutter avec tout ce monde, il valait mieux attendre un temps plus opportun. Alexandre se rendit à ces motifs plausibles, et il me fit dire que plus tard il me rappellerait ma parole.

L'essentiel pour moi était de n'avoir pas à la tenir dans la circonstance présente. J'espérais qu'il surviendrait telle chance qui ne permettrait pas à l'empereur Alexandre de persister dans sa volonté. Il avait été convenu qu'on garderait le secret sur tout ceci, et je ne sais comment le cabinet de Londres et celui de Vienne en eurent connaissance plus tard. Ils s'en formalisèrent, et aussitôt je reçus deux notes dans lesquelles on s'étonnait que je consentisse à donner un ministère à un sujet russe. J'eus beau nier le fait d'abord, puis ajouter que le comte Pozzo di Borgo étant Corse, et par conséquent Français, il pouvait, en renonçant à servir une puissance étrangère, rentrer dans ses droits de citoyen ; cette explication ne contenta personne. Je reçus de nouvelles notes où il était dit positivement que ce choix déplaisait. Ceci devenait plus pressant ; je dus en donner connaissance à l'empereur Alexandre, qui comprit ce que cela voulait dire, et dès lors le comte Pozzo di Borgo renonça à ses prétentions. La fin de cette affaire n'eut lieu qu'après la chute du ministère à la tête duquel j'avais mis le prince de Talleyrand.

Cet acte que j'ai déjà relaté devenait nécessaire pour imprimer à mon cabinet une marche régulière et complètement constitutionnelle. Loin de me convenir, cette marche me blessait au fond, car, en 1814, j'avais conduit et dirigé moi-même les affaires ; et maintenant, j'allais en quelque sorte me trouver en dehors de l'administration. Ce fut un sacrifice à ajouter à tous les autres ; je m'y résignai, déterminé que j'étais à tout supporter pour effectuer ma rentrée en France. J'avais souvent à la bouche cette sentence d'Ovide :

*Nescio quâ natale solum dulcedine cunctos
Ducit, et immemores non sinit esse sui.*

(Le pays natal a je ne sais quel charme qui nous le rappelle sans cesse et ne permet pas de l'oublier.)

Outre l'amour de ma patrie, je sentais la nécessité de voir par moi-même l'état des choses, et de combattre les deux chambres, qui persistaient à vouloir me repousser. Au cri de la Fronde : *point de Mazarin*, on faisait succéder celui : *tous, hors les Bourbons*. Les pairs comme les représentans tenaient le même langage; on pouvait l'excuser tant que Buonaparte déchu demeurait à Paris, mais lorsque le duc d'Otrante l'en eut chassé, je ne concevais plus l'opiniâtreté des chambres. Elles s'étaient exécutées lestement sur le fait de Napoléon II; le gouvernement procédait au *nom du peuple français*, qu'avait-on donc de mieux à faire qu'à me rappeler, qu'à se rallier à moi? Si l'on eût pris cette résolution le 26 ou le 29 juin, on aurait évité des malheurs incalculables; mais les gens sages dans l'une et l'autre assemblée ne purent obtenir cette démarche que commandait la prudence.

J'étais navré de ces dispositions hostiles. Je me demandais d'où provenaient tant de haines, et quel malin génie soufflait ces sentimens de révolte. Je voyais le duc d'Otrante s'efforcer de les étouffer, et d'une autre part en ressentir tant de frayeur que le contre-coup en venait jusqu'à moi. Il profitait de ces divisions pour me recommander la prudence, pour m'exhorter à ne pas me hasarder dans quelque démarche téméraire. A l'entendre, il fallait me tenir coi dans un coin du royaume, le laisser supporter tout le fardeau de la révolte, et préparer les voies de mon retour.

C'était beaucoup de dévouement, ou une perfidie raffinée. Il m'a été prouvé plus tard que le duc d'Otrante excitait sous main cette résistance criminelle, afin de se rendre plus nécessaire. Il n'y réussit que trop bien ; ses affidés, les partisans de la république, de Buonaparte et du duc d'Orléans, se laissaient guider par lui ; il négociait avec tous, connaissant chaque opinion, et exaspérant les esprits par des conseils astucieux, par des prévisions alarmantes, et les engageant à tenir ferme afin d'en imposer à la coalition, qui finirait par consentir à tout autre chose qu'à mon rappel. Mais il se conduisit avec tant d'adresse, se montra en apparence si dévoué à mes intérêts, que le concert de louanges qu'on lui donnait ne fit qu'augmenter jusqu'après le succès obtenu..

Ce qui m'étonne, c'est la facilité avec laquelle il joua Carnot. Comment celui-ci, avec son génie, sa connaissance du cœur humain, a-t-il pu laisser le duc d'Otrante agir librement, et ne pas s'apercevoir de ses intrigues? Il est certain que Carnot, entièrement enfoncé dans les détails de l'intérieur, de la défense matérielle de Paris, ou de tout autre point du royaume, ne se réveilla de son sommeil léthargique que pour reconnaître que tout était perdu pour lui, et qu'il ne lui restait plus que la fuite pour échapper au châtiment d'une révolte qui, par un contraste bizarre, conduisait le duc d'Otrante à un ministère de la seconde restauration.

Je ne parle pas de leurs trois autres collègues, qui furent là pour la forme.

Les militaires voulaient bien entendre à une capitulation, mais ils s'opposaient à ce que les alliés occupassent Paris, et les alliés tenaient impérieusement à rentrer une seconde fois en vainqueurs dans la capitale.

— Si l'on persiste à m'en fermer les portes, dit Blücher, j'y entrerai par la brèche à la clarté de l'incendie.

Le duc de Wellington, avec moins de rudesse, insistait autant que le général prussien, et cependant tous les deux hésitaient à donner le signal de ce dernier combat.

La capitulation de Paris est connue, je n'en parlerai donc pas; elle fut décidée en présence du prince de Talleyrand que j'avais envoyé pour préparer les voies. Plus nous avancions, plus les événemens se présentaient sous un aspect sinistre. La résistance des chambres, soutenue par l'exaspération des fédérés; celle de l'armée française obligée de se retirer lorsqu'elle brûlait de combattre, et, d'une autre part, l'insistance des Prussiens et des Anglais, pouvaient amener, d'un moment à l'autre, une catastrophe épouvantable; je la prévoyais, et j'employai tous mes efforts à empêcher qu'elle n'éclatât.

J'écrivais de tous côtés, je mettais en œuvre

tous les gens de bonne volonté. Je crois que, dans cette extrémité, j'aurais négocié avec Buonaparte même. Il est certain que je m'adressai au maréchal Davoust, et que le baron de Vitrolles, mis en liberté par le duc d'Otrante, fut chargé de lui faire des propositions de ma part. J'avais peu d'espoir en cette démarche ; grande fut donc ma surprise lorsque mon envoyé me fit savoir que le maréchal, plein de regrets de ce qui s'était passé, serait charmé d'obtenir son pardon et mes bonnes grâces. Il y mit des conditions que je me hâtai d'accorder, et je fus tranquille de ce côté. Les autres chefs inférieurs étaient dans la même voie d'accommodement. Je me convainquis dans cette circonstance qu'un gouvernement qui s'élève ou qui tombe, verra toujours la troupe assister à sa victoire ou à sa chute, l'arme au bras, sauf à assurer plus tard le vainqueur de son dévouement sans bornes.

CHAPITRE XVI.

Proposition du maréchal Davoust. — Projet du roi sur l'armée future. — Son opinion sur la science militaire. — Suite des intrigues du duc d'Otrante. — Son entrevue avec le duc d'Otrante. — Son entrevue avec le duc de Wellington. — Quels en sont les résultats. — Le roi vient à Arnouville. — Il est contraint de recevoir le duc d'Otrante. — Il lui donne le portefeuille de la police. — Pourquoi le roi se sépare de son ministère de Gand. — Nouveau conseil qu'il forme. — M. de Bourrienne, sa course précipitée et sa mauvaise humeur. — Le duc de Richelieu. — Le roi ne cède à aucune influence. — Dernières intrigues du duc d'Otrante. — Occupation de Paris. — Fin du gouvernement militaire et de la révolte. — — Ce que le roi dit à M. Decazes. — Il entre à Paris. — Qui l'accompagne. — Il explique sa conduite envers le *maréchal Ney*. — *Sa réponse au préfet de la Seine.*

Je n'aurais pas espéré du maréchal Davoust tout ce qu'il me proposa de lui-même. On soupçonnait alors Buonaparte de méditer un coup de tête. On croyait que, regrettant d'avoir *abdiqué*, et instruit de la disposition des fédérés et de la troupe à son égard, il en profiterait pour chercher à s'emparer du pouvoir une troisième fois.

Rien ne m'aurait été plus funeste ainsi qu'à la France. Une telle détermination eût été le signal d'une désorganisation entière, et peut-être du partage entre les alliés des meilleures provinces de mon royaume.

Le baron de Vitrolles était chargé d'en parler au maréchal Davoust, qui lui répondit que cela ne devait pas m'inquiéter ; car si mon ennemi faisait cette tentative, lui n'hésiterait pas à l'attaquer et à le combattre, jusqu'à ce qu'il l'eût mis dans l'impossibilité de me nuire désormais. Ces paroles me rassurèrent un peu, et j'admirai avec quelle facilité le maréchal passait à des sentimens si opposés envers ses chefs.

J'en conclus, d'après ce que j'apprenais aussi des autres généraux, qu'il était indispensable de refondre entièrement l'armée. Ma tranquillité et celle de la France exigeaient la formation de troupes nouvelles, composées principalement d'officiers qui me fussent dévoués. Quelqu'un à cette occasion me parla du danger qu'il y aurait à confier, en cas de guerre, le commandement de l'armée à des officiers novices ; je répondis :

— Monsieur, de toutes les sciences la plus facile est celle des combats ; étudiez l'histoire ancienne et moderne, vous serez étonné du nombre de grands capitaines qui ont commencé leur glorieuse carrière en sortant de l'adolescence, et pris leurs premières leçons sur le champ de bataille en face de l'ennemi. Au début de la révolution la majeure partie des généraux français était composée d'imberbes arrivés de la veille de leur province ; ils ont néanmoins fait des prodiges; cette science est toute d'instinct et se développe instantanément. Rassurez-vous, les généraux ne me manqueront pas, et leurs faits d'armes égaleront, je l'espère, ceux de leurs prédécesseurs.

D'après ce principe mon plan était de mettre à la retraite les dix-huit vingtièmes de toutes les grosses épaulettes, et de donner les places d'officiers à des jeunes gens dont la fidélité eût été éprouvée. Je ne pus accomplir ce projet en entier, mes neveux se jetèrent en protecteurs entre la vieille garde et moi, et ils sont cause que ma confiance en elle n'est pas complète.

Cependant le duc d'Otrante poursuivait ses manœuvres ; il était parvenu à obtenir l'autorisation de faire insérer dans le journal officiel ma dernière proclamation *comme pièce historique*; mais dans les provinces on ne fit pas cette distinction, en la voyant au *Moniteur* on se figura que ma rentrée était prochaine, et aussitôt la Provence le Languedoc, entièrement dégarnis de troupes, se levèrent dans la plupart des communes, et proclamèrent le gouvernement royal. Ceci pressait la fin de l'intrigue dont Paris était encore le théâtre. Le duc d'Otrante comprit qu'il fallait la décider.

Une entrevue eut lieu entre lui et le duc de Wellington, entrevue qui fut toute à l'avantage du duc d'Otrante, car il acheva de circonvenir le général anglais à tel point que celui-ci répéta à qui voulait l'entendre que je ne régnerais jamais en paix si le ministère de la police n'était confié au duc d'Otrante. Ce dernier n'eut pas de peine à gagner le noble lord, surtout lorsque, se montrant très-alarmé des dispositions des chambres à mon égard, il eut donné le conseil d'occuper militairement Paris afin d'avoir les moyens de les réduire en silence.

Entrer en vainqueur à Paris était l'idée fixe du duc de Wellington et du feld-maréchal Blücher. Aussi adoptaient-ils avec empressement la mesure *conciliatrice* proposée... Le duc d'Otrante jusquelà s'était flatté de maintenir Paris dans une position équivoque, d'en faire une ville neutre où l'on discuterait librement; mais l'impatience des alliés d'une part, et de l'autre la mauvaise disposition des représentans, qui d'ailleurs commençaient à se défier de lui, le conduisirent à invoquer à son tour une des lois de la nécessité. L'occupation de Paris s'étant effectuée, le duc d'Otrante demanda à m'être présenté au château d'Arnouville, où je m'étais rendu.

Je ne terminerais pas, si je voulais raconter toutes les intrigues qui continuaient à Cambray autour de moi dans le but de me tenir à l'écart. Français, étrangers, tout s'en mêla; chacun voulait faire de ma personne un instrument à son profit. On m'insinuait de la part des souverains que je devais éviter par trop de précipitation de contrarier les mesures qu'on prenait dans mes intérêts. Cette sollicitude intempestive m'effraya, et je donnai subitement l'ordre à mes équipages de se mettre en route. Ainsi on me croyait encore à Cambray, que déjà j'étais aux portes de Paris.

Ce fut là que je dus me résigner à vider jusqu'à la dernière goutte cette coupe fatale de la révolution. Une lettre de lord Wellington, un entretien décisif avec le prince de Talleyrand, me préparèrent à cet affront, je tranche le mot, parce que je me suis fait un devoir de la franchise. Je m'immolai plus cruellement que le roi Codrus ne l'avait fait, car, par sa mort volontaire, il acquérait une gloire immortelle, tandis que moi, en admettant le duc d'Otrante dans mon conseil, la France, qui me blâme, n'a pu connaitre l'excès de ma douleur, n'a pas éprouvé mes tortures, ni vu la rougeur de mon front... Je consommai le sacrifice !

Le duc de Wellington amena dans sa voiture le duc d'Otrante; j'admirai avec quel art ce dernier cacha à mes yeux sa joie insolente ; il ne laissa rien deviner de ce qui se passait d'orgueilleux dans son âme. Je le reçus bien, mais avec gravité, et lui fis peu de questions, car je savais déjà tout par sa correspondance ; il eut le bon esprit de ne pas chercher à prolonger cette audience pénible ; néanmoins il ne partit qu'après que je lui eus déclaré que je lui confiais le portefeuille de la police générale.

Je touchais à un moment décisif; je devais, et les circonstances l'exigeaient impérieusement, me séparer du conseil que j'avais formé à Gand. Trop de causes m'empêchaient de le conserver; la première, la plus importante sans doute, provenait de ce que nous ne nous convenions pas réciproquement. La partie du ministère antérieure au 20 mars avait montré son ignorance politique, et c'eût été une grande faute que de la perpétuer au pouvoir. Quant à ceux que j'avais adjoints, ils avaient tant d'esprit qu'ils en devenaient embarrassans. Tous auraient eu le dévouement nécessaire pour imiter mon exemple, et se sacrifier ainsi que moi, mais je ne voulus pas pousser si loin l'épreuve, et ce fut avec un vrai déplaisir que je les congédiai.

Le ministère fut donc composé de la manière suivante: *présidence* et *affaires étrangères,* le prince de Talleyrand; *Garde des sceaux*, le baron Pasquier, réunissant par *interim* à ces fonctions celles de ministre de l'intérieur, auquel on croyait destiné le comte Pozzo di Borgo; *Guerre,* le maréchal Gouvion Saint-Cyr; *Marine,* le comte de Jaucourt; *Finances,* le baron Louis; *Police,* le duc d'Otrante. Je signalerai le choix du comte Decazes pour la préfecture de police. Ce fut le premier échelon qui le rapprocha de ma personne. Je parlerai de lui plus tard.

Le chancelier fut mécontent de sa disgrâce, elle me parut juste; le comte Beugnot cria à l'ingratitude; néanmoins je le colloquai aux postes. Je donnai au comte Molé la direction des ponts et chaussées, que j'ai toujours regardée comme un petit ministère. Le personnage qui se plaignit le plus haut, fut M. de Bourrienne. Je lui avais donné une mission pour Hambourg; mais à la nouvelle de l'événement de Waterloo, il quitte son poste sans ordre, et, chevauchant jour et nuit, arrive à Saint-Denis avant moi. Là il m'apparaît en capitaine de la garde nationale tandis que je le croyais mon représentant à Hambourg.

M. de Bourrienne, en courant ainsi la poste, avait pour but de s'installer de nouveau dans la place de préfet de police dont M. Decazes se trouvait déjà investi. Son désespoir m'aurait amusé si j'avais été disposé à rire. Cette place semblait de si bonne prise à M. de Bourrienne, qu'il la demandait au ciel, à la terre, à tout le monde. Ne s'avisa-t-il pas même de rôder autour du duc d'Otrante! mais ce fut peine perdue. Celui-ci ne pouvait oublier que jadis M. de Bourrienne avait cherché à le faire arrêter.

Un dernier ministère restait à donner, celui de ma maison, que possédait naguère le comte de Blacas. Ce fut un Français devenu sujet russe qui l'obtint, le duc de Richelieu. Sa famille est connue : petit-fils du maréchal de ce nom, fils du duc de Fronsac, qui n'a laissé qu'une triste renommée, il porta dans sa jeunesse le nom de comte de Chinon. Dès le commencement de la révolution, il entra ou service de la Russie, et se distingua dans les guerres que la grande Catherine eut à soutenir contre les Turcs. Plus tard, il vint se réunir aux héros de l'émigration, mais peu de temps après il retourna à Saint-Pétersbourg, où il eut à souffrir comme les autres des bizarreries de Paul Ier.

Après le 18 brumaire, le duc de Richelieu rentra en France. Buonaparte lui offrit et fortune et faveur à la condition qu'il redeviendrait entièrement Français. Le duc ne voulant l'être qu'avec la monarchie légitime, refusa l'usurpateur, et repartit précipitamment pour Saint-Pétersbourg. L'empereur Alexandre le dédommagea de ce qu'il perdait en l'investissant du gouvernement général d'Odessa, qu'il a conservé jusqu'à sa rentrée en France; il y créa toutes les institutions qui forment une grande ville et sont la source des prospérités d'une province. Ces travaux acquirent au duc de Richelieu la réputation d'un administrateur habile.

Je le connaissais sous ces rapports avantageux, et comme on désirait que mon ministère balançât par son influence en faveur de la Russie celle qu'on supposait à tort que l'Angleterre voulait prendre dans mon cabinet, je préférai le duc de Richelieu au comte Pozzo di Borgo que la nation française aurait vu avec peine à la tête de mon gouvernement.

Je dis que l'on accusait à tort l'Angleterre de

prendre de l'influence dans mon cabinet, parce que je n'aurais jamais consenti à laisser aucune puissance s'initier dans mes affaires. Ils me connaissent mal ceux qui affirment qu'on dirige ma politique; nul autre ne la conduit que moi. J'ai souvent par la force des circonstances été contraint à me rattacher à tel ou tel système conservateur, mais je l'ai fait en roi qui ne s'humilie pas ; j'ai conservé dans ces alliances la dignité de ma couronne, aussi je n'ai jamais été Russe, Anglais ou Autrichien. Je me suis lié à un cabinet quelconque, non par soumission mais avec une entière indépendance. Cette explication donnée, parce que je la croyais nécessaire, je reviens à M. de Richelieu.

Il jouissait donc d'une belle renommée. Je savais surtout qu'il était plein de bonne volonté, cependant je me méfiais de lui. Il me paraissait léger, inconstant, facile à se laisser prévenir, aimant les flatteries, et bien que royaliste et parfait gentilhomme, cédant à la manie du siècle, à la propension industrielle et philosophique. Il avait une faible santé, une extrême nonchalance, et il cherchait les faiseurs parce qu'ils lui évitaient de la fatigue. Il ne manquait ni d'intelligence, ni de jugement, ses intentions étaient bonnes ; mais, avant tout cela, je trouvais qu'il lui manquait encore quelque chose.

Cependant je vis avec plaisir le duc de Richelieu entrer dans les affaires ; c'est un des nôtres dans toute l'acception du terme ; il a la grâce, les manières, l'aisance et l'urbanité du vrai gentilhomme. Il est difficile d'avoir une figure plus agréable, un air plus grand seigneur ; il cause bien, il est spirituel, et on pourrait aisément le prendre pour un homme habile. J'ai toujours aimé sa société, et je regrette que les circonstances ne m'aient pas laissé la possibilité de l'employer toujours. Au demeurant, c'est avec satisfaction que je l'ai vu à la tête de mon cabinet, il n'alarmait pas ma susceptibilité royale, et sa politesse exquise me faisait dignement représenter par lui.

Le ministère ainsi formé, il n'y eut plus que l'impulsion à lui donner. Pour cela il fallait être à Paris, et les barrières m'en étaient encore fermées. J'étais reconnu par une partie de la garde nationale ; mais l'autre s'attachait encore aux représentans. Cet état de choses ne pouvait durer ; les alliés y mirent un terme. Cinquante mille hommes entrèrent dans Paris, et je signifiai au duc d'Otrante qu'il devait profiter de la circonstance pour tout terminer.

Je ne sais pourquoi il tenait à me faire subir encore un autre affront, celui d'arborer le drapeau de la république à la place de ma bannière blanche. Il m'en écrivit, m'en parla ; il se fit appuyer par des protestations auxquelles le duc de Choiseul mit sa signature ; mais rien de cela ne put m'ébranler ; je suis trop Bourbon dans le cœur pour sacrifier à aucun parti mes couleurs, mes armoiries ou mon nom.

Dès que la ville fut occupée, le gouvernement provisoire adressa, le 7 juillet, à chacune des deux chambres, le message suivant, signé par les cinq membres :

« Monsieur le président,

» Jusqu'ici nous avons pu croire que les inten-
» tions des souverains alliés n'étaient point una-
» nimes sur le choix du prince qui doit régner en
» France. Nos plénipotentiaires nous ont donné
» la même assurance à leur retour. Cependant
» les ministres et les généraux des puissances
» alliées ont déclaré hier dans les conférences
» qu'ils ont eues avec le président de la commis-
» sion, que les souverains s'étaient engagés à
» replacer Louis XVIII sur le trône, et qu'il doit
» faire ce soir ou demain son entrée dans la ca-
» pitale. Les troupes étrangères viennent d'oc-
» cuper les Tuileries, où siége le gouvernement.
» Dans cet état de choses nous ne pouvons que
» faire des vœux pour la patrie, et nos délibéra-
» tions n'étant plus libres, nous croyons devoir
» nous séparer. »

Les pairs, accoutumés à l'obéissance, ne manifestèrent aucune volonté de lutte, et se séparèrent sans ajournement fixe. Les représentans, au contraire, rappelant le mot fameux de Mirabeau, déclarèrent, par l'organe de Manuel, que la contrainte seule pourrait amener leur séparation. Le lendemain, 8 juillet, lorsqu'ils se présentèrent à la porte de la chambre, ils trouvèrent un bataillon rangé en ligne, qui les empêcha d'y pénétrer, et la révolution s'éteignit sans retour.

Je fixai ma rentrée à ce même jour, et cependant elle pouvait ne pas être sans péril. L'armée française avait, il est vrai, évacué Paris, et on ne devait pas par conséquent craindre les malveillans; mais la fédération hostile existait tout entière, et la populace elle-même était mal disposée. Mes serviteurs ayant manifesté leur inquiétude au jeune préfet de police, il me conseilla, avec une chaleur qui me plut, de rentrer par les Champs-Élysées et la place Louis XV.

— Monsieur, lui dis-je, je veux me montrer à tous mes sujets, afin de leur prouver que si je les aime, ils ne me font pas peur. D'ailleurs il n'y a plus de ligueurs là où le roi se présente; je traverserai le faubourg et la rue Saint-Denis; donnez vos ordres en conséquence.

Cette fermeté affligea les uns, inquiéta les autres et le duc d'Otrante surtout, qui déjà s'apercevait de l'impossibilité de me diriger contre ma volonté. On s'exécuta pourtant; les généraux alliés me firent offrir une escorte. Je répliquai que j'aurais celle de la garde nationale et le cœur de tous les Français. Nous nous entendrons bien, ajoutai-je, dès que nous serons en présence.

A trois heures de l'après-midi, je montai en voiture. Monsieur et le duc de Berry étaient avec moi : Madame Royale nous manquait cette fois; elle avait prolongé son séjour en Angleterre. Le prince de Condé et le duc de Bourbon n'étaient pas non plus près de nous. Quant à M. le duc d'Orléans, je l'avais prié de modérer son impatience, tant était grand son désir de venir au plus vite me rendre ses respects.

J'avais autour de moi mon ministère non au complet ; car le duc d'Otrante, le baron Louis, M. Pasquier et le comte de Jaucourt s'étaient réservé de m'attendre aux Tuileries. Mais, avec MM. de Talleyrand et de Gouvion Saint-Cyr, j'avais, de mon ministère défunt, MM. de Feltre, de Vitrolles et de Lally-Tolendal. Parmi tous les maréchaux, quatre seulement y paraissaient, à part le ministre de la guerre, les ducs de Raguse, de Reggio, de Tarente et de Bellune. C'est ici la place de rappeler la mort de cet excellent prince de Wagram, qui, de tous les temps, avait été destiné à servir le maître de la maison, à tel point il possédait toutes les qualités domestiques au suprême degré. Il était très-fâché, en 1815, de ne pouvoir se partager entre moi et Buonaparte, et après m'avoir suivi dans ma retraite il m'avait quitté sans bonne raison. Il perdit la vie *pendant un accès de fièvre chaude à la prussienne*, dans le cours du mois de juin. Je donnai des larmes sincères à sa mort.

Les autres maréchaux, à l'exception du marquis

de Pérignon, dont la loyauté ne s'était pas démentie pendant le temps d'épreuve qui venait de s'écouler, avaient tous peu ou point fléchi les genoux devant l'idole du jour, et leur fidélité ne se montrait pas dans toute sa pureté primitive. Mon projet était de leur tenir rigueur d'abord, puis ensuite de les rappeler près de moi lorsque le temps de la pénitence politique serait passé. Je comprenais dans cette amnistie jusqu'au maréchal Soult, qui, s'il l'avait su, aurait pu se dispenser de sa conversion subite.

Il en était un cependant sur lequel ma clémence ne devait pas s'étendre, à tel point sa faute était irrémissible ; et aujourd'hui que quatre ans se sont écoulés sur sa trahison, ma conduite à son égard serait la même qu'elle fut alors. Le maréchal Ney ne méritait aucun pardon : jamais prince n'a été trompé comme je le fus par lui. Sa faiblesse de caractère ne peut être une excuse, et je ne l'admis pas. Il viola un double serment : le premier fait d'abord à mon arrivée, et sans contrainte de ma part ; le second, à l'heure où, sans que je le lui demandasse, il s'engagea à me ramener Buonaparte dans une cage de fer. Dirai-je que le propos me rendit honteux pour lui, tant il me blessa par son inconvenance ? dirai-je encore qu'en 1814 le maréchal Ney fut un de ceux qui abandonnèrent Buonaparte avec le plus d'empressement ; qu'il se montra sans pitié envers son maître, jadis son ami ? Tout cela peut être de la faiblesse, mais, de par Dieu, je le répète, elle n'a rien qui porte son excuse avec soi.

J'étais donc déterminé à faire du maréchal Ney un exemple juste et nécessaire. Cependant je ne donnai contre lui aucun ordre exprès ; je le menaçai beaucoup en paroles, c'était peut-être un avis tacite pour l'engager à chercher son salut dans la fuite. J'aurais appris sans peine sa sortie du royaume ; mais je n'arrêtai point la marche de la justice, car c'eût été me rendre coupable envers mes sujets, ma famille, et les autres souverains.

Après cette digression que je devais faire, non pour me justifier, mais pour convaincre que ma rigueur a été pleinement volontaire, je reviens à mon entrée à Paris.

A l'enthousiasme manifesté sur mon passage, je ne m'aperçus pas de cet éloignement pour mon retour dont on m'avait fatigué les oreilles depuis plusieurs jours. A entendre les trembleurs et les intrigans, les Parisiens devaient me recevoir avec une contenance farouche ; au lieu de cela, ce furent des vivats, des acclamations; les drapeaux blancs flottaient aux fenêtres au-dessus des guirlandes de fleurs, rien enfin ne manqua à cette solennité. Je ne m'étais pas trompé, le peuple aimait son roi et lui prouvait son amour par sa joie et ses transports. Aussi avais-je dit à la barrière, au comte de Chabrol, qui vint me faire la harangue officielle :

— Je ne me suis éloigné de Paris qu'avec une vive douleur. Les témoignages de fidélité de ma bonne ville de Paris sont arrivés jusqu'à moi, j'y reviens avec attendrissement ; j'avais prévu les maux dont elle était menacée, et je désire les réparer.

Cela dit, je saluai le corps municipal, et poursuivis ma route au milieu des acclamations jusqu'aux Tuileries, où j'arrivai en plein jour.

CHAPITRE XVII.

Le lit du roi aux Tuileries. — Différence de position royale de 1814 à 1815. — Les étrangers. — Les partis en France. — Conduite du roi. — Madame Royale et le duc d'Otrante. — Exigences de la coalition. — Désintéressement politique de Henri IV. — La guerre civile. — La cour. — Le clergé. — Le pavillon Marsan. — Sa conduite depuis le mois de mars passé. — Ses hommes. — Opposition de droite et de gauche. — Lutte qui s'élève entre les ministres des affaires étrangères et de la police. — Le duc de Richelieu refuse d'entrer dans le ministère. — Cause secrète de son refus — Comte de Pradel. — Le roi refuse un *Te Deum*. — Première réunion de son conseil. — Ce qu'il décide touchant les pairs. — Préambule de l'ordonnance relative à la chambre des députés. — Nouveau mode provisoire d'élection.

Le proverbe dit : *Comme on fait son lit on se couche*; certes à mon retour de Gand, je n'avais pas fait le mien, et pourtant je dus m'y coucher. C'était bien le cas de répondre à mon ministère, s'il se plaignait à moi des embarras du moment : Eh ! messieurs, suis-je sur des roses ? Le mot de l'infortuné Guatimozin me convenait parfaitement, ma position était affreuse. La première fois j'étais rentré en réparateur, maintenant il me faudrait user de sévérité, et, grand Dieu ! en quelle circonstance !

La peur, en 1814, avait imposé aux alliés une magnanimité prudente. On craignait alors ce peuple que jusque-là on n'avait vu qu'à travers le prestige de sa fureur et de sa gloire. On lui supposait des ressources énergiques, et l'on regardait comme une faveur qu'il daignât consentir à ouvrir ses portes à des hôtes importuns. On ne croyait pouvoir lui faire assez de politesses afin d'éviter de le fâcher ; en un mot, on le traita en enfant gâté.

En 1815, ce n'était plus la même chose ; l'Europe avait vaincu deux fois, et elle venait avec des forces si innombrables, que toutes les chances de succès restaient de son côté. Elle avait dispersé l'armée française et savait que la discorde divisait les citoyens, et que par conséquent ils étaient dans l'impossibilité de soutenir une nouvelle guerre. L'expérience avait donné une science funeste aux alliés, et désormais ils prétendaient en profiter. Chaque puissance allait se montrer exigente, avide, affamée ; elle voudrait apaiser sa faim, étancher sa soif à nos dépens ; on ne ménagerait ni l'orgueil national, ni la fortune des particuliers, et on se vengerait de tant de désastres en essayant de porter atteinte à la majesté de ma couronne.

Que ne demanderait-on pas? Combien les négociations allaient être difficiles en présence de ces troupes victorieuses qui répèteraient sans cesse *vœ victis!* (malheur aux vaincus). Les vaincus, c'était la France, c'était moi, car je souffrais de ses pertes, et chaque coup qu'on lui portait me faisait une blessure au cœur. Il fallut donc redouter et les réquisitions militaires, et les conditions d'un traité de paix ; combattre en pleine trêve, lutter contre les masses, supporter des offenses, contenir la violence des opprimés.

Eh bien! ces maux si affreux n'étaient rien, pour ainsi dire, en comparaison de la patience, de l'énergie, de la rigueur ou de la mesure que j'aurais tour à tour à employer envers tous, et pour l'intérêt de la France. Je la retrouvais semblable à un vaste champ de bataille où avaient germé en trois mois tous les élémens de guerre civile, de discordes intestines ; où les passions, les opinions, parvenues à leur plus haut point d'exaspération, allaient s'attaquer, se heurter avec un redoublement de rage, les récriminations, le besoin de vengeance, l'ancien et le nouveau régime aux prises, la fidélité, la trahison en armes, la nécessité de changer un système dont la conservation m'avait été funeste, le danger de faire une question d'individu de ce qui n'aurait dû s'attacher qu'aux principes, des querelles à vider, des amours-propres blessés, les royalistes lassés de se contraindre, les jacobins arrogans dans leur défaite, la guerre aux bourses, aux places, aux honneurs; et au-dessus de tout, l'opiniâtreté de chaque parti à ne rien oublier ; cette détermination de faire d'un crime de vingt ans un délit d'hier, les antipathies ravivées par la tempête des cent-jours, tels étaient les obstacles gigantesques, terribles, contre lesquels j'aurais à lutter.

Ce fut avec effroi que j'envisageai dans son ensemble ce que je viens de décrire. Ma tâche cependant était de débrouiller ce chaos, de comprimer le désordre, de le soumettre à des lois, de me tenir dans une mesure telle que rien ne pût m'entraîner en deçà ou au delà, me rappelant la sage maxime d'Horace qui a toujours été la règle de ma conduite :

Est modus in rebus , sunt certi denique fines ,
Quod ultrà citràque nequit consistere rectum.

(Il y a un milieu en tout, et même de certaines limites, au delà et en deçà desquelles rien ne saurait être bien.)

Je savais que ce mode de gouvernement ne conviendrait pas à quelques personnes; que l'on voudrait me jeter dans les actes extrêmes, comme si les rois devaient avoir dans leur colère la véhémence des particuliers.

Je ne me suis occupé en aucun temps du soin de venger mes injures personnelles, et ma sévérité ne s'est jamais exercée que dans l'intérêt du royaume et non au profit de quelques-uns. Je voyais, à ma seconde rentrée tant de coupables que j'en avais pitié. Je me déterminai donc à faire plus de bruit que de mal, et j'affirme que ceux-là même qui sont tombés avec justice sous le glaive de la loi, ne l'ont dû qu'à leur imprudence ; car, loin de les chercher, mes subordonnés ont fait d'abord tout leur possible pour ne pas les voir. Mais il y a dans les coupables une témérité, un aveuglement, qui, par la volonté du ciel, les conduit à leur perte.

Le jour de ma rentrée à Paris n'avait offert que des signes d'allégresse ; on pourrait donc croire que je me couchai heureux. Hélas ! le sommeil n'approcha même pas de mes paupières ; je passai toute la nuit à souffrir de corps et d'âme, et à travailler ; car je voulais alléger l'énorme fardeau que la présence des alliés à Paris allait faire peser sur mon peuple.

Dirai-je qu'au milieu d'intérêts si graves une pensée me dominait: le duc d'Otrante était mon ministre, et Madame Royale allait bientôt arriver ! Comment rapprocher l'une de l'autre ? je ne pus même pas me résoudre à écrire à ma nièce à ce sujet : j'en laissai le soin à Monsieur, que je regardais comme ayant participé à un acte dont le souvenir me sera toujours cruel. Je redoutais ma première entrevue avec Madame Royale ; ma tendresse paternelle s'effrayait de tout ce qui pouvait lui causer de la peine, et je savais que le choix du duc d'Otrante la blesserait mortellement. Cependant je devais en subir les conséquences, et bientôt j'en souffris d'autant plus que Monsieur, dès sa rentrée à Paris, tourna subitement vers un point contraire, et poursuivit le ministre de la police avec autant de chaleur qu'il en avait mis à l'élever. Mais ce n'est pas ici le moment de signaler cette affaire ; il est d'autres sujets que je ne dois pas négliger.

J'allais voguer sur une mer semée d'écueils ; et, comme je me suis fait une loi de tout dire, je ne cacherai rien de ce qui pourra faire connaître les obstacles qui m'environnaient. Ils étaient de trois sortes : les premiers provenaient des étrangers ; les seconds de la situation du royaume, et les troisièmes prenaient leur source dans les embarras que ma cour intérieure ne m'épargnerait pas.

Les coalisés voulaient que la victoire leur fût profitable sous tous les rapports. Ils s'établirent dans les provinces envahies, et les soumirent à toutes les exactions de la guerre. Les Prussiens et les Autrichiens se montrèrent impitoyables ; les premiers, bien qu'en paix avec moi, se portèrent à des extrémités qu'un roi pardonne, mais dont une nation se souvient toujours. Les Anglais furent plus modérés, et je dois dire qu'ils manifestèrent moins d'avidité que les autres.

J'avais sans cesse à me plaindre, à négocier, à disputer mes droits, mes provinces, à demander des réductions de charges, de réquisitions, des contributions forcées, des charges extraordinaires.

Les uns voulaient un département, les autres des millions, le bien de mes sujets, le mien propre ; car dépouiller ceux-ci n'était-ce pas me dépouiller moi-même ; je plains les souverains qui ont une fortune, un intérêt à part de ceux des peuples qu'ils gouvernent. Dès lors il y a séparation, divergence d'opinion ; le roi veut conserver ce qu'il possède, et pour y parvenir il expose l'honneur de sa nation. Ah! que Henri IV, notre grand aïeul, a été véritablement grand lorsque, montant sur le beau trône de France, il ne voulut conserver, des riches domaines qu'il possédait, que le simple titre de roi de Navarre! Dès lors il s'identifia avec son peuple, et leurs intérêts se confondirent.

Je ne rappellerai pas la conduite des Prussiens dans ma capitale ; il est des souvenirs qu'il faut oublier. Je ne dirai rien non plus de celle des autres souverains, où on ne trouva guère en eux ces sentimens chevaleresques qui ont toujours distingué mes prédécesseurs de leurs royaux collègues. Mais la plaie étrangère n'était pas la seule dont la France eût à souffrir ; une autre plus cruelle m'attendait à mon retour : le feu des factions consumait la plupart de mes provinces. Là c'étaient les Vendéens, moitié en paix, moitié en guerre, se dévorant entre eux ; sur toute la lisière du Midi, le long des Pyrénées et de la mer, des populations fanatiques de royalisme, égarées encore par la diversité des opinions religieuses, s'examinant, s'attaquant avec une sorte de rage ; les hommes investis de mon pouvoir tombant sous la balle meurtrière, et des ambitions subalternes rêvant la reconstruction de je ne sais quel royaume d'Aquitaine où l'on s'organiserait en indépendance positive de ma couronne.

Le peuple comme la noblesse, les magistrats comme le clergé, tous affamés de vengeance, se créant tous des chimères, et s'enforçant d'en faire des réalités; enfin partout la discorde terrible, haineuse, implacable, et nulle part la sagesse, l'amour de la patrie, le désintéressement. Voilà l'état de ce malheureux royaume, ce que Buonaparte l'avait fait, et comment il me le légua.

Outre ces maux, ces divisions, je trouvais dans mon intérieur d'autres obstacles qui ajouteraient encore aux embarras de ma position. La cour proprement dite tenait à honneur de se montrer plus royaliste que le roi. Elle se targuait de sa longanimité prétendue en 1814, pour entamer une lutte avec les idées du jour, et reconquérir tout ce qu'elle avait perdu. J'avais beau lui faire observer que ce qu'elle obtiendrait par la force lui serait enlevé dès que les baïonnettes son appui auraient quitté la France; elle me répondait froidement qu'il fallait alors ne jamais se priver d'un tel secours. Mon sang bouillonnait dans mes veines quand j'entendais ce langage sacrilége.... Garder les alliés à jamais, les accoutumer à régner sur la France, et moi me résigner à n'être roi que sous leur bon plaisir. Cette idée me rendait malheureux, et de là provenaient ces contradictions qui me donnaient parfois l'apparence de pencher pour l'opinion opposée.

Le pavillon Marsan, effrayé d'abord de la révolution qui se préparait, n'avait pensé, dix jours avant le 20 mars, qu'à déterminer ma fuite; mais, à peine la frontière fut-elle passée, à peine fus-je installé à Gand, que je m'aperçus qu'on ourdissait autour de moi un autre système d'intrigues tendant à me faire soumettre à l'influence de ceux qui, n'ayant jamais su me servir ou me défendre, persistaient à vouloir me gouverner. Ce fut de ce pavillon Marsan que partit l'idée fatale d'admettre le duc d'Otrante dans mon ministère. Je l'ai déjà dit, je ne puis le répéter assez, ce furent ces purs par excellence qui me contraignirent à me souiller par un tel acte.

Cependant la chose était à peine consommée, et même avant l'entrée à Paris, ces mêmes batteries changèrent de position: Monsieur, toujours bon, et jugeant les intentions des autres d'après les siennes, fut poussé à croire que je devais recevoir un ministère de sa main, et il recommença à se remuer pour me faire accepter l'ami Jules de Polignac, dont l'incapacité égale l'amour qu'il porte à ma famille; l'abbé de Latil, pâle copie de l'ancien évêque d'Arras, et le comte de Bruges, l'un de nos fidèles Anglais d'ancienne date, au mieux avec le cabinet de Londres, bien que tout dévoué à nos intérêts.

Le baron de Vitrolles, que j'écartais le plus poliment possible, était un de ceux qu'on tenait surtout à m'imposer. Je l'avais vu à l'œuvre, et bien qu'il eût de l'habileté, son travail ne me convenait pas. Aussi je ne lui rendis rien de ce que les cent jours lui avaient fait perdre. Lui, en revanche, se mit à la tête de la cabale qui agit encore aujourd'hui contre mon gouvernement.

L'opposition, dès lors, se divisa en deux parties : celle des libéraux, et celle de mes amis, dont j'ai peut-être plus de peine à me débarrasser que des premiers. J'avais à lutter avec tout ce monde, et le lecteur croit sans doute que je lui ai décrit tous mes sujets d'angoisses ; cependant j'en ai encore d'autres en réserve ; par exemple, dès le début de mon ministère, il s'y forme deux oppositions qui avaient pour chef le prince de Talleyrand et le duc d'Otrante. Ce dernier comprenait que dès son entrée en jeu il ne pouvait devenir l'homme universel ; il avait abandonné au prince de Talleyrand la politique du dehors, la diplomatie avec les souverains et la question de la paix et de la guerre. Mais de son côté, il se réservait la direction de l'intérieur, la haute main sur les fonctionnaires, sur l'armée, les partis, les opinions. Il prétendait diriger l'esprit public, le manier à sa fantaisie sans en rendre compte à ses collègues.

C'était fort bien entendre ses intérêts ; mais le prince de Talleyrand, qui ne voulait pas être spécialisé, prétendait remplir dans toute son étendue la suprématie de sa présidence du conseil. Il n'aimait ni n'estimait le duc d'Otrante, il se méfiait de lui, et sur ce point il trouvait un puissant auxiliaire dans le baron Pasquier, qui ne pouvait souffrir non plus le ministre de la police.

Il résulta de tout cela que lorsqu'il fallut marcher, chacun des deux meneurs agit en sens contraire : l'un avec un calme digne, une haute confiance en son expérience, et dans l'appui des ministres étrangers, tâchait de s'insinuer presque de vive force dans mon intimité ; l'autre aspirait au même but, en employant l'astuce, le mensonge, créant des périls chimériques, afin de m'effrayer, et suscitant des embarras afin de se rendre nécessaire.

Il n'était donc pas facile de tenir la balance égale, d'autant plus que l'appui sur lequel je comptais dans ce moment pour neutraliser cette double ambition me manqua. J'avais appelé le duc de Richelieu au ministère de ma maison ; mais, au lieu de m'en savoir gré comme je m'y attendais, il refusa positivement, et me mit dans un grand embarras. Je reconnus que le premier motif de son refus provenait de ce qu'il ne lui convenait pas d'entrer dans un cabinet où, par le fait il n'aurait que la troisième place, tandis que, par sa naissance et sa capacité, il se croyait en droit d'occuper la première.

J'eus avec lui deux ou trois conversations dans

lesquelles je le pressai sur ce point ; mais il me répondit que le prince de Talleyrand n'étant pas agréable à l'empereur Alexandre, il croyait, dans l'intérêt de la France et le mien, devoir réserver ses services pour l'époque où ce diplomate se retirerait des affaires : c'était avouer qu'il voulait conserver son crédit auprès du czar, et qu'il craindrait de le perdre en paraissant marcher d'accord avec la présidence de mon conseil. Il me toucha en outre quelques mots sur le duc d'Otrante, dont la franchise lui semblait un peu suspecte.

Il fallut donc chercher quelqu'un pour remplacer le duc de Richelieu, lequel conserverait toujours ses fonctions de premier gentilhomme de ma chambre. J'appelai à la direction de ma maison le comte de Pradel, royaliste incarné, doux et bon à me ruiner, si je pouvais me plaindre de tout le bien qu'il a fait en mon nom.

Ce que je viens de signaler se développa rapidement ; car je ne tardai pas à prendre d'une main vigoureuse les rênes de l'administration. J'étais entré le 8 juillet dans l'après-midi ; le 9 je fus à Notre-Dame rendre grâces à Dieu de mon retour. Croirait-on qu'il y eut des esprits assez obtus pour vouloir qu'on chantât le *Te Deum* ? Le *Te Deum* quand le feu et le pillage étaient aux quatre coins du royaume ! Le moment était bien choisi pour se réjouir. Je pris soin qu'on n'entonnât que le *Salvum fac regem* et l'*Exaudiat;* il fallait prier le ciel de venir à notre aide, et le remercier à l'avance de ce que peut-être il ne ferait pas.

Le 10, je reçus la cour et la ville ; le 11, j'assemblai mon conseil, et dès ce moment je pus juger que son accord ne serait pas de longue durée. J'avais deux opérations à décider, d'abord ce qu'il fallait faire de la chambre des pairs, puis comment on formerait une chambre des députés.

C'étaient des questions importantes. Je traiterai la première selon son rang, quoique dans la discussion elle ne fût appelée qu'après la seconde. Les pairs nommés en 1814 l'avaient été à vie en vertu de ma charte, qui me laissait le droit de les créer héréditaires. Ce mode n'avait convenu à personne ; il enlevait au trône son meilleur soutien. Il ne paraît pas de noblesse possible avec une pairie viagère ; donc il fut décidé que désormais les pairs seraient inamovibles.

Mais devait-on accorder cette faculté à tous les pairs créés en 1814 ? non ; on retirerait de la liste ceux qui, par faiblesse, étaient entrés dans la chambre de Buonaparte, cet acte étant considéré comme celui de leur démission à la pairie royale. Ceux-ci furent : MM. Clément de Ris, Cornudet, Colchen, d'Aboville, de Croï, Dédelai d'Agier, Dejean, Fabre de l'Aude, Gassendi, Lacépède, Latour-Maubourg, de Praslin, Boissy-d'Anglas, de Cadore, Canclaux, Casabianca, Montesquiou (ex-grand chambellan), Pontécoulant, Ségur, Valence, Rampon, Belliard ; les maréchaux Lefèvre, Ney, Suchet, Moncey, Mortier et Serrurier.

C'était sans doute une véritable proscription ; elle devenait nécessaire, et je dus l'accepter. Cependant, comme il fallait procéder avec justice, on déclara que ceux qui n'avaient pas siégé parmi les pairs de Buonaparte rentreraient dans leurs droits. Ceci eut lieu à l'égard de Canclaux et d'Aboville ; le souvenir de services antérieurs rendus non sans péril me fit aussi admettre, quelques jours après, les excuses du comte Boissy-d'Anglas.

Après ce travail, on passa au complément de cette chambre que je ne trouvais pas assez nombreuse. Quatre-vingt-douze pairs nouveaux y furent appelés. Leur choix annonça que mon gouvernement serait royaliste, et la France ne s'en étonna pas. J'eus à lutter contre des sollicitations sans nombre. Une liste de onze cents n'aurait pas suffi pour contenir tous ceux qui réclamaient le fruit de leurs services ou de leur *far niente*. Je coupai court à ces importunités en ne laissant arriver jusqu'à moi que les hommes auxquels je connaissais des titres réels à ma reconnaissance, ou qui pouvaient être utiles à l'État.

Ceci achevé, on agita si je rappellerais la chambre des députés, ou si on en convoquerait une nouvelle. Je me rangeai du parti qui faisait un appel direct à l'opinion du peuple français. En conséquence la dissolution de la ci-devant chambre fut arrêtée pour faire place à une nouvelle. Les motifs qui dictaient cette mesure, et la règle à suivre pour le mode des élections, furent consignés dans le préambule de l'ordonnance. Il disait :

« Que l'intention du roi avait été de proposer
» aux chambres une loi qui réglât les élections
» des députés des départemens. Le désir de Sa Ma-
» jesté était de modifier, conformément aux le-
» çons de l'expérience et au vœu bien connu de
» la nation, plusieurs articles de la charte, tou-
» chant les conditions d'éligibilité, le nombre
» des députés, et quelques autres dispositions
» relatives à la formation de la chambre, à l'ini-
» tiative des lois et au mode de ses délibérations.
» Le malheur des temps ayant interrompu la ses-
» sion des deux chambres, le roi pensait que
» maintenant le nombre des députés des dépar-
» temens se trouvait par diverses causes beau-
» coup trop réduit pour que la nation fût suffi-
» samment représentée. Il importait surtout dans
» de telles circonstances, que la représentation
» nationale fût nombreuse, que les pouvoirs fus-
» sent renouvelés, qu'ils émanassent plus directe-
» ment des colléges électoraux, qu'enfin les
» élections servissent d'expression à l'opinion
» actuelle. Le mode des élections n'ayant pu être
» réglé par une loi, ainsi que les modifications à
» faire à la charte, le roi pensait qu'il était juste
» de faire jouir dès à présent la nation des avan-
» tages qu'elle devait recueillir d'une représen-
» tation plus nombreuse et moins restreinte dans

» les conditions d'éligibilité. Voulant cependant
» qu'aucune modification dans la charte ne pût
» devenir définitive, l'ordonnance dans les for-
» mes constitutionnelles devait être le premier
» objet des délibérations des chambres ; dans ce
» but, le pouvoir législatif statuerait dans son en-
» semble sur la loi des élections, sur les change-
» mens à faire à la charte dans cette partie, chan-
» gemens dont le roi ne prenait l'initiative que
» dans les points les plus indispensables et les
» plus urgens, en s'imposant même l'obligation
» de se rapprocher de la charte et des formes
» précédemment en usage. »

De là avenait 1° les colléges se séparant en colléges d'arrondissement et de département ; 2° les
premiers présentant aux seconds des candidats
parmi lesquels ceux-ci choisiraient forcément la
moitié des députés, et l'autre moitié pouvant être
prise ailleurs ; 3° on votait à vingt-cinq ans ; on
était éligible à trente ; 4° et en vertu du sénatus-
consulte de février 1806, des membres de la
Légion-d'honneur ayant certaines capacités re-
quises entraient dans les colléges ; 5° on soumet-
tait à la révision des trois pouvoirs les articles 16,
25, 33, 36, 37, 38, 39, 40, 41, 42, 43, 44,
45 et 14 de la charte ; 6° le nombre des députés
était élevé à 395.

Voilà ce que mon conseil adopta après une
mûre délibération et plusieurs séances.

CHAPITRE XVIII.

Pourquoi le roi ne dit pas tout ce qu'il pourrait dire. — Le royaume d'Aquitaine. — Détails sur cette folie. — M. de Villèle. — M. de Barante. — M. Guizot. — Échantillon de son libéralisme. — Commissaires royaux. — Cause de leur suppression. — Les royalistes se déclarent contre le roi — Conversation sentimentale et politique avec madame de... — Entretien avec Monsieur.

On s'étonnera peut-être de mon silence sur la personne des souverains alliés qui entrèrent à Paris à la seconde restauration presqu'en même temps que moi, et sur les rapports que nous eûmes ensemble. Les gens sages apprécieront ma retenue commandée par les plus graves considérations. Je sais que plusieurs écrivains, hommes et femmes, qui ont vu de près les événemens de cette époque, suppléeront à ma discrétion. Quant à moi, il est des faits, des négociations et des souvenirs que ma plume se refuserait à décrire.

Les affaires, on doit croire, ne me manquaient pas. J'avais à lutter avec l'étranger, qui de toutes façons abusait de la victoire en violant les traités conclus, lorsque j'appris que dans le Midi une intrigue s'ourdissait pour détacher de mon gouvernement la majeure partie des provinces situées de la rive gauche de la Loire aux Pyrénées, et des bords du Rhône à la Méditerranée, dans le but d'en former un royaume provisoire, dit d'Aquitaine, dont le duc et la duchesse d'Angoulême seraient investis.

La première nouvelle de cette extravagance coupable me vint d'un ancien fonctionnaire de l'empire, M. M...., jeune homme, plein d'énergie et de talens administratifs. Il me révéla le complot (car c'est le mot) dans toute son étendue, et m'en désigna les diverses branches et ramifications. Ceci mérite quelques détails d'autant plus nécessaires, que l'on comprendra mieux, après les avoir lus, l'histoire de mon règne jusqu'à ce jour.

La résidence du duc d'Angoulême dans le Midi, en 1814; et plus tard, celle qu'il y faisait en ce moment avec Madame Royale qui était venue l'y rejoindre, avait accoutumé certains nobles ou autres à faire partie d'une cour. Ils trouvèrent doux de se maintenir dans cette position agréable, et pour cela essayèrent d'établir le prétendu royaume d'Aquitaine. Ils s'en distribuèrent à l'avance les dignités, les charges, les fonctions. Qui aurait été ministre, qui gentilhomme de la chambre, qui colonel, général, maréchal, qui préfet, qui magistrat. On aurait eu des titres, des ordres; en un mot, une royauté avec ses conséquences.

La capitale du royaume était Toulouse ; je dis était, parce que la chose avait déjà un commencement d'exécution ; Poitiers, Bordeaux, Limoges, Clermont, Montpellier et Marseille formaient les chefs-lieux des grands gouvernemens. Armée, flottes, finances, rien ne manquait. Mais au lieu de conserver ma charte on rétablissait l'ancien régime dans toute sa pureté, avec les trois ordres, les seigneuries, les priviléges, les parlemens, les états particuliers et généraux ; en un mot, on élevait autel contre autel.

On n'avait pas d'abord le secret dessein de perpétuer sans fin cette œuvre sacrilége. Le royaume d'Aquitaine ne durerait, disait-on, que jusqu'au moment où la loi de la nature et de la légitimité appellerait Leurs Altesses Royales le duc et la duchesse d'Angoulême à succéder à un oncle ou un père à la couronne de France. Il servirait, en outre, de contre-partie au système constitutionnel, et à établir un parallèle entre l'ancien et le nouveau régime, pour juger ensuite celui qui devait avoir la préférence ; mais serait-il possible, au bout de vingt ou trente ans peut-être, lorsque tant de millions d'hommes auraient été accoutumés à un gouvernement particulier, de les rendre tout à coup sujets de Paris ? Son Altesse Royale le duc de Berry ne demanderait-il pas pour lui et ses enfans la jouissance de ce royaume-modèle ? En attendant, c'était un véritable morcèllement de la France, c'était une cause perpétuelle d'affaiblissement et de guerre civile, d'embarras sans fin pour les douanes, un obstacle continuel au développement du commerce, et enfin la chute presque certaine de la maison royale, quoiqu'on prétendît par là l'affermir sur le trône.

Ce plan, aussi fou que coupable, était conçu par des hommes et quelques femmes enthousiastes boursouflés, sans bon sens, dont nous n'avons jamais rien pu tirer de réellement utile à nos intérêts, dans les diverses époques de nos revers. Je ne nommerai aucun des auteurs principaux de cette intrigue, par égard pour le duc d'Angoulême, qu'ils compromirent à demi. Je me contente d'en exposer l'ensemble afin de montrer que les jacobins ne furent pas les seuls que j'eus à combattre.

Parmi les capacités que messieurs du royaume d'Aquitaine voulaient employer, je citerai M. de Villèle. Celui-ci, dès 1814, s'était rendu cher au parti en publiant, en opposition à ma déclaration de Saint-Ouen, prolégomène sacré de ma charte, une brochure dans laquelle il renversait en entier la grande œuvre que je préparais pour le bonheur de la France. M. de Villèle voulait ramener ses compatriotes au point de départ de 1789, sauf à leur accorder quelques allégemens de plus qu'on leur jetterait en manière d'os à ronger. Il perçait alors ; on commençait à parler de lui en province, et on ne manqua pas d'abord de le faire nommer maire de Toulouse, et ensuite député. Plus je le vois et plus je me persuade qu'il a autant d'envie de parvenir que de sagesse et d'habileté à en préparer les voies ; il ne donne rien au hasard, il calcule ses paroles, médite ses actions, et possède la science des chiffres. On l'écoute avec plaisir quoiqu'il ait l'organe désagréable et peu de grâce dans le débit ; il trouve le moyen d'être modéré et de plaire aux enthousiastes ; il veut avancer lentement afin de n'avoir pas à reculer ; cependant il est un de ceux qui prétendent aller le plus loin ; il est simple dans ses manières, dédaigne le faste ; on dirait qu'il craint de trop attirer les regards du public ; il parle tant de franchise, que je le crois fin et rusé ; il tourne autour de la question plutôt qu'il ne l'aborde, mais il n'en vient pas moins à son but. Je le voyais bien éloigné du ministère en 1815, et maintenant il s'en approche de très-près (1), car si le système actuel ne peut se soutenir, M. de Villèle en recueillera nécessairement une partie de la succession ; néanmoins je ne le regarde pas comme un homme d'État.

A propos de ministres et de ministères, je ne sais pourquoi j'ai oublié de signaler deux hommes qui, à mon retour, jouèrent un rôle dans l'administration du royaume : MM. de Barante et Guizot. Le premier, élevé à l'école impériale, en

(1) Ceci a été écrit en 1819.

(*Note de l'éditeur*).

avait conservé toutes les traditions. Je le plaçai au secrétariat général de l'intérieur, où il remplit à peu près les fonctions de sous-ministre ; il est de ceux qui n'excitent pas la jalousie, et que les ambitieux aiment à voir dans les places parce qu'ils savent qu'il est facile de les en faire partir.

Le second avait fait ce que les buonapartistes appelaient ironiquement le voyage sentimental de Gand. J'avais pour lui une demi-affection parce qu'il me paraissait le royaliste le mieux déguisé en libéral qu'on pût imaginer ; tout en lui tient à la monarchie, mais il cache ce penchant au moyen de ses paroles et de ses livres. Les premières sont brillantes et verbeuses ; il éblouit au point de faire entrevoir des pensées là où au fond il n'y a que des mots ; il est moins heureux quand on l'imprime. Je trouve que rien ne ressemble tant à des in-folio que ses brochures ; sa plume est beaucoup moins légère que sa langue, aussi on aime mieux à l'entendre parler qu'à le lire.

J'envoyai cette fois M. Guizot au secrétariat de la justice, pour aider M. Pasquier dans ses fonctions. On lui a reproché plus d'une nomination de cette époque, et on n'a pas tort, car... les philosophes de nos jours sont aussi les plus positifs du siècle.

M. Guizot rédigea la circulaire à laquelle le garde des sceaux apposa sa signature. J'en vais donner quelques fragmens, afin de montrer que la virulence en 1815 n'appartenait pas uniquement aux hommes de l'ancien régime, ainsi que la calomnie s'est plu à le répandre. Cette pièce disait :

« ... La violation fondamentale des lois du royaume, le succès et le règne de la force et de la violence, les plus affreux désordres qui en sont résultés depuis quatre mois, ont pénétré d'affliction tous les bons citoyens. Un sentiment d'indignation plus profond a dû saisir les magistrats. Ne les a-t-on pas vus constamment défendre la dignité du trône contre les factieux, et les libertés du peuple contre les entreprises du pouvoir ? Combien n'avez-vous pas dû souffrir en voyant cette succession continuelle d'actes les plus arbitraires qu'il vous semblait impossible de réprimer ! quel plus grand malheur pour des magistrats, que de voir enchaîner le courage qu'ils avaient mis à défendre les citoyens, à poursuivre la violation des lois ? Mais le roi est revenu avec la justice ; il vient vous rendre le beau privilége de protéger le faible, l'innocent, de venger la société en punissant les coupables... Votre exemple et la gravité de vos opinions ramèneront les esprits égarés. Votre zèle austère à exécuter les lois intimidera ceux qui voudraient troubler l'ordre et la paix si nécessaires à la France. »

M. Guizot et le ministère plaisaient à mes amis de la droite en annonçant que la sévérité présiderait désormais aux arrêts de la justice. Mais le conseil cessa de trouver là des partisans lorsqu'il me proposa et que j'acceptai une ordonnance qui mettait fin à toutes les commissions extraordinaires que mes délégués exerçaient dans les départemens. Ils avaient tous de bonnes intentions, mais, cédant à des influences locales, ils persécutèrent les individus au lieu d'agir sur les masses. Plusieurs se crurent investis de l'omnipotence des proconsuls de la convention nationale, et oublièrent que leur pouvoir découlait d'un principe paternel et non tyrannique.

Les plaintes, les récriminations s'élevèrent de tous côtés; le sang coula dans diverses villes; un maréchal de France fut assassiné à Avignon; un général, investi par moi du pouvoir qu'il exerçait, trouva la mort à Toulouse, en présence de toutes les autorités. Or, puisque mes commissaires ne pouvaient remédier à de tels attentats, à quoi étaient-ils bons? à rien; je le compris, et leur administration temporaire eut un terme.

Ceci décida la scission qui allait s'établir entre moi et les royalistes. Je me trouvai dès-lors entouré de cette malveillance injuste qui m'a poursuivi avant la révolution, laquelle ne cessa que lorsque je demeurai à peu près seul fidèle à cette cause qu'on m'accusait de ne pas aimer.

Dès la fin des cent jours l'hostilité recommença; elle se maintient avec une opiniâtreté que rien ne peut vaincre, et c'est parmi les royalistes que je dois compter des ennemis!

Madame de..., qui est dans leur rang, quoiqu'on l'accuse de libéralisme, fut la première à commencer l'attaque contre moi, non en arrière, mais en face, ce que je trouve plus franc, plus convenable et plus respectueux. C'était vers la fin d'août (j'anticipe sur les faits) quand déjà des fautes avaient été commises, et qu'on aurait dû se rallier à ma personne au lieu de s'en écarter.

— Eh bien, Sire, dit-elle, voilà Sa Majesté qui passe dans le camp ennemi.

— Si cela était vrai, répartis-je, le roi ne souffrirait pas qu'on le lui dît en face ; il est resté à sa place habituelle, mais en revanche on s'est éloigné de lui, vous la première.

— Oh ! s'écria-t-elle étourdiment, c'est que je suis royaliste !

— Et le roi, qu'est-il donc ?

Madame de... s'arrêta ; son bon sens lui montrait l'inconvenance de ce qu'elle allait ajouter. Moi, qui craignais que notre conservation eût du retentissement, je dis :

— Le roi est jacobin, n'est-ce pas ?

— Sire, il y a de langues si téméraires !

— Cela ne veut pas dire qu'elles s'écartent de la vérité.

— Sire, répliqua madame de... avec encore plus de véhémence, il est des circonstances où il convient de jeter son bonnet par-dessus les moulins ; ce qui signifie que la sincérité devient un devoir. Je me sens de grandes dispositions à la franchise, et, si le roi veut le permettre, je lui parlerai à cœur ouvert.

— Tout à votre aise, madame, le roi souffre la flatterie, parce qu'il ne peut lui imposer silence; mais il préfère la vérité, surtout de votre bouche, car il est certain que vous la parerez du charme de votre esprit. Ainsi, ne vous gênez pas; d'ailleurs je serai enchanté de savoir ce qu'on me reproche.

— Beaucoup de choses, Sire, et ce n'est peut-être pas sans raison.

— Pas de généralités, s'il vous plait, j'aime la précision en tout.

— D'abord, le roi veut l'être de tout le monde.

— Il doit avouer ce tort.

— N'est-il pas pénible pour son fidèle clergé, pour sa fidèle noblesse, de se voir polluer par toute la gente roturière, marchande, que sais-je? qui fait irruption aux Tuileries, qu'on y accueille, qui prend nos titres, nos décorations, nos biens, et jusqu'à nos tabourets? On espérait que, la légitimité rétablie, cette plèbe retomberait dans sa fange primitive, et que les purs rentreraient en possession de ce que le roi leur aurait pleinement restitué.

— C'est fort bien, madame, répondis-je; mais où sont les purs? La plus grande partie des membres du clergé se sont soumis à Buonaparte, la noblesse a débuté par abandonner Louis XVI, puis moi ensuite, et franchement elle a bien fait, car l'exil est une pénible chose. En rentrant en France, elle s'est accommodée des places, des épaulettes, des robes de magistrature, de chambellanie; elle a rempli les salons de Buonaparte, et celle qui n'a rien pu obtenir, a demandé, ce qui revient au même. Or, de telles gens ont mauvaise grâce à vouloir se séparer en 1815 de ceux dont ils se sont volontairement rapprochés en 1800. J'imite leur exemple, et dans leur injustice ils osent me condammer!

— Le roi a de l'esprit, dit madame de... avec embarras.

— Il a au moins de la raison, voit bien et pense juste. Je serais en beau chemin de perdre encore ma couronne, si je m'appuyais uniquement sur la noblesse et le clergé, ils n'ont pas empêché la chute du trône en 1789 et 1815. A quelle époque, s'il vous plait, ont-ils montré de l'énergie? Je suis le roi de France, de tout le peuple, et je me maintiendrai dans la plénitude de mon titre. Au reste, j'avais jusqu'ici deux sortes d'ennemis, les jacobins et les Buonapartistes, et je vois que je dois y ajouter les royalistes.

— Ah! sire!

— Oui, madame, les royalistes. Quelle conduite tiennent-ils maintenant? ont-ils égard à ma situation, à la lutte que j'ai à soutenir avec l'Europe entière, avec l'intérieur, avec ces mille passions allumées à la fois? Au lieu de se rallier à moi pour remédier à tant de maux, ils m'accusent, m'attaquent ; il faut que je subisse leurs exigences, et pourquoi? Ont-ils vaincu la révolution, m'ont-ils rendu ma couronne? Non, de par Dieu. Jusqu'ici ils ne m'ont fait que du mal, leur secours a été des épigrammes, et c'est par des intrigues qu'ils me prouvent leur fidélité en attendant pis peut-être.

J'étais de mauvaise humeur, et je ne le cachais point ; c'était un tort : j'aurais dû me rappeler le précepte admirable d'Horace :

Ira furor brevis est, animum rege, qui nisi paret imperat...

(La colère est une courte frénésie! comprimez ses mouvemens, car, si elle n'obéit pas, elle commande.)

— Mon cœur est brisé, dit madame de..., des pensées penibles du roi. Sa susceptibilité bien naturelle l'entraîne peut-être trop loin. Est-il possible qu'il doute de l'amour et du respect de la noblesse ?

— L'amour et le respect se manifestent-ils par des pamphlets, des chansons et des trames ? Voyez comment on se conduit dans le Midi et comment à Paris on me traite. Madame, je crois à l'attachement quand on me le prouve, je le suspecte quand je ne vois que des hostilités là où la fidélité devrait seule se montrer.

— Sire, on vous aime.

— Qu'on me le prouve, madame, je vous le répète.

— On est jaloux de la faveur que vous accordez à d'autres.

— Ces *autres* sont des Français comme le reste de mes sujets. Ce ne sont point les titres de noblesse qui constituent celle de l'âme. Qui m'a mieux servi que MM. Lainé, Lynch, Bellart, Royer-Collard, je vous le demande ? et George Cadoudal, et Cathelineau, et Stofflet, et Pichegru.

En vérité, si on me pousse à bout, je ferai comme feu M. de Pourceaugnac : je dirai leur fait à qui de droit.

— Madame de ..., à ces derniers mots, se prit à rire, et m'avoua que le peu de rapport qu'elle trouvait entre le héros de Molière et ma personne sacrée, appelait impérieusement son hilarité. Nous cessâmes dès lors de nous quereller, mais ce coup de boutoir lancé, je savais qu'il reviendrait à ses ayant-cause, et cela me suffisait pour le moment. Je ne sais en quels termes madame de ...... rapporta cet entretien ; ce qu'il y a de certain, c'est que deux jours après, Monsieur vint me voir, et me demanda si je pouvais l'entendre un quart-d'heure en tête à tête. J'y consentis ; dès que nous fûmes seuls, il entama une vraie harangue en trois points avec subdivision.

C'était l'apologie pleine et entière de la conduite de ses amis. Ils n'avaient aucun tort, c'était moi qui les réduisais au désespoir, qui étais la cause de l'assassinat du maréchal Brune à Avignon, qui complotais contre l'intégralité du territoire en créant le royaume d'Aquitaine, qui organisais dans chaque département un pouvoir occulte et des compagnies secrètes, comme cela avait déjà lieu, en un mot, on se croyait en droit de m'accuser de troubler le royaume et la paix dont ces messieurs voulaient jouir.

Je ne pus m'empêcher de mettre sous les yeux de Monsieur ce tableau que je viens de tracer avec ironie, de lui déclarer que je regardais comme mes plus grands ennemis ceux qu'il prétendait justifier. Monsieur me dit alors avec un profond soupir :

— Mon frère, vous n'êtes pourtant pas dans votre droit, ni nous non plus.

— Quels sont vos droits aujourd'hui ? répartis-je ; ceux de sujets. Eh bien ! le principal, celui dont vous et les vôtres devez le moins vous écarter, c'est l'obéissance. Quant aux miens, croyez que je suis capable de les reconnaître et de les soutenir aussi bien que peuvent le faire l'abbé de Latil et M. de Damas-Crux. Mais remarquez bien aussi que c'est en se séparant de Louis XVI qu'on l'a conduit à la mort, qu'on a renversé la monarchie ; et maintenant, monsieur, on recommence cette funeste conduite en se séparant de moi.

Mon frère, atterré de ma réponse, me salua et partit ; j'avais frappé fort afin d'atteindre juste.

CHAPITRE XIX.

Révélations. — Haute mesure proposée par le prince de Talleyrand. — Le roi se refuse à punir son frère du tort de ses amis. — Sages mesures du conseil. — Récit détaillé de ce qui eut lieu lors du dressement des listes des coupables. — Ce que le roi dit à ses ministres à ce sujet. — Le duc d'Otrante manœuvre autour de lui. — Vers qui il se tourne en désespoir de cause. — Le duc d'Otrante depuis le 23 mars 1815. — Le roi n'approuve pas sa conduite. — Pourquoi. — Ce qu'il fait après Waterloo. — Barras en jeu. — Le roi se détermine à le voir en secret. — Le duc de Richelieu est mis dans la confidence. — Il va chez Barras. — Détails de l'audience que le roi accorde à Barras. — Ce qui en résulte relativement à Son Altesse Sénénissime le duc d'Orléans et M. le duc d'Otrante.

J'aimais mieux réprimander Monsieur de vive voix, que d'avoir à prendre des mesures de rigueur dont je comprenais la conséquence. Dirai-je que ces mesures m'avaient été demandées par le président du conseil, bien avant le jour où j'eus cette conversation avec Monsieur. Pour qu'un homme aussi réservé en fût venu à un tel point, il fallait que le cours ordinaire des choses eût été étrangement interverti. En effet, quand on n'a pas été appelé aux secrets de mon cabinet, on ne peut se faire une juste idée de la violence des gens du pavillon Marsan. Depuis qu'ils avaient cessé d'avoir peur, ils étaient devenus furieux, tout moyen leur semblait bon pour arriver à leur but.

Le conseil reçut des avis officieux de l'Angleterre et de la Russie. Le prince régent me communiqua des offres qu'on avait faites, des propositions mises en avant. Il me rendit un vrai service, quoiqu'il brisât mon cœur. Les amis de mon frère, avec une audace coupable, lui laissaient ignorer les intrigues dans lesquelles ils lui faisaient jouer le premier rôle sans son consentement. C'était un véritable délire; à les entendre, on aurait cru qu'ils avaient fait réellement la conquête de la France.

Leurs menées, en encourageant les conspirateurs subalternes, préparèrent de funestes événemens. Des fonctionnaires publics en sous-ordre, des hommes tarés, et néanmoins affichant des principes, se disposaient à répandre le sang, à ramener les époques de la terreur, à me faire haïr de la majeure partie de la France. Les chefs ne se doutaient pas de ces combinaisons atroces, j'aime à le croire. Cependant on les mit en jeu; des assassinats eurent lieu dans plusieurs villes, et les coupables, dès qu'on cherchait à les atteindre, se réfugiaient dans la pureté de leur royalisme et dans leur zèle à défendre la cause des princes; car on ne parlait plus de celle du roi. Or, il était affreux que les noms des membres de ma famille se trouvassent si hideusement compromis, que je dusse avoir à soupçonner ceux qui m'étaient le plus chers au monde.

Et ces ambarras, ces agressions insolentes augmentaient en raison des obstacles que j'avais à combattre, lorsque j'aurais eu besoin du concours de toute la nation pour repousser les exigences des étrangers. Ce fut donc au milieu de ce chaos, que le prince de Talleyrand crut devoir me proposer d'ordonner à Monsieur de faire un voyage à Londres. Il pensait que la faction, privée de son chef apparent, tomberait aussitôt. Je rejetai cette mesure, connaissant trop bien l'histoire d'Angleterre. Comme déjà nous avions eu un Charles Ier, et que je me trouvais dans une position semblable à celle de Charles II, il ne me convenait nullement de ramener un Jacques II.

Je ne dis rien de ce conseil à Monsieur, il ne le saura qu'après ma mort, et par cette révélation consignée ici. Je savais d'ailleurs que dans aucun cas on ne parviendrait jamais à le faire dévier de son devoir; que chez lui les cabales n'avaient ni importance ni malice. Il s'en occupait comme de la chasse, pour passer le temps.

Ce qui excitait principalement la colère du pavillon Marsan, étaient les mesures d'ordre et de modération que prenait mon cabinet. On lui reprocha, par exemple, avec aigreur, la loi qu'il me fit rendre pour déclarer la liberté illimitée de la presse, et tout ce qui ne serait pas journaux quotidiens. Les brochures dès lors reparaîtraient, et leur licence était insupportable aux royalistes exaltés. Ils ne furent pas même dédommagés par l'idée qu'ils auraient le droit de lancer contre moi ces petits pamphlets qu'ils ne m'ont épargnés à aucune époque. Ce désagrément eut cependant pour eux une compensation réelle dans les listes de proscription que je dus approuver, et dans lesquelles on punissait à divers degrés les hommes coupables du retour de Buonaparte.

Ces listes furent d'abord dressées par le duc d'Otrante, qui négligea d'y insérer son nom. Il les communiqua aux amis de Monsieur avant de les apporter au conseil, et le baron de Vitrolles ne dédaigna pas de les discuter avec lui. Lorsque ces messieurs eurent désigné les coupables, le duc d'Otrante demanda à être entendu, et le conseil s'assembla. La première liste frappait cent individus, dont plusieurs ne parurent pas mériter cette destinction. On décida donc que cette liste serait réduite à soixante-dix-sept noms.

Enfin, après des discussions prolongées et soutenues avec chaleur, selon les diverses opinions de chaque membre du conseil, la liste fut définitivement arrêtée ; on la divisa en deux catégories ; la première comprenait les coupables en chef qui seraient traduits immédiatement par-devant un tribunal militaire pour que jugement s'ensuivît.

C'étaient Ney, Labédoyère, les deux frères Lallemant, Drouet d'Erlon, Laborde, Lefèvre, Grouchy, bien que nous dussions à ce dernier la perte de la bataille de Waterloo; Clausel, Debelle; Bertrand, Drouot, Cambronne, Lavalette et Rovigo.

Dans la seconde catégorie, on réunit trente-huit individus, désignés ainsi qu'il suit : Le duc de Dalmatie, Alix, Excelmans, Vandamme, Marbot, Lamarque, Lobau, Piré, Dejean, Hullin, Félix Lepelletier, Boulay de la Meurthe, Méhée de La Touche, qui payait en cette occasion sa conduite aux 2 et 3 septembre 1792; Fressinet, Thibaudeau, Carnot, Harel, Barrère, qui certes ne l'avait pas volé; Arrighi, Arnault, Pommereuil, Regnault de Saint-Jean d'Angely, Réal, Garreau, Bouvier-Dumolard, Merlin de Douai, directeur, auteur de la fameuse loi des suspects, et de tant de mesures démagogiques; Durbach, de Fermont, Bory de Saint-Vincent, Félix Desportes, Garnier des Saintes, Mellinet, Clays, Courtin, Forbin-Janson *fils aîné*, Le Lorgne d'Ideville.

On arrêta à l'égard de ceux-ci qu'ils quitteraient Paris dans le délai de trois jours pour se rendre au lieu que leur désignerait le ministre de la police; il y en avait dans ce nombre qui, par suite de dispositions de l'ordonnance, devaient sortir du royaume, vendre leurs biens, et en transporter le produit hors de France.

Un dernier article déclarait à jamais fermée la

liste de proscription. On voit que je ne ménage pas les termes, je ne pense pas en avoir besoin ; certes, il était difficile de punir avec plus de modération, à la suite d'une si grande catastrophe. Qu'on ouvre l'histoire des révolutions de chaque peuple, et l'on verra que la clémence de mon gouvernement, en 1815, ne fut surpassée par aucun autre. Le fait est trop incontestable pour que je m'arrête à le justifier. D'ailleurs, je dois apprendre au lecteur que dans le conseil où l'on entama cette discussion, je dis :

« Messieurs,

» La thèse que vous allez traiter me touche
» trop directement pour que je me permette de
» la discuter avec vous : ma confiance vous a re-
» mis les rênes de l'administration, c'est à vous
» de juger ce qui est le plus utile dans l'intérêt
» commun. Je ne veux inflencer ni votre sévé-
» rité ni votre clémence ; agissez en libre arbi-
» tre complet : j'approuverai toutes vos résolu-
» tions, et dans l'avenir, je ne garderai de mon
» pouvoir suprême que le droit de faire grâce s'il
» y a des coupables qui méritent mon pardon. »

Le conseil s'assembla plusieurs fois avant de se prononcer. Le plus ardent à punir était le duc d'Otrante ; cela n'était pas étonnant, car lui seul aurait dû figurer parmi les proscrits. Enfin la liste fut parachevée et close.

Le duc d'Otrante, dès son entrée au ministère, s'attacha à m'entourer de mensonges et d'illusions, à me représenter la révolution prête à relever la tête si on ne la réduisait au désespoir. Je ne pourrais nombrer les ressorts qu'il fit jouer, les lettres, les rapports qu'il mit sous mes yeux, les révélateurs qu'il m'envoya. En vérité, je ne conçois pas où il prenait tant de gens propres à remplir, à sa volonté, les rôles secondaires qu'il leur distribuait.

Cependant, s'il m'étourdissait, il ne me subjuguait pas. Je reconnaissais en lui quelque chose de louche qui me déplaisait; je ne mettais pas encore précisément la main sur le nœud de l'intrigue, mais je savais qu'il en existait une, et cela suffisait pour que je me tinsse sur mes gardes.

J'avais raison de me méfier du duc d'Otrante; il était trop habitué à jouer un double jeu pour qu'il y renonçât maintenant. Naguère encore, il menait de front mes intérêts et ceux de Buonaparte, et aujourd'hui, ce dernier était remplacé par le duc d'Orléans. Nul mieux que le duc d'Otrante n'a démenti le célèbre axiome du divin Sauveur : On ne peut *servir deux maîtres à la fois*. Avant d'aller plus loin, je raconterai une partie de ses nouvelles trames. J'ai dit tout ce qui avait contribué à l'élever, il convient que je fasse connaître aussi les motifs qui amenèrent sa chute, et cette fois sans retour. Ce sera, au reste, un épisode de mes Mémoires.

Le duc d'Otrante n'était pas content de la part que je lui avais faite; il aurait voulu être mon favori ou mon ministre dirigeant en chef. Cela n'était pas possible, car le prince de Talleyrand était là, et d'ailleurs je ne pouvais donner ma confiance à un homme qui n'avait ni mon estime, ni mon amitié. Le duc d'Otrante était doué d'un esprit trop pénétrant pour ne pas s'apercevoir que sa coopération directe m'était importune; que si j'avais accepté précédemment ses services, c'était sous la condition que nos rapports resteraient secrets. Il y a plus, si cet homme s'était contenté de l'influence mystérieuse que je lui aurais volontiers laissé prendre, il se serait maintenu dans une position avantageuse, où n'aurait pu l'atteindre le coup qui le renversa malgré ses manœuvres et son audace.

Certain que je ne le supportais qu'à contre-cœur, et que ses efforts seraient inutiles pour rompre la glace que je lui opposais, il s'appuya sur un des moyens dont il s'était déjà servi pendant les cent jours. Il ne s'agissait de rien moins que de mettre le duc d'Orléans à ma place. Je suis persuadé que ce prince aurait déconcerté ce plan par la franchise de sa conduite. Je présume également qu'il n'a su que d'une manière indirecte ce que le duc d'Otrante voulait faire pour lui. Je le mets donc, dans ce que je vais dire, hors de cause.

Lorsque je quittai la France, le duc d'Orléans

fut investi par moi de pouvoirs très-étendus dans la seizième division militaire ; je lui confiai le soin de défendre cette portion de mon royaume. Je quittai Lille le 23, et le 24, le duc d'Orléans en partit aussi ; il donna pour raison qu'il ne recevait plus d'ordres ou d'instructions de ma part. Il me semble qu'il aurait pu les attendre un peu plus long-temps ; mais il fut pressé, on lui avait donné l'exemple de la retraite, et je ne me plains pas qu'il l'ait suivi. Mais, ce que je lui reprohe, c'est d'avoir dit au maréchal duc de Trévise, dans la lettre qu'il lui écrivit le jour même où je sortis de Lille : *le roi n'étant plus en France, je ne puis vous transmettre d'ordres en son nom.*

Il semblerait, d'après cette phrase, que le duc d'Orléans attachait ma royauté à ma présence dans l'intérieur du royaume. Cette lettre, quand on la publia, ne me convint point. Je n'avais pas non plus été satisfait de la promptitude avec laquelle le duc s'éloigna de ma personne, et se retira en Angleterre. Néanmoins je l'y laissai tranquille ; mais il y eut des gens qui ne firent pas comme moi. On lui prêta des sentimens révolutionnaires ; on le força d'insérer dans les journaux britanniques une profession de foi du plus pur royalisme, et une protestation de fidélité que certainement je le crois incapable de démentir.

Aussitôt après la bataille de Waterloo, ce prince m'écrivit pour me complimenter sur ma prochaine rentrée. Comme je ne lui parlais pas de la sienne dans ma réponse, il prit cette omission pour un consentement et arriva tout à coup. J'étais encore fort embarrassé du rôle que des intrigans avaient voulu lui faire jouer, et j'admirais comment on tenait à proclamer roi celui qui, vis-à-vis de moi, cherchait tant à conserver son rang de prince, et qui, envers la révolution, n'importe à quelle époque, avait tâché de se maintenir citoyen.

On me conseillait de retenir le duc d'Orléans en Angleterre; mais Monsieur m'engagea à le laisser revenir. — Il faut, me dit-il, l'enchaîner par les bienfaits, afin de lui ôter tout prétexte d'ingratitude.

J'accédai au désir de mon frère, et le duc d'Orléans revint en France. Il y était à peine que tout le parti des affligés me fit volte-face, et se cantonna au Palais-Royal. Le duc, qui est très-bon, accueillit de son mieux les nouveau-venus, les consola, prit leur mal en pitié, et de telle sorte, que, sans s'en douter, sans mauvaise intention, il se mit pour eux au lieu et place de Buonaparte.

Le duc d'Otrante ne fut pas le dernier à comprendre le parti qu'on pourrait tirer de Son Altesse Sérénissime, et voilà que soudain il intrigua autour de mon noble cousin; chercha à se faire des créatures dans ses salons et jusque dans son intimité, mais à l'ombre, et de manière à ce que je ne pusse m'en douter. Cela lui réussit: je restai dans une tranquillité parfaite, et le pavillon Marsan, qui prétendait tout savoir, n'eut ni de mielleures oreilles, ni de meilleurs yeux que moi.

Mais en arrière du duc d'Otrante quelqu'un veillait sur lui.

Au moment où je m'y attendais le moins, le comte de Barras m'écrivit une lette ainsi conçue :

« Sire,

» J'aurais à faire parvenir à Votre Majesté un
» avis très-important. Je sais que la circonstance
» ne me permet pas de le déposer moi-même aux
» pieds du roi. En conséquence, si Votre Majesté
» veut dépêcher vers moi une personne investie
» de sa confiance, je lui révélerai ce qui intéresse
» à la fois la sûreté de l'État et celle de la famille
» royale.
» Je suis avec le plus profond respect, etc. »

Ce billet mystérieux me donna beaucoup à penser. M. de Barras avait acquis des droits à ma confiance. Dès la première nouvelle de l'arrivée de Buonaparte, je lui avais fait mander d'accourir à Paris du fond de la Provence où il était alors. Il m'avait obéi ; mais les événemens avaient marché plus vite que la poste ; et lui d'ailleurs ayant été obligé de faire un détour et de venir par le Languedoc, il n'arriva qu'après mon départ et l'entrée de Buonaparte. Je ne pus dès lors profiter des conseils que j'attendais de cet homme d'État, et lui-même se tint à l'écart pendant le règne éphémère de l'usurpateur.

Le duc d'Otrante, à cette époque, cherchait encore à se rapprocher du comte de Barras; mais celui-ci rejeta tout accommodement avec Buonaparte. Une scène des plus vives s'ensuivit entre l'ex-directeur et le ministre de la police impériale. Ils se séparèrent furieux l'un contre l'autre.

A mon retour, j'aurais dû me souvenir du comte de Barras; mais les embarras qui m'assaillirent de toutes parts m'en ôtèrent le loisir. Cependant, en recevant son billet, je me décidai, après de mûres réflexions, à l'appeler près de moi. Néanmoins je crus qu'il convenait d'agir avec circonspection dans cette affaire. Je connaissais la susceptibilité de ma cour, celle des alliés, et comme le comte de Barras était une notabilité de la république, je devais craindre que mes rapports avec lui fussent connus. D'ailleurs Madame Royale se trouvait dans ce moment aux Tuileries, et il eût été trop cruel de la mettre en présence d'un homme dont la vue devait lui être si odieuse.

Le ciel m'est témoin de la violence que je me faisais pour laisser approcher de moi des personnages de 1793 : mais j'étais roi, et à mes devoirs publics je devais sacrifier mes affections particulières. Ayant donc résolu d'appeler à une audience secrète l'ex-directeur, je me confiai au duc de Richelieu : je lui fis part de ce qui déjà s'était passé entre moi et le comte de Barras, et du désir que j'avais de le recevoir en personne.

Le duc de Richelieu entra facilement dans ma pensée qui était de cacher cette démarche à ma famille, à ma cour, et surtout au duc d'Otrante. En conséquence il accepta la mission de voir d'abord le comte de Barras, puis de me l'amener, ce qui lui était aisé à cause de son service de premier gentilhomme de la chambre.

A son retour le duc me conta que l'ex-directeur avait été enchanté de sa visite, et surtout de ce qu'il lui annonçait. Cependant, et avec une délicatesse qui me plut, il lui dit de m'assurer que, quoique sa vue ne lui fût pas agréable, il communiquerait à lui, duc de Richelieu, ce qu'il avait à révéler. Il ajouta seulement que le cas était pressant.

Étant déterminé à conduire moi-même cette affaire, je répondis que je verrais M. de Barras; mais je dis en même temps au duc de Richelieu qu'il assisterait à l'audience, à moins que l'ex-directeur s'y opposât formellement. Un mot du premier gentilhomme de la chambre le prévint que le même soir il serait reçu, lorsque mon appartement intérieur aurait été fermé à tous les gens du château. C'était l'heure la plus commode, et, par le fait, celle où les curieux et les espions (car j'en avais autour de moi) auraient cessé de faire sentinelle.

Le comte de Barras arriva au moment indiqué; il était peu connu des personnes du château, aussi nul ne se douta qui ce pouvait être. Il m'aborda avec tous les signes du respect et du repentir; il s'excusa sur le passé en homme qui sait la valeur des mots, et qui a le sentiment des convenances. Lui ayant demandé s'il désirait m'entretenir d'une manière plus intime, il répondit que M. de Richelieu n'était pas de trop puisqu'il possédait ma confiance, et qu'il lui aurait tout révélé si je l'eusse exigé.

Jusque-là je n'avais jamais vu M. de Barras; il n'était point assez célèbre avant ma sortie de France pour que je me fusse occupé de lui. Les portraits qui le représentaient en habit de directeur m'avaient laissé de sa personne une idée confuse. Il n'était pas beau, mais sa figure pétillait d'esprit et de vivacité. Il était gros et d'une taille moyenne, il avait les manières d'un homme du grand monde, et je crus démêler, à travers son urbanité, quelque reste de dignité qui rappelait le rôle suprême qu'il avait joué pendant les dernières années de la république.

Lorsque le chapitre préliminaire et indispensable fut épuisé, je mis le comte de Barras sur la voie du motif principal de cette audience.

Alors reprenant la parole, il me révéla tout ce qu'il savait de bonne source; les manœuvres du duc d'Otrante près de la personne du duc d'Orléans; il me nomma les agens auxquels il s'adressait, les généraux, les colonels dont on espérait la coopération, les pairs qui agiraient en cas de besoin. Bref, tout cela fut appuyé de telles preuves qu'il fallut les admettre; mais ces preuves étaient toutes morales; il n'y avait rien d'écrit, tout pouvait se nier ou se rejeter sur l'étourderie de telle ou telle personne.

Je remerciai le comte de Barras en lui disant d'abord que les circonstances m'empêchant de lui donner des témoignages publics de ma satisfaction, je me réservais pour la lui prouver de recourir souvent à ses bons conseils. J'ajoutai ensuite que j'aviserais à tirer parti de ses confidences, et terminai en lui promettant que, quelle que fût la rigueur qu'on adopterait peut-être contre les hommes marquans de la révolution, il devait être assuré qu'une loi particulière, et toute à son avantage, serait faite pour lui.

Je le congédiai après cela, lui charmé de mon indulgence, et moi fort inquiet de ses aveux qui m'empêchèrent de dormir toute la nuit. Le duc de Richelieu, que je consultai le lendemain sur ce qu'il fallait faire, me conseilla d'engager M. le duc d'Orléans à aller au plus vite en Angleterre chercher sa famille où il l'avait laissée, puis de profiter de cette absence pour me débarrasser du ministre de la police.

Le premier moyen était facile, d'autant plus que le duc d'Orléans ignorait sans doute ce qu'on machinait en son nom. Le second offrait plus de difficultés, en raison de la magie que le duc d'Otrante exerçait encore sur une foule de gens. Je craignais que cet homme, furieux de sa disgrâce, me jouât en partant quelque tour perfide. J'avoue qu'il avait embrouillé les affaires à tel point que j'avais fini par me persuader de la nécessité de son intervention.

CHAPITRE XX.

Les électeurs de 1815. — Pourquoi le roi ne s'en tourmenta guère. — Les ultra. — Le duc d'Otrante et ses deux rapports. — Il les fait imprimer. — Ce que le roi pense de cet acte. — Explication du duc d'Otrante avec le roi. — Inutilité de son second mariage. — Les ultra se déclarent contre lui. — Prétentions insatiables des étrangers. — Ce que madame de... fait connaître au roi. — Explication avec le duc de Richelieu. — Le prince de Talleyrand ne plaît pas au czar. — Embarras du roi à ce sujet. — Il veut consulter le comte de Barras. — Conseil gigantesque que ce dernier lui donne. — Pourquoi il ne l'exécute pas. — Dialogue avec le duc de Richelieu. — Monsieur et le roi. — Le roi rend à César ce qui appartient à César.

Les élections qui allaient avoir lieu occupaient mon ministère, le pavillon Marsan qui en eut les honneurs, et les partis vaincus. Quant à moi, je m'en inquiétais peu, car tout m'annonçait que le résultat en serait monarchique. Les vaincus en France ne savent jamais se maintenir sur la défensive; il est rare qu'ils songent à lutter contre leur infortune. Ce n'est que dans la prospérité qu'ils intriguent ou attaquent.

J'étais donc certain que ni les jacobins, ni les

buonapartistes, que l'ordonnance de convocation des colléges électoraux appelait à remplir les devoirs d'électeurs, n'obéiraient à cet appel. La frayeur les tenait à l'écart, et ils laisseraient aux vainqueurs le soin de tirer parti de ce champ de bataille. Or les royalistes seraient seuls à faire les élections; il m'importait donc peu qui on nommerait, puisque tous les députés s'appuieraient sur la légitimité. J'avais tort, j'en conviens; je ne concevais pas bien ce que pourraient faire les royalistes exaltés. Il m'a fallu les voir à l'œuvre pour m'en rendre compte.

Mais si les élections ne me tourmentaient guère, il n'en était pas de même du duc d'Otrante, qui aurait voulu non des partisans des Bourbons, mais des soutiens d'un gouvernement quelconque, et principalement des hommes imbus des idées nouvelles, renforcés d'un bon nombre de buonapartistes et de jacobins. Ce fut pour atteindre à ce résultat, qu'il fit jouer tous ses ressorts, certain, s'il réussissait, de se rendre plus nécessaire que jamais.

C'est dans ce but qu'il se rapprocha des partisans de la république. Il vit Manuel, celui qui, dans la chambre des représentans, avait agi contre moi et pour lequel le duc d'Otrante osa postuler une place dans la magistrature. Ce Manuel, qui depuis n'a cessé de nous être contraire, était alors à vendre et s'offrait à bon marché. Je dédaignai de l'acheter, et il s'est fait *le martyr de l'inflexibilité de ses principes.*

Mais en opposition avec le duc d'Otrante, et ayant le vent en poupe, les royalistes exaltés manœuvrèrent aussi pour s'acquérir la majorité dans la chambre élective, et parvinrent à l'obtenir. Les électeurs, à un très-petit nombre près, appartenaient à cette portion de l'opinion légitimiste que dès ce moment on qualifia du nom d'*ultra* ou de royalistes *quand même*.

Le clergé, qui venait d'avoir la crainte motivée de perdre tout ce qu'il attendait de la restauration, le clergé seconda vivement les *ultra*. Le nombre des modérés ou d'une opinion contraire fut si minime, qu'à peine s'il forma un noyau de vingt voix. Ce résultat, qui se développa rapidement, inspira une terreur profonde aux ennemis de ma dynastie, et plongea le duc d'Otrante dans un désespoir frénétique; alors, ne connaissant plus de bornes, et cherchant à s'accrocher à toutes les branches, il rendit public, par une violation des devoirs d'un ministre, deux rapports destinés dans son esprit à égarer ma judiciaire et celle des étrangers; il avait rédigé ces rapports de concert avec ceux que l'on appelle *libéraux*, et qui sont une macédoine de républicains, de buonapartistes et de monarchiques honnêtes, et par conséquent dupes des meneurs.

Ces rapports, que j'avais lus en manuscrit, m'avaient présenté la position de la France sous un aspect tellement sinistre, que j'en étais navré. Mon mécontentement fut donc au comble lorsque j'appris tout à coup que la presse les divulguait au public, et que les alliés allaient en avoir connaissance.

Leur publication dans l'occurrence fut un crime; elle montra le royaume en proie à la force des passions, divisé en partis armés et menaçans; elle fit voir que la paix intérieure ne régnant pas, nous étions dans l'impossibilité d'échapper aux exigences du dehors par ces efforts gigantesques qui sauvent les nations au moment où on les croit complètement accablées. La blessure que firent ces rapports fut mortelle, et peut-être leur dûmes-nous le traité qu'il fallut accepter quelque temps après.

Le conseil fut, comme moi, anéanti par cette publication intempestive. Le prince de Talleyrand en manifesta un mécontentement qui passa le but; il y eut scission dans le cabinet; et bien que le duc d'Otrante jurât ses grands dieux que c'était un tour qu'on lui avait joué, qu'une main ennemie avait soustrait ces deux pièces de son secrétaire, nul ne crut à cette explication dont il voulait couvrir adroitement sa disgrâce totale.

Au premier *tolle* qui s'éleva sur cette infidélité manifeste, je vis accourir le pèlerin, l'air consterné, la contenance humble et la larme à l'œil.

— Ah! sire, me dit-il, il m'est arrivé un grand malheur!

— Je le sais, répliquai-je froidement.

— On m'a volé.

— Un ministre de la police !.., et qui respectera-t-on maintenant ?

— La malveillance est extrême.

— Nommez le coupable ?

— Je ne le connais pas encore.

— S'il avait enlevé de chez vous un bijou ou un rouleau d'or, vingt-quatre heures après, vous sauriez son nom.

— Ainsi le roi soupçonne...

— Rien, monsieur le duc ; le roi a une opinion déterminée sur ce fait.

— Oserai-je demander quelle est cette opinion ?

— Que vous avez livré à l'impression ce que vous prétendez qu'on vous a dérobé.

— Miséricorde ! le roi se méfie de ma fidélité.

— Votre fidélité ! monsieur, quelle preuve m'en avez-vous donnée ?

Cette réponse consterna le duc d'Otrante, qui en comprit toute la portée. Il me fut facile de m'en apercevoir ; cependant il continua à s'excuser, à rejeter sur ses ennemis le fait de l'impression ; je le laissai dire, mais, quand il eut achevé, au lieu de lui répliquer selon son désir, je changeai la conversation : ce fut pour lui un nouveau coup de foudre ; sa dextérité prise ainsi à l'improviste, il perdit l'aplomb qui jusque-là ne l'avait jamais quitté. J'eus la joie de voir le fourbe par excellence montrer à découvert sa frayeur et sa consternation.

Que n'avait-il pas fait pour fixer solidement la roue de la fortune ? il venait, peu de jours avant cette perfidie, d'épouser, en secondes noces, mademoiselle de Castellane qui n'était ni jeune, ni riche, et n'avait jamais été jolie ; il la demanda en mariage pour s'appuyer sur le crédit des alliances, et, en ceci, il se trompa encore. Pouvait-il se flatter d'effacer la tache du régicide par cette union ? c'était bien mal connaître l'esprit des miens ; je ne dis pas que plus tard, et plus tôt.... bref, on se moqua de lui, on profita de ses dépouilles, puis on lui tourna le dos. C'est l'usage à la cour, il aurait dû le savoir.

- Oui, je le répète, le duc d'Otrante, en faisant imprimer les deux rapports, commit une faute dans ses intérêts, et un crime à l'égard de la France. Elle décida sa chute ; car, outre la colère qu'elle m'inspira, ainsi qu'aux gens sages, le pavillon Marsan en fut indigné. Ici on s'était arrangé pour étaler un système de terreur dont on attendait des merveilles. Pouvait-on croire que j'userais de cette horrible ressource contre mon peuple et au profit des étrangers ? Un père ne peut qu'à son détriment affecter la tyrannie envers ses enfans, et j'étais dans ce cas.

Mais le pavillon Marsan marchait tête baissée en avant, sans s'inquiéter des conséquences que pouvaient amener ses démarches. Furieux d'être contrarié par un homme dont on attendait tous les secours possibles et qu'on n'avait appelé que pour en faire un instrument, sa colère, dis-je, passa toutes les bornes, quand on reconnut que, loin de consentir à être esclave, il prétendait se faire obéir. Dès lors, selon l'expression proverbiale, il ne fut plus bon à jeter aux chiens. Ce qu'il y eut de plus plaisant, quoique la chose au fond eût un côté pénible, ce fut de voir Monsieur et ses amis ne plus se souvenir qu'ils m'avaient en partie imposé le duc d'Otrante et me reprocher amèrement son élévation.

Quant aux alliés, leurs prétentions augmentaient à mesure qu'ils acquéraient la preuve de la désunion intérieure. J'éprouve de la répugnance à rapporter dans tout son ensemble l'affaire du traité de paix qu'il me fallut accepter. Ce fut une époque bien cruelle de ma vie; je voudrais l'effacer de ma mémoire, aussi n'en parlerai-je qu'indirectement. Les souverains, d'eux à moi, me traitaient en ami, s'asseyaient à ma table; mais, en revanche, leur cabinet et leurs généraux montraient une avidité insatiable; c'étaient des menaces, des exactions, des réquisitions, des demandes insolites qui semblaient devoir être sans terme.

Cette position devenait insupportable. La Prusse, l'Autriche, le nouveau roi des Pays-Bas, le roi de Sardaigne, et jusqu'à l'Espagne, c'était à qui s'enrichirait de mes dépouilles. L'un voulait le Roussillon et la Navarre française, l'autre toute la Savoie, Monaco, certains districts du Dauphiné et de la Provence. On réclamait à Vienne, à titre d'héritage, la Franche-Comté et la Lorraine, puis l'Alsace comme devant redevenir allemande. La cour de Berlin, voulant déposséder entièrement le roi de Saxe, demandait, en-deçà du Rhin, des départemens qui pussent servir d'indemnité à ce souverain; enfin la Hollande aspirait à une portion de la Flandre française; du reste, on ne voulait avant tout à nos places fortes.

L'Angleterre ne disait pas grand'chose, elle attendait : l'empereur Alexandre me boudait diplomatiquement, car, de lui à moi, il était plein d'urbanité et de grâces. Enfin on demandait en indemnité pécuniaire des milliards, puis l'occupation serait prolongée indéfiniment. Trois cent mille hommes de toutes les nations camperaient sur le territoire, car, disait-on, le roi de France est sans force, les factions qui divisent son royaume n'attendent que notre départ pour recommencer la guerre civile, et remettre en question ce que nous avons décidé. Or, pour le bien de l'Europe, il faut contenir jusqu'au bout un peuple inquiet, remuant et divisé.

Puis on donnait pour preuve de cet argument les crimes commis dans le Midi, l'agitation de la Vendée, la contenance presque hostile de l'armée de la Loire, et les fameux rapports du duc d'Otrante. Je ne savais à qui entendre, je voyais l'avenir sous de sombres couleurs, le présent n'offrait rien de plus rassurant ; il me revenait de toutes parts des avis alarmans, et j'apprenais par madame de......., toujours active dans mes intérêts, que l'empereur Alexandre, ne pouvant revenir de ses préventions contre le prince de Talleyrand, ne changerait pas de conduite envers moi tant que cet homme d'État serait à la tête des affaires.

Cela me faisait réfléchir, et lorsque je me trouvai seul avec M. de Richelieu, qui se préparait à partir pour Odessa dont le czar lui conservait le gouvernement, je lui demandai ce qu'il pensait du rapport de madame de...... Le duc, avec une délicatesse très-honorable, me répondit qu'il ne savait rien à ce sujet, que l'empereur ne lui avait fait aucune confidence. Je ne me payai pas de ces premières paroles, et prenant la main du duc de Richelieu dans les miennes, je lui dis avec l'accent du cœur :

— Monsieur, si vous êtes Français, parlez sincèrement au roi de France.

A cette interpellation pressante il se troubla, prétendit que dans sa position il ne pouvait dire ce qui nuisait au président de mon conseil, dans l'hypothèse où il saurait quelque chose à son désavantage. J'insistai vivement, je lui parlai de manière à le convaincre que toute réticence de sa part serait un tort. Enfin je mis d'autant plus d'abandon et de chaleur dans mon discours, que je pouvais craindre que le duc de Richelieu me crût son ennemi. Il y avait de bonnes gens pendant l'émigration qui s'étaient amusés d'un côté à me dire du mal de lui, et de l'autre, à lui affirmer que je ne pouvais le souffrir, ce qui était complètement faux.

Je connaissais cette intrigue, et peut-être était-ce la cause du refus que le duc de Richelieu avait fait d'entrer dans mon conseil en acceptant le ministère de ma maison. J'étais donc bien aise de saisir l'occasion de me justifier sans en avoir l'air. Lui, enfin, poussé dans ses derniers retranchemens, m'avoua qu'en effet à l'amitié que le czar portait au prince de Talleyrand en 1814, avait succédé un éloignement qui prenait tout le caractère de la haine, et que mes intérêts auraient à souffrir de la nécessité où je me trouvais de les faire soutenir par cet habile diplomate.

Le premier pas fait, le duc me fournit une multitude de preuves à l'appui de ce qu'il avançait, et me démontra clairement que désormais la coopération du prince de Talleyrand me serait nuisible ; ce qui voulait dire que je devais le congédier. Je me contins cependant, afin de tenir conseil avec moi-même avant que de rien décider ; car, vu les circonstances, ce n'était pas une simple détermination à prendre que de changer tout à coup de ministère et de système.

Je remerciai néanmoins le duc de Richelieu, et, pour le distraire de la conversation que nous venions d'avoir ensemble, je le priai d'aller une seconde fois vers le comte de Barras, et de lui ordonner de ma part de me prêter le secours de son expérience. Je veux le consulter, ajoutai-je, peut-être que lui aussi me donnera un bon avis.

Il serait possible que le duc de Richelieu s'imaginât que je voulais appeler l'ex-directeur à un ministère ; du moins, s'il eut cette pensée, il ne m'en fit rien connaître ; il s'empressa même de s'acquitter de ce message avec un zèle qui me donna une haute idée de son désintéressement.

Le lendemain, le comte de Barras parut devant moi.

— Monsieur, lui dis-je, je vous prouve mon désir de vous employer ; le moment est critique, et j'ai recours à votre sagesse, espérant qu'elle me fournira quelques moyens de sortir d'embarras.

Après ce début j'entrai en matière, j'exposai les agitations intérieures, l'avidité des étrangers qui allait toujours croissant ; je n'omis rien enfin, car je tenais à avoir l'opinion du comte de Barras. Il est certain que les hommes qui, depuis le commencement de la révolution, ont pris une part active à l'action du gouvernement, sont plus capables que tous les autres de juger les grandes questions de politique et de diplomatie. Ils ont l'habitude des affaires et une manière de les conduire, de les dénouer, qu'on ne peut s'empêcher de trouver bonne, puisqu'elle leur a réussi.

M. de Barras m'écouta avec une attention mêlée d'un sincère intérêt. Il a commis un grand crime, c'est un fait incontestable, mais, en revanche, il est véritablement attaché à la France, et, quel que soit le pouvoir qui domine, il le préférera toujours à celui de l'étranger; c'est une justice que je dois lui rendre. Il garda un instant le silence après que j'eus parlé, puis il me dit :

— Sire, excusez ma franchise ; mais je suis mauvais conseiller vis-à-vis d'une monarchie légitime. Les mesures que je proposerais auraient une teinte révolutionnaire, quoique ce soit ainsi qu'on soutient les empires et qu'on fonde de hautes réputations.

Il s'arrêta ; je l'engageai à poursuivre, et surtout à ne rien taire de ce qu'il croirait propre à me tirer du mauvais pas où je m'étais engagé.

— Sire, répondit-il alors, j'obéirai au roi, c'est mon devoir et mon désir. Or, il n'y a qu'un seul moyen possible, ou, pour mieux dire, certain de remédier au mal, car je répondrais sur ma tête de sa réussite. Les étrangers sont forts des divisions de la France ; décidez une fusion universelle en sortant de Paris. L'armée de la Loire n'est pas encore dissoute ; il faut que le roi aille en prendre le commandement suprême, qu'ensuite il appelle aux armes la Vendée, la Bretagne, la Guienne, toutes les provinces du Midi et de l'Ouest, qu'il ordonne une levée de deux millions de gardes nationales, qu'il convoque toute la noblesse, tous les anciens militaires, officiers et soldats, en un mot, qu'il fasse une levée en masse depuis dix-huit ans jusqu'à quarante-cinq, répartie en deux bans : le premier de quiconque n'est pas marié ; le second, des veufs ou maris sans enfans, sans aucune exception.

— Quoi, tout cela, monsieur ? m'écriai-je involontairement.

— Oui, sire, reprit-il avec autant de calme que de conviction, tout cela ; et dès lors vous verrez avec quel avantage la négociation sera poursuivie, et comme les prétentions diminueront. On y regardera à deux fois pour recommencer la guerre, et, si on ose, la victoire se déclarera en faveur de Votre Majesté. D'ailleurs, sire, dans un cas pareil toute ressource est autorisée, et s'il vous plait de jeter sur l'Allemagne et l'Italie des brandons de discorde et de propagande, Dieu sait jusqu'où l'incendie pourrait s'étendre.

Je fis un geste de refus ; le comte de Barras répondit :

— La France avant tout, et vous en êtes le roi.

Ce fut son excuse, et je ne pus le blâmer. Tandis qu'il parlait, mes yeux se portaient sur le duc de Richelieu, témoin de cette conversation. Ce plan gigantesque, déjà mis en jeu par les républicains, paraissait lui causer une surprise extrême, et je ne pus m'empêcher de dire à mon premier gentilhomme de la chambre :

— Monsieur, que vous semble de ceci?

— Sire, répondit-il en sortant de sa stupéfaction, le plan dépasse mes vues ; je ne puis l'embrasser dans son ensemble. Quant à ses résultats...

— Monsieur le duc, dit le comte de Barras en voyant qu'il hésitait, aux grands maux les grands remèdes ; il y a eu d'ailleurs trop de diplomates et de guerriers dans votre famille pour que vous ignoriez qu'on négocie avec plus d'avantage quand on est libre que lorsqu'on est prisonnier et désarmé.

— Prisonnier ! m'écriai-je.

— Le roi captif ! répéta le duc de Richelieu avec émotion.

— Croyez-vous, répartit gravement le comte de Barras, que si le roi annonçait aux alliés son départ pour aller se mettre à la tête de son armée et de l'insurrection française, on le laisserait partir ?

— Non assurément, répondit le duc de Richelieu avec loyauté.

— Et vous appelez cela de la liberté ?

Le duc ne répliqua pas ; je me taisais aussi, mais en moi-même je donnais raison au comte de Barras. Ma personne et ma volonté ne m'appartenaient pas complètement. Nous demeurâmes quelque temps en présence sans rompre ce silence pénible. Le projet du comte de Barras me souriait ; je ne doutais pas que royalistes, buonapartistes et républicains n'accourussent à mon appel, que tous les généraux de l'empire ne me prêtassent

26.

leur concours ; mais, en cas de revers ou d'abandon, que deviendrait l'État, que deviendrait ma famille !

Certainement si une telle proposition m'eût été faite en pareille circonstance à ma trentième ou quarantième année, lorsque je pouvais monter à cheval, je l'aurais acceptée ; mais, à mon âge, avec mes infirmités, je reculai devant la responsabilité dont je me chargerais. D'ailleurs, qui m'aurait aidé autour de moi comme j'aurais eu besoin de l'être ?... Je dus donc refuser le conseil du comte de Barras : il en parut consterné.

— Le roi, dit-il alors, est plus sage que moi ; puisse sa retenue lui être plus utile que ma témérité !

— Monsieur, répartis-je, je vous conserverai l'honneur de cette mesure : un temps viendra où je la ferai connaître ; la postérité alors la jugera.

J'aurais pu demander à M. de Barras quelque conseil plus terre à terre, mais je ne m'en sentis pas le courage. Je le congédiai en lui renouvelant les témoignages de ma satisfaction et de ma gratitude. Lorsqu'il fut parti je me tournai vers le duc de Richelieu :

— Eh bien ! lui dis-je, que pensez-vous des hommes de la révolution ? et celui-ci n'était pas le plus habile.

— Je ne suis pas surpris, répondit le duc de Richelieu, qu'ils l'aient faite ; ce qui m'étonne, c'est qu'ils n'aient pu la maintenir.

— Ils ont manqué d'ensemble ; il faut que toutes les volontés se fondent en une seule pour profiter des efforts de la masse.

Nous convînmes ensuite que si j'eusse adopté le plan du comte de Barras on ne pouvait calculer quelles en auraient été les conséquences. Monsieur entra chez moi un moment après ; je lui dis :

— Devinez ce qu'on me propose de faire.

— D'accepter la paix à tout prix.

— Non. De me transporter à l'armée de la Loire, et de recommencer la guerre.

— L'auteur d'un tel avis ; répliqua Monsieur avec impétuosité, mérité la corde.

— Ou une couronne civique ; c'est selon le point de vue d'où l'on envisage la question.

La conversation se termina là. Monsieur, aussitôt, alla raconter ce que je lui avais dit ; et, comme en France on ne prête qu'aux riches, on attribua ce conseil au prince de Talleyrand : je le restitue à son auteur véritable.

CHAPITRE XXI.

Le roi revient aux motifs qui l'empêchent de suivre le conseil du comte de Barras. — Politique étrangère. — Le roi se tourne vers la Russie. — Ses négociateurs. — Baronne de Krudener. — Son portrait fait par un souverain. — Elle parle au czar. — Celui-ci se plaint au roi de M. de Talleyrand. — Le roi se résout au sacrifice d'un ami. — Note de la diplomatie russe aux ministres plénipotentiaires des puissances. — Suite des négociations. — Crainte des alliés. — Colloque à ce sujet avec le roi de Prusse. — On propose à la conférence une mesure violente envers le roi et les siens. — Le czar s'y oppose. — *Ultimatum* des alliés. — Note que le roi fait remettre en réponse. — Intrigues finales du duc d'Otrante. — Sa dernière conversation avec le roi. — Il donne sa démission. — Le reste du ministère doit suivre son exemple. — Le roi s'explique avec le prince de Talleyrand. — Le ministère est dissous.

Non, je ne pouvais pas entreprendre d'exécuter le conseil que me donnait le comte de Barras ; outre les obstacles provenant de mes infirmités, il y avait dans ce plan quelque chose de révolutionnaire et de perturbateur qui ne s'accommodait nullement avec la règle de conduite que je m'étais tracée. Convenait-il à un Bourbon, je le demande à tout ce qui réfléchit et raisonne, d'entamer un travail dont une des ressources, en cas de revers, était un appel à la propagande démagogique ? Il y a des moyens de salut que l'honneur et la position sociale interdisent à certaines personnes.

Je n'en admirai pas moins la pensée vaste et énergique de l'ex-directeur. Je rendis justice à la bonne intention qui l'avait dictée ; mais enfin, puisque tout me défendait d'en faire usage, il devint nécessaire de chercher ailleurs le secret de sortir d'embarras. Je réfléchis, et m'étayant de ce que m'avait affirmé le duc de Richelieu, nouvelle d'ailleurs qui m'était venue d'une autre source non moins sûre, je songeai à gagner le czar à ma cause en faisant un sacrifice à sa susceptibilité. C'était aussi le moyen de détacher la Prusse du parti qui m'était contraire, sa politique, en ce moment, étant inséparable de celle de la Russie. Je n'aurais plus à craindre que l'Autriche, car, pour l'Angleterre, j'avais des raisons de ne pas m'en inquiéter. Buonaparte dans ses mains, demeurait un levier qui, dans tous les temps, lui donnerait une prépondérance difficile à combattre. Dès lors il lui importait moins de réduire la France au désespoir que de maintenir la paix nécessaire au rétablissement de ses finances qui dépérissaient, de manière à la rendre incapable de prendre part à une guerre longue et opiniâtre dans le cas où elle aurait lieu.

De tout cela je concluai que la Russie me secondant, la cause de la France serait aussi complètement gagnée que possible. Je rappelai le duc de Richelieu ; je fis parler au comte Pozzo di Borgo, qui, à mesure que les embarras de ma position augmentaient, perdait l'envie de devenir un de mes ministres, et par là me délivrait de la gêne où m'aurait mis tôt on tard la résolution bien arrêtée avec moi-même de ne jamais l'appeler au poste qu'on lui avait donné l'espoir de remplir.

Ce ne fut pas le dernier auquel on s'adressa de ma part. Beaumarchais a fait dire au comte Almaviva : Dans le vaste champ de l'intrigue, il faut tout employer, jusqu'à la vanité d'un sot. En vertu de cet axiome, je ne craignis pas de m'adresser, non à un sot, mais à une prophétesse, à une sorte de sibylle moderne alors très en vogue, et qui, sous certains rapports, méritait sa réputation. Ce n'était pas, grâce à Dieu, cette sorcière de mauvais ton du faubourg Saint-Germain, qui publie sur chaque événement un volume alambiqué, emphatique et mistérieux ; mais la célèbre baronne de Krudener. Qui n'a pas connu cette dame, et son roman de *Valérie*, où elle relate une des nombreuses passions dont elle a été l'objet ? On sait qu'en général les hommes meurent d'amour quand ils l'approchent, et on lui a entendu dire, en parlant d'un de ses mille adorateurs : — Il y en a un encore à Lausanne qui n'est pas mort, mais il ne peut aller loin.

Madame de Krudener avait renoncé à la galanterie, très-décente d'ailleurs de sa part, pour se lancer dans la carrière bien plus relevée du magnétisme. Chef d'une religion nouvelle, toute d'illuminisme, d'intellectualité, prêchant d'autres rites, d'autres cérémonies que ceux des cultes chrétiens; sa parole puissante avait fructifié dans le cœur du czar, qui souvent l'appelait pour disserter avec elle sur cette façon particulière de s'élever à Dieu. Il la regardait comme une femme inspirée, et voici le portrait que lui-même en a tracé, lequel a été inséré dans plusieurs gazettes du temps.

« Elle était citée dans sa jeunesse pour la lé-
» gèreté aérienne de sa taille, la beauté de ses
» traits, le charme de son esprit. A tous ces
» moyens de plaire, il faut ajouter un cœur sensi-
» ble, une imagination vive, et un penchant ir-
» résistible aux rêveries mélancoliques. Madame
» de Krudener n'a plus la fraîcheur de la jeu-
» nesse (née en 1770, ceci est écrit en 1814), mais
» sa taille est encore svelte et gracieuse, ses yeux
» n'ont point perdu de leur flamme magnétique,
» le temps n'a point outragé sa blonde chevelure,
» et le miel de la persuation coule avec abon-
» dance de ses lèvres toujours vermeilles. »

Quoi qu'elle fût en réalité, elle pouvait me servir; je lui dépêchai le duc de Richelieu, qui lui aussi avait conservé tous les avantages extérieurs, et qui me sembla par conséquent préférable à un autre moins favorisé de la nature. Je ne sais comment il s'y prit, j'eus même la discrétion de ne jamais le lui demander, satisfait que je fus de la promptitude avec laquelle il m'acquit l'assistance de cette dame. Je sus qu'elle parlerait aussi à l'empereur Alexandre, et *lui ordonnerait au nom de Dieu* de se montrer favorable à la France.

Le comte Pozzo di Borgo prévenu également par le duc de Richelieu, dit à l'empereur de Russie que si j'apprenais de sa bouche que le prince de Talleyrand lui était désagréable, je le congédierais sur-le-champ, et donnerais son ministère et sa place au duc de Richelieu. Cette ouverture le flatta, on me le fit savoir, et deux jours après, le czar vint me voir ; je le mis sur le chapitre de mes affaires.

— Je serais charmé, me dit-il, d'obliger Votre Majesté ; mais elle a à la tête de son cabinet un homme qui appartient trop à l'Angleterre, et dont en conséquence je dois craindre les menées.

J'eus l'air de ne pas bien entendre cette phrase prononcée très-vite ; la politesse m'empêcha de le faire répéter, mais le lendemain, madame de Krudener dit à l'empereur qu'il aurait incessamment satisfaction de l'homme qui lui déplaisait. J'éprouvais assurément un vif regret de sacrifier un ministre habile aux préventions d'un monarque étranger ; mais enfin, j'avais à choisir entre lui et mes sujets, mon devoir de souverain et de père ne me permettait pas de balancer. Je persistai davantage encore dans cette résolution, quand j'eus connaissance de la note suivante, que le comte Capo d'Istria, ministre plénipotentiaire du czar auprès du comité allié, reçut l'ordre de transmettre à celui-ci.

« La délivrance de la France du joug de Buo-
» naparte, et la réintégration de Sa Majesté
» Louis XVIII sur le trône, premier objet de l'al-
» liance, ont été atteints : il en reste deux autres
» à remplir, qui sont de placer la France dans la
» situation intérieure et dans les rapports exté-
» rieurs rétablis par le traité de Paris, et com-
» plétés par les actes du congrès de Vienne. Les
» garanties que les alliés ont droit d'exiger des
» Français doivent être morales et réelles. Les
» puissances ne peuvent exciper le droit de con-
» quête ; le motif de la guerre a été le maintien
» du traité de Paris comme base des stipulations
» du congrès de Vienne. La fin de la guerre ne
» saurait donc exiger la modification du traité de
» Paris. Si l'on portait atteinte à l'intégralité de
» la France, il faudrait revenir sur toutes les
» stipulations de Vienne, procéder à de nou-
» velles distributions territoriales, combiner un
» nouveau système d'équilibre. Les alliés ont
» reconnu le roi de France durant l'usurpation
» de Buonaparte ; il vient d'être replacé sur son
» trône par la force de leurs armes ; il est donc
» de leur justice autant que de leur intérêt d'af-

» fermir le trône de ce monarque, et de l'aider
» du concours de toute leur puissance à ne fon-
» der que sur un intérêt général la base de son
» gouvernement. »

Cette note, rédigée de concert avec le duc de Richelieu, par l'empereur Alexandre, et sous l'inspiration de la baronne de Krudener et du comte Pozzo di Borgo, produisit l'effet d'un coup de théâtre lorsqu'elle fut communiquée à la conférence permanente. On y vit la détermination arrêtée du czar, de mettre fin à des demandes exagérées; il insistait pour l'observation du traité de Paris, ce qui déjà était un grand point, et me délivrait d'une foule de prétentions nouvelles, lesquelles ne tendaient à rien moins qu'au démembrement du mon royaume.

Le comte Capo d'Istria voulant achever de couper court aux frayeurs récriminatives des alliés, proposa pour garantie positive l'occupation à main armée d'une portion de la France pendant un nombre d'années déterminé. Ceci sans doute serait une charge pénible, mais du moins sa durée aurait un terme, et l'intégralité du royaume ne serait point compromise.

Les alliés, dans le premier moment, s'efforcèrent de ramener l'empereur Alexandre à des idées moins généreuses; mais il s'y maintint, *le ciel d'ailleurs avait parlé par l'organe de madame de Krudener;* il répondit donc qu'il ne voulait point paraître un jour devant Dieu ayant à se reprocher d'avoir abusé de la confiance d'un ami pour déchirer et diviser son royaume. Cette pensée mystique demeura inébranlable, et la coalition dût céder.

Ce fut à cette même époque que des personnes *bien informées*, et qui tenaient la nouvelle de Monsieur, allèrent rapporter aux souverains et aux ministres plénipotentiaires de la coalition, que dans mon conseil on avait agité la grande question si je n'abandonnerais pas Paris pour me retire à l'armée de la Loire, augmentée d'une levée en masse de tous les hommes valides, mariés ou non mariés, depuis dix-huit ans jusqu'à cinquante. On ne saurait croire l'effet que cette assertion produisit; elle engagea les plus récalcitrans à diminuer quelque chose de leurs folles prétentions.

Le roi de Prusse me demanda jusqu'à quel point cette nouvelle était vraie; je lui répondis en termes généraux, que je prendrais toutes les mesures propres à conserver la dignité de ma couronne.

— Mais la levée en masse, dit-il, est-elle convenable en état de pleine paix ?

— De pleine paix, répliquai-je, hélas! sire, la France n'y croit pas; elle voit au contraire la guerre dans les conditions qu'on veut m'imposer, et dans son désir de les rendre moins dures, elle est capable de s'armer tout entière sans attendre le signal que je lui en donnerais au besoin. Je ne vous cacherai même pas que j'ai des craintes à ce sujet, lesquelles sont motivées par le nombre des associations mystérieuses qui se forment en ce moment.

Le roi de Prusse ne me dit plus rien ; j'appris peu de jours après par le duc de Richelieu que dans une réunion secrète de la conférence, le ministre de Prusse avait proposé *des mesures particulières* pour veiller à la sûreté du roi de France et de sa famille, en péril d'être enlevés par des factieux. Ce qui signifiait simplement qu'il fallait nous retenir captifs aux Tuileries, afin de nous empêcher de prendre un parti dont la coalition se trouverait mal. Je sus aussi que le ministre russe s'était récrié à cette proposition, et avait ajouté que son souverain tenait trop à sa gloire pour la flétrir en me chargeant de fers dans mon propre palais.

Tandis que ces choses se passaient à l'insu du prince de Talleyrand, lui négociait sur une autre base ; il se rapprochait de l'Angleterre, et aurait voulu m'amener à sacrifier certaines portions du territoire pour satisfaire l'Autriche, car il persistait à séparer les cabinets de Londres et de Vienne de la coalition, il était, en un mot, pleinement l'ennemi de la Russie et de la Prusse. Je le laissai faire, attendant un meilleur dénouement d'une conduite tout-à-fait opposée à la sienne.

Le 16 septembre, jour néfaste, je connus enfin

ce qu'on prétendait m'imposer. On remit officiellement à mon cabinet la note suivante :

« Les plénipotentiaires des quatre cours alliées
» posent comme *ultimatum* les conditions sui-
» vantes : une ligne de démarcation nouvelle du
» côté du Nord, placera le canton de Condé hors
» de la France ; il en sera de même pour les ter-
» ritoires de Philippeville, Marienbourg et le
» canton de Givet ; Sarrelouis et Landau appar-
» tiendront à l'Allemagne du côté de l'Est ; le fort
» de Sas sera cédé à la confédération helvétique ;
» le fort de l'Ecluse sera également placé hors de
» la France. Cette puissance renoncera à tenir
» garnison dans Monaco ; les fortifications d'Hu-
» ningue seront démolies ; une contribution de
» guerre de six cents millions sera imposée ; de
» plus, la France se chargera d'une partie des
» frais nécessités pour le rétablissement du sys-
» tème défensif des puissances ; cent cinquante
» mille hommes occuperont provisoirement les
» positions militaires le long des frontières, on
» leur confiera les places de Valenciennes, Bou-
» chain, Cambray, Maubeuge, Landrecy, le
» Quesnoy, Avesnes, Rocroy, Longwy, Thion-
» ville, Bitche et les têtes de pont du Fort-Louis ;
» l'occupation militaire sera limitée à sept ans,
» mais elle pourra finir avant ce terme, si au bout
» de trois ans les souverains alliés réunis s'accor-
» dent à reconnaître que les motifs qui portaient
» à cette mesure ont cessé d'exister. »

Ces conditions parurent accablantes ; elles indignèrent les véritables Français, et pourtant, combien elles étaient douces en comparaison de celles qu'on avait d'abord présentées, où il ne s'agissait de rien moins que de l'enlèvement de plusieurs provinces ! Mon cabinet rédigea une note en réponse, elle disait :

« Les alliés n'ont point fait de conquête ; ils ne
» peuvent donc demander de cession territoriale;
» nous vivons dans un temps où, plus qu'en
» aucun autre, il importe d'affermir la confiance
» dans la parole des rois. Des cessions exigées du
» roi de France produiraient un effet tout con-
» traire, après les déclarations où les puissances
» ont annoncé qu'elles s'armeraient contre Buo-
» naparte, après le traité où elles se sont engagées
» à maintenir contre toute atteinte l'intégrité des
» stipulations du traité du 30 mai 1814. Des ces-
» sions exigées du roi de France lui ôteraient les
» moyens d'éteindre totalement et pour toujours
» parmi ses peuples cet esprit de conquête soufflé
» par l'usurpateur, et qui se rallumerait infailli-
» blement par le désir de recouvrer ce que la
» France croirait avoir injustement perdu. C'est
» donc avec la plus parfaite confiance que les
» soussignés ont l'honneur de transmettre aux
» souverains alliés les observations qui précèdent;
» cependant, et malgré les inconvéniens attachés
» aux cessions territoriales dans les circonstances
» actuelles, Sa Majesté consentira au rétablisse-

» ment des anciennes limites sur les points où
» il a été ajouté à l'ancienne France par le traité
» du 30 mai 1814 ; elle consentira également au
» paiement d'une indemnité, mais qui laisse les
» moyens de suffire aux besoins intérieurs de
» l'administration du royaume ; sans quoi, il
» serait impossible de parvenir au rétablissement
» de l'ordre et de la tranquillité qui a été le but
» de la guerre ; elle consentira encore à une oc-
» cupation provisoire ; sa durée, le nombre des
» forteresses et l'étendue du pays à occuper,
» seront l'objet d'une négociation particulière ;
» mais le roi n'hésite pas à déclarer qu'une occu-
» pation, pour sept ans, du royaume est entière-
» ment inadmissible. Sa Majesté se flatte que les
» soverains ses alliés consentiront à établir les né-
» gociations sur ces trois principes, aussi bien qu'à
» porter, dans le calcul des quantités, l'esprit de
» justice et de modération qui les anime, et qu'alors
» l'arrangement pourra être conclu à la satisfaction
» des parties mutuelles. Si ces bases n'étaient pas
» adoptées, les soussignés ne se trouvent pas auto-
» risés à en entendre ou à en proposer d'autres. »

On voit que nous étions loin d'être d'accord ; les notes contradictoires se succédaient, et l'affaire demeurait en pleine suspension. D'une autre part, les élections achevées avaient donné un résultat entièrement royaliste, tout opposé aux espéranncees des partis vaincus. Il me revint que les nouveaux députés étaient moins tourmentés des conséquences d'une occupation prolongée que des efforts que tenteraient les révolutionnaires si la France était livrée à ses propres forces.

Cela m'engagea à me relâcher sur certaines choses auxquelles je tenais, et me montra que, pour plaire à la nouvelle chambre, il faudrait peut-être soutenir avec moins d'énergie les intérêts publics. Une sorte de distraction, si l'on peut qualifier ainsi ce que j'éprouvai, me fut accordée à cette époque en examinant la contenance et le désappointement du duc d'Otrante. Tous les efforts, les ruses et les intrigues de ce fin politique n'avaient servi qu'à l'enfermer dans un cercle d'où il ne pouvait sortir que par une chute. Ses manœuvres récentes avaient achevé de m'éloigner de lui, le pavillon Marsan le repoussait, et les royalistes des provinces étaient des antagonistes opiniâtres qui n'écoutaient aucune proposition. Ceux-ci se montraient indignés de voir un régicide au ministère, un homme qui, en outre, était souillé du sang des Nantais, et avait détruit leur ville : aussi on ne lui ménageait pas les inculpations.

On vint m'avertir que plusieurs députés se proposaient, immédiatement après l'ouverture de la session, d'attaquer en face le duc d'Otrante, et de demander sa mise en jugement. Il tarda peu à connaitre ces dispositions hostiles. Alors il s'adressa à Monsieur, qui refusa de le voir, revint au baron de Vitrolles dont il s'était déjà rapproché, puis éloigné; ici on le persifla. Enfin, après avoir essayé inutilement de l'appui de lord Wellington, après avoir offert aux alliés d'agir conformément à leurs intérêts, sans que ceux-ci voulussent l'écouter, il fut forcé d'avoir recours à moi.

A la suite d'un travail qu'il s'était ménagé, il me demanda la permission de se justifier des reproches que la *cabale* lui faisait.

J'y consens, monsieur, répondis-je. Le cas est grave, et, si vous le résolvez en votre faveur, le triomphe en sera plus grand.

Il entreprit alors de me noyer dans une mer d'allégations, de mensonges, de considérations générales, de vues astucieuses, de projets à double face. Il n'épargna ni les royalistes, ni les constitutionnels, ni les émigrés, ni les libéraux, ni les buonapartistes. Il calomnia, je crois, jusqu'aux jacobins. Tout ce qui pouvait le conserver au pouvoir lui semblait légitime.

Je riais *in petto* de voir le duc d'Otrante se donner tant de peine inutile, s'étayer des points les plus contradictoires; et lorsqu'il eut fini, prenant à mon tour la parole, je lui adressai une série de questions à brûle pourpoint qui le mirent dans un embarras complet. Toutes étaient *ad rem*, et il n'avait aucun moyen de m'en donner une solution satisfaisante. Néanmoins il essaya de me tromper encore; et, pour terminer une bonne fois avec lui :

— Monsieur, dis-je, comment vous y prendrez-vous pour vous raccommoder avec la chambre des députés? car vous ne pouvez ignorer qu'elle se propose de vous faire un mauvais parti.

— Le roi veut donc ma retraite? répliqua-t-il.

— Le roi veut que vous décidiez vous-même de votre position. Il est impossible que vous n'en ayez pas envisagé toutes les chances.

Voyant que je le mettais au pied du mur, il répliqua :

— Le roi me dicte ma conduite; je dois me retirer, puisqu'il ne veut ou ne peut me soutenir contre la chambre élective. Mais le roi doit, dans son intérêt, et afin de montrer qu'on ne lui a pas fait violence pour me placer au ministère, me donner d'abord une haute marque de satisfaction, et me rappeler une seconde fois dans le conseil, ne serait-ce que pendant un ou deux mois; de cette manière il détruirait certains bruits. Ce qui nuit le plus à un monarque est de laisser croire qu'on lui a fait la loi, surtout dans un cas aussi délicat.

J'admirai ce dernier coup d'adresse, cette ruse tendant à intéresser mon amour-propre au retour de sa faveur; je ne m'attachai pas à enlever au duc d'Otrante cette consolation chimérique, et me contentai de lui répondre que l'ambassade de Dresde, à laquelle je l'appellerais, prouverait pour le moment que sa chute n'était pas une disgrâce méritée. Cette résolution m'était dictée par la prudence ; je ne voulais pas pousser à bout un homme qui était trop avant dans les secrets de la police pour qu'il ne trouvât pas le moyen de faire beaucoup de mal à la France.

Le duc d'Otrante, voyant que tout espoir de se maintenir était perdu, se résigna, et sa démission ne se fit pas attendre. Ainsi disparut de l'horizon politique ce météore malfaisant qui n'y avait lui que trop long-temps.

Sa chute fut suivie, bientôt après, de celle de tout le reste du ministère. L'époque était arrivée d'en finir avec lui ; j'avais d'ailleurs des engagemens à remplir. La carrière diplomatique de M. de Talleyrand touchait à son terme ; je rendais justice aux services qu'il avait rendus à la monarchie, sans pour cela m'habituer au fardeau de sa direction ; il le rendait si pesant qu'on aurait dit que j'avais besoin d'un mentor, et, Dieu aidant, je pouvais m'en passer.

J'étais à chercher par quelle voie honnête j'arriverais à cette séparation, commandée d'ailleurs par les circonstances, et par des engagemens que je regardais comme sacrés, lorsque le cabinet vint de lui-même me l'offrir.

Les alliés persistaient dans leurs demandes, mes ministres continuaient à les repousser; M. de Talleyrand, joué par le cabinet britannique, voulait à tout prix que je me rapprochasse de ce dernier, et surtout que je me séparasse de la Russie : il travaillait en conséquence : je lui fis observer l'impossibilité de réussir en suivant cette route ; il insista, et me traça un plan qui, à l'entendre, serait infaillible. Je le combattis : M. de Talleyrand s'échauffa, et alla même jusqu'à dire que la France serait perdue si elle acceptait un autre allié que l'Angleterre. Que, quant à lui, il ne pourrait conduire les affaires dès qu'elles prendraient une direction opposée à la sienne.

A cela, je répondis que je craignais que l'Angleterre, mise au pied du mur, ne voulût pas consentir dans mon intérêt à se séparer de la coalition, que le seul moyen de sortir avec avantage de ce labyrinthe, était de se rapprocher franchement de la Russie. — Le czar, ajoutai-je, me servira certainement, si mon cabinet lui est agréable. Puis me tournant vers le prince de Talleyrand...

— Ce soin vous regarde, monsieur, lui dis-je : vous conviendrait-il de le prendre ?

J'avais touché une corde délicate. M. de Talleyrand connaissait parfaitement sa position spéciale, ses rapports actuels avec la cour de Russie, dont il s'éloignait depuis le congrès de Vienne. Il savait que l'empereur Alexandre ne lui pardonnerait pas le traité secret conclu par son intermédiaire entre la France, l'Autriche et l'Angleterre. Mais il garda pour lui ces considérations fâcheuses, et avec un désintéressement dont je lui sus gré, il me répondit qu'il croyait que mon ministère actuel ne pourrait obtenir de l'empereur de Russie des concessions favorables à la France. Il ajouta :

— Quant à moi, j'ai tout lieu de craindre que ma conduite, guidée par l'amour de ma patrie, n'ait blessé le czar ; je me crois donc incapable, comme mes collègues, de faire aujourd'hui pour la cause de la légitimité ce que j'ai eu le bonheur d'accomplir l'année dernière.

C'était où je l'attendais. Cependant, ne me souciant pas de le prendre au mot à cause des égards qui lui étaient dus, je lui dis que peut-être il s'exagérait les difficultés de la circonstance ; que l'empereur Alexandre ne pouvait lui en vouloir de ce qu'il agissait dans les intérêts de la France. — Allez voir le czar, ajoutai-je ; expliquez-vous avec lui, et tout s'arrangera, je l'espère.

— La démarche serait inutile, répartit le prince ; l'empereur de Russie a décidé de ne plus traiter avec moi, et j'avoue qu'il m'en coûterait de m'adresser à lui, certain que je suis de sa réponse. Cependant, si le roi l'ordonne, j'obéirai.

— Je ne veux point vous faire violence, répliquai-je ; néanmoins, il faut que ma politique s'appuie désormais sur la Russie.

— Je n'ai plus dès lors qu'à me retirer des affaires, dit M. de Talleyrand avec une émotion qu'il cherchait vainement à dissimuler. Je prie donc le roi d'accepter ma démission.

— Vous me causez une profonde douleur en me contraignant à la recevoir ; mais, malgré mon sincère attachement, malgré ma gratitude pour les services que vous avez rendus à moi et à ma couronne, je suis tellement persuadé que l'honneur et l'avantage du trône tiennent à une alliance intime avec la Russie, que je m'impose le sacrifice de me séparer de vous.

— Sire, il est probable que ma retraite amènera la dissolution du ministère.

— Hélas ! oui, je le crains aussi ; c'est un des erremens de tout gouvernement représentatif.

Notre entretien se termina ici ; le président du conseil me fit la révérence d'étiquette, et s'en alla en grande hâte réunir ses collègues pour leur annoncer que leur dernière heure allait bientôt sonner. Tous s'exécutèrent de bonne grâce, et après s'être concertés sur ce qu'ils avaient à faire, ils se déterminèrent à m'envoyer leur démission simultanément. Je la reçus sans joie, quoique j'eusse l'espoir, au moyen d'un cabinet différemment composé, d'obtenir un meilleur résultat du combat diplomatique dans lequel j'étais engagé. Il m'était sans doute pénible de congédier des ministres qui m'avaient servi de leur mieux ; mais c'était le cas de se rappeler la maxime de Sénèque :

. . . . . Odia qui nimiùm timet,
Regnare nescit.

(Le prince qui craint trop de faire des mécontens ne sait pas régner).

Mon gouvernement entra dans une nouvelle voie, et les ultra prétendirent qu'enfin je devenais royaliste.

FIN DU TOME DIXIÈME.

TABLE DES MATIÈRES

CONTENUES

DANS LE TOME DIXIÈME.

Chapitre Premier. 1

Suite des événemens du 5 mars. — Monsieur et le roi. — Le duc d'Orléans. — Le duc de Bourbon. — Chevalerie du prince de Condé. — Proposition que M. de Vitrolles fait au roi. — Comment il la repousse. — Travail du roi avec les ministres de la guerre, de l'intérieur et de la marine. — Détails curieux. — Réflexions du roi. — Propos du maréchal Macdonald. — Sujet que le roi traite avec lui. — Il se décide à recevoir en secret le duc d'Otrante. — Le père Élysée. — Le roi l'envoie vers le duc d'Otrante. — Plaisante conversation avec M. Dandré. — Mesures de prudence contre Buonaparte.

Chapitre II 16

Comment la nouvelle du débarquement est prise par les royalistes. — Comment on trompe le roi. — Le maréchal Soult par exemple. — Réponse du roi au corps diplomatique. — Comte Pozzo di Borgo. — Comte de Goltz. — — Détails de l'audience que le roi leur accorde. — Fragmens de proclamation de la garde nationale à l'armée. — Le prince de Wagram. — Les maréchaux de France royalistes. — Les princes d'Essling, d'Eckmuhl, de la Moskowa. — Quelques généraux. — MM. de C..., de

TABLE.

M...., de V..., viennent donner au roi un sot conseil. — Ce qui s'ensuit. — Le roi envoie à Toulouse le baron de Vitrolles. — La Charte *oiseau* de passage. — Quelques surprises. — M. Viennet.

Chapitre III. 32

Récit de l'entrevue du roi avec le duc d'Otrante. — Mauvaise nuit. — Fâcheuses nouvelles annoncées le 7 mars au matin. — Le conseil des ministres se rassemble. — Le maréchal Soult refuse d'aller commander l'armée. — Choix du maréchal Ney. — Le duc de Berry. — Aveux nécessaires. — Courage de ce prince. — Sa douleur lorsque le roi refuse de l'envoyer hors de Paris. — Il voit le maréchal Ney. — Audience que le roi accorde à celui-ci. — Son propos. — Il laisse le roi plein d'espérance. — Le comte de Blacas se méfie du maréchal Soult. — Le roi ne partage pas sa pensée.

Chapitre IV. 47

Le roi parlera peu de Buonaparte. — Son exclamation sur Labédoyère. — Il cause de politique avec madame de... — Le duc de Blacas lui annonce la défection des Lyonnais. — Le roi adresse une proclamation au peuple. — M. Lainé. — L'Ouest et le duc de Bourbon. — Madame de Staël. — Benjamin Constant. — M. de Lafayette. — Quelques autres encore. — Tous viennent au secours du roi. — Révélations sur toutes ces personnes. — Réponse du roi à l'offre du clergé. — Alerte au château. — Prétendue conspiration. — Intrigue pour remplacer le duc de Dalmatie par le duc de Feltre. — Le roi donne la préfecture de police à M. de Bourienne. — Lettre qu'il écrit à Madame Royale. — Retour de Monsieur. — Ses regrets. — Conseil qu'il donne au roi.

Chapitre V 62

Le duc de Raguse. — Le roi le justifie. — Conseil qu'il donne au roi qui ne peut lui accorder sa demande. — Renvoi du maréchal Soult. — Le duc de Feltre ministre de la guerre. — Monsieur veut voir le duc d'Otrante. — M. de Blacas tâche de l'en dissuader. — Monsieur insiste. — Le roi le laisse faire. — Frayeur du duc d'Otrante. — Il vient chez le duc d'Aurs. — Détails sur leur entrevue. — Elle devient le marchepied de la fortune future du duc d'Otrante. — Ce qu'il dit ensuite à Benjamin Constant. — Le roi dévoile quelques intrigues. — Ouverture des chambres le 11 mars. — Convocation des conseils généraux. — Cause qui la rend inutile. — Le baron de Vincent. — Ce que l'Autriche propose au roi. — Circonstance de l'entrée en fonctions de M. de Bourienne à la préfecture de police.

CHAPITRE VI. 78

Pourquoi le duc de Blacas veut faire arrêter le duc d'Otrante. — Détails à ce sujet. — Le personnage plus adroit que M. de Bourienne. — Le comte Regnault se cache à propos. — Monsieur est mécontent de la tentative d'arrestation contre le duc d'Otrante. — Décrets tyranniques de Buonaparte. — Comparaison avec les actes du roi en 1814. — Conspiration des généraux Drouet d'Erlon, Lefèvre Desnouettes et les frères Lallemand. — Que la sévérité est nécessaire à un roi. — On veut détourner Louis XVIII d'un acte royal. — Sa réponse. — Il passe la garde nationale en revue. — Proclamation aux troupes. — Le duc de Feltre inutile. — Trahison de Ney. — Comment le roi console Monsieur. — Causerie du roi avec son confesseur.

CHAPITRE VII. 93

Les royalistes aux Tuileries. — Mot sublime d'une femme. M. Olivier Durouret. — Le roi veut consulter Cambacérès. — Il lui dépêche le duc de La Châtre. — Lettre de créance. — Procès-verbal de l'entrevue. — Bon conseil que Cambacérès donne au roi. — Séance royale le 16 mars. — Aspect de Paris — Entrée dans la salle. — Doux accueil. — Discours du roi. — Comment il est reçu. — Monsieur et les princes prêtent serment à la Charte. — Réflexions prophétiques. — Folle proposition. — Le comte d'Artois et M. Gilbert Desvoisins. — Propos de Monsieur. — Dernière déception. — Propos du roi. — Conduite honorable des députés. — Leur déclaration contre Buonaparte. — Dépêches du prince de Talleyrand. — Conseils qu'il donne au roi.

Chapitre VIII 108

19 mars. — Mauvaises nouvelles. — Ce que dit le roi. — Revue de sa maison et des volontaires royaux. — Proclamation aux troupes. — Billet de Fouché au duc d'Aumont. — La discorde aux Tuileries. — Dernier conseil tenu. — Rapport fatal. — Où ira le roi ? — Il décide la question. — Il partira pour Lille la nuit prochaine. — Madame la duchesse douairière d'Orléans. — Colloque entre le roi, Monsieur et le comte de Blacas. — Le roi a une explication satisfaisante avec le duc d'Orléans. — Ce que Monsieur en pense. — Désespoir du duc de Berry. — Comment le roi lui répond. — Fragment de sa dernière proclamation. — Il dissout les chambres. — Lettre qu'il écrit en partant à madame la duchesse d'Angoulême.

Chapitre IX. 123

Suite du 19 mars. — Commencement de défection. — Frayeur de M. de Bourrienne. — Adieux de M. Lainé. — *Récit du départ du roi, inséré par l'éditeur.* — Ses sensations au moment de son départ. — Billet remis avec mystère. — *Vive l'empereur !* — Souvenirs de la première fuite. — Lettre politique d'un homme habile. — L'effet qu'elle produit. — Détails du voyage. — Abbeville. — Mauvaises nouvelles. — Le roi va à Lille. — Faute du maréchal de Trévise. — Dispositions hostiles de la troupe. — Une estafette. — Faux espoir. — Conversation entre le comte de Blacas et le maréchal Mortier. — On chasse le roi de Lille. — Suite de son odyssée. — Autre erreur de Monsieur. — Le roi quitte la France.

Chapitre X 138

Le roi va à Gand. — Déclaration du 18 mars. — On veut que le roi aille en Angleterre. — Motif de son refus. — Il loge chez la comtesse de Hane de Steen-Huyse. — Description de son appartement. — Qui l'a suivi. — MM. Beugnot, de Montesquiou et d'Ambray rétardataires. — Le duc de Feltre fidèle et pourquoi. — MM. de Lally-Tolendal et de Châteaubriand. — Le roi se défend de ce que ce dernier a dit et dira contre lui. — MM. de Pradel, Bertin, Guizot, rédacteurs du *Moniteur* de Gand. — Baron d'Eckstein. — Quels ambassadeurs étaient auprès du roi. — Échec du duc de Bourbon. — Précis des opérations du duc d'Angoulême. — Lettre historique de Madame Royale sur son séjour à Bordeaux en 1815.

Chapitre XI 155

Madame la duchesse d'Angoulême à Gand. — Ce qu'elle dit au roi en l'embrassant. — Rapport sur Buonaparte envoyé par le duc d'Otrante. — Chacun a son paquet. — Le congrès décide que le roi sera soutenu. — On propose à Louis XVIII d'empoisonner Buonaparte. — Il repousse cette proposition. — Une dame veut assassiner Buonaparte. — De quelle manière le roi l'en empêche. — Réflexions. — Le cabinet du roi agit contre le duc de Blacas. — Détails sur cette intrigue. — Analyse du dernier article de l'acte additionnel aux constitutions de l'empire. — Buonaparte ennemi du duc d'Orléans. — Traité du 25 mars signé à Vienne. — D'où prouvenait la liaison entre le duc d'Otrante et le prince de Metternich. — Note remise à ce dernier sur le gouvernement futur de la France. — Ce que le roi en pense.

CHAPIPRE XII 169

La duchesse de Saint-Leu et l'empereur de Russie. — Démarche de celui-ci auprès de l'archiduchesse Marie-Louise. — Comment le cabinet de Londres se prononce contre Buonaparte. — *Memorandum* contraire aux droits du roi. — Forces de la coalition. — Agression imprudente de Murat. — Sa chute. — Le roi publie un manifeste. — Paroles remarquables du duc d'Otrante. — Embarras de position. — On veut sauver le roi. — Plaisanterie du duc de La Châtre. — Anecdote sur la défection de Benjamin Constant. — Le Barbier de Séville avec ses argumens irrésistibles. — La caisse d'amortissement moral de Buonaparte. — Il joue le rôle du roi. — La chambre des pairs. — Celle des représentans. — M. de Lafayette. — Ce que Buonaparte en disait. — Crainte qu'inspire au roi la démagogie de la chambre des députés.

CHAPITRE XIII 185

Préparatifs de guerre. — Où étaient en ce moment les membres de la famille royale. — Frayeurs. — Réponse du congrès à l'acte du conseil d'État impérial. — Efforts du roi pour la cause commune. — Insurrection de la Vendée. — Noms des chefs. — Fin des hostilités. — Commencement de la campagne. — Waterloo. — Ney et Grouchy. — Ce que dit le roi. — Faute de Buonaparte. — Adresse du duc d'Otrante. — La chambre des députés. — Liste des candidats au trône de France. — Besoins du moment. — Dispositions du roi. — Baron de la Rochefoucault. — Comte Malleville. — Note que le roi fait tenir au duc d'Otrante. — Seconde proclamation du roi. — Ce qui l'empêche de parler de Buonaparte.

CHAPITRE XIV 199

Supériorité du rôle du duc d'Otrante en 1815, sur celui du prince de Talleyrand en 1814. — État de la France. — Les corps armés. — Les souvenirs révolutionnaires. —

Les jacobins. — Les royalistes. — Les buonapartistes. — Les militaires. — Les timides. — Ce que le duc d'Otrante avait à faire. — Les représentans. — Habileté du meneur. — Il apporte aux députés l'abdication de Buonaparte. — M. Dupin. — Sa proposition. — Le citoyen Mourgue agit en vain pour M. de Lafayette. — Nomination d'une commission de gouvernement. — La statistique morale. — M. de Lafayette joué. — Scène à la chambre des pairs. — Commission diplomatique. — Instructions publiques et secrètes qu'on lui donne. — Nouveau ministère. — Révélations curieuses sur les rapports du duc d'Otrante avec le duc de Wellington et le prince de Metternich. — Avec le roi et Monsieur. — Cause qui détermine le roi à employer cet homme d'État. — M. Gaillard. — Désappointement de la commission diplomatique.

CHAPITRE XV 214

Le roi raconte les événemens qui suivirent la bataille de Waterloo. — Récit des moyens employés pour le séparer du comte de Blacas. — Fragmens de lettre du czar. — Députation française dirigée contre le roi. — Ce que le duc de Wellington dit à la députation au sujet du duc d'Orléans. — Cause de l'inquiétude du roi. — Détails de sa séparation avec le comte de Blacas. — Le roi se venge sur son conseil. — Détails curieux. — Intrigues royalistes. — Ce que le roi pense du comte de Vaublanc. — Le petit livre. — Lumières que le roi reçoit du prince de Talleyrand. — Démarches faites en faveur d'un personnage à son insu. — Le roi va à Cambray. — Pourquoi il se hâte de placer le prince de Talleyrand à la tête de son ministère. — Manœuvres révélées relativement au comte Pozzo di Borgo. — Besoin que le roi éprouve de rentrer en France. — Animosité des chambres contre les Bourbons. — Duplicité du duc d'Otrante. — Carnot est joué par lui. — Capitulation de Paris. — Le roi envoie le baron de Vitrolles au maréchal Davoust. — On peut s'entendre avec les militaires.

TABLE.

Chapitre XVI 230

Proposition du maréchal Davoust. — Projet du roi sur l'armée future. — Son opinion sur la science militaire. — Suite des intrigues du duc d'Otrante. — Son entrevue avec le duc d'Otrante. — Son entrevue avec le duc de Wellington. — Quels en sont les résultats. — Le roi vient à Arnouville. — Il est contraint de recevoir le duc d'Otrante. — Il lui donne le portefeuille de la police. — Pourquoi le roi se sépare de son ministère de Gand. — Nouveau conseil qu'il forme. — M. de Bourrienne, sa course précipitée et sa mauvaise humeur. — Le duc de Richelieu. — Le roi ne cède à aucune influence. — Dernières intrigues du duc d'Otrante. — Occupation de Paris. — Fin du gouvernement militaire et de la révolte. — Ce que le roi dit à M. Decazes. — Il entre à Paris. — Qui l'accompagne. — Il explique sa conduite envers le *maréchal Ney*. — *Sa réponse au préfet de la Seine.*

Chapitre XVII 246

Le lit du roi aux Tuileries. — Différence de position royale de 1814 à 1815. — Les étrangers. — Les partis en France. — Conduite du roi. — Madame Royale et le duc d'Otrante. — Exigences de la coalition. — Désintéressement politique de Henri IV. — La guerre civile. — La cour. — Le clergé. — Le pavillon Marsan. — Sa conduite depuis le mois de mars passé. — Ses hommes. — Opposition de droite et de gauche. — Lutte qui s'élève entre les ministres des affaires étrangères et de la police. — Le duc de Richelieu refuse d'entrer dans le ministère. — Cause secrète de son refus. — Comte de Pradel. — Le roi refuse un *Te Deum*. — Première réunion de son conseil. — Ce qu'il décide touchant les pairs. — Préambule de l'ordonnance relative à la chambre des députés. — Nouveau mode provisoire d'élection.

Chapitre XVIII 262

Pourquoi le roi ne dit pas tout ce qu'il pourrait dire. — Le royaume d'Aquitaine. — Détails sur cette folie. — M. de Villèle. — M. de Barante. — M. Guizot. — Échantillon de son libéralisme. — Commissaires royaux. — Cause de leur suppression. — Les royalistes se déclarent contre le roi. — Conversation sentimentale et politique avec madame de... — Entretien avec Monsieur.

CHAPITRE XIX 276

Révélations. — Haute mesure proposée par le prince de Talleyrand. — Le roi se refuse à punir son frère du tort de ses amis. — Sages mesures du conseil. — Récit détaillé de ce qui eut lieu lors du dressement des listes des coupables. — Ce que le roi dit à ses ministres à ce sujet. — Le duc d'Otrante manœuvre autour de lui. — Vers qui il se tourne en désespoir de cause. — Le duc d'Otrante depuis le 23 mars 1815. — Le roi n'approuve pas sa conduite. — Pourquoi. — Ce qu'il fait après Waterloo. — Barras en jeu. — Le roi se détermine à le voir en secret. — Le duc de Richelieu est mis dans la confidence. — Il va chez Barras. — Détails de l'audience que le roi accorde à Barras. — Ce qui en résulte relativement à Son Altesse Sérénissime le duc d'Orléans, et M. le duc d'Otrante.

CHAPITRE XX 292

Les électeurs de 1815. — Pourquoi le roi ne s'en tourmenta guère. — Les ultra. — Le duc d'Otrante et ses deux rapports. — Il les fait imprimer. — Ce que le roi pense de cet acte. — Explication du duc d'Otrante avec le roi. — Inutilité de son second mariage. — Les ultra se déclarent contre lui. — Prétentions insatiables des étrangers. — Ce que madame de.... fait connaître au roi. — Explication avec le duc de Richelieu. — Le prince de Talleyrand ne plait pas au czar. — Embarras du roi à ce sujet. — Il veut consulter le comte de Barras. — Conseil gigantesque que ce dernier lui donne. — Pourquoi il ne l'exécute pas. — Dialogue avec le duc de Richelieu. — Monsieur et le roi. — Le roi rend à César ce qui appartient à César.

Chapitre XXI 308

Le roi revient aux motifs qui l'empêchent de suivre le conseil du comte de Barras. — Politique étrangère. — Le roi se tourne vers la Russie. — Ses négociateurs. — Baronne de Krudner. — Son portrait fait par un souverain. — Elle parle au czar. — Celui-ci se plaint au roi de M. de Talleyrand. — Le roi se résout au sacrifice d'un ami. — Note de la diplomatie russe aux ministres plénipotentiaires des puissances. — Suite des négociations. — Crainte des alliés. — Colloque à ce sujet avec le roi de Prusse. — On propose à la conférence une mesure violente envers le roi et les siens. — Le czar s'y oppose. — *Ultimatum* des alliés. — Note que le roi fait remettre en réponse. — Intrigues finales du duc d'Otrante. — Sa dernière conversation avec le roi. — Il donne sa démission. — Le reste du ministère doit suivre son exemple. — Le roi s'explique avec le prince de Talleyrand. — Le ministère est dissous.

FIN DE LA TABLE DU TOME DIXIÈME.

www.ingramcontent.com/pod-product-compliance
Lightning Source LLC
Chambersburg PA
CBHW060631170426
43199CB00012B/1508